给你一个公司看你怎么管

带出自发、创新和协作的正能量团队！

南 勇◎著

（第二季）

湖南文艺出版社
HUNAN LITERATURE AND ART PUBLISHING HOUSE
博集天卷
CS-BOOKY

图书在版编目（CIP）数据

给你一个公司，看你怎么管.2/南勇著. -- 长沙：湖南文艺出版社，2013.6
ISBN 978-7-5404-6218-5

Ⅰ.①给… Ⅱ.①南… Ⅲ.①公司—企业管理 Ⅳ.①F276.6

中国版本图书馆CIP数据核字（2013）第104922号

上架建议：企业管理

给你一个公司，看你怎么管.2

作　　者：南　勇
出 版 人：刘清华
监　　制：于向勇
责任编辑：薛　健　刘诗哲
特约编辑：郭　群
封面设计：崔振江
内文排版：百朗文化
出版发行：湖南文艺出版社
（长沙市雨花区东二环一段508号　邮编：410014）
网　　址：www.hnwy.net
印　　刷：北京尚唐印刷包装有限公司
经　　销：新华书店
开　　本：720×1040　1/16
字　　数：320千字
印　　张：22.5
版　　次：2013年6月第1版
印　　次：2013年6月第1次印刷
书　　号：ISBN 978-7-5404-6218-5
定　　价：48.00元
（若有质量问题，请直接与本社出版科联系调换。）

前言

神马都是浮云

《给你一个公司，看你怎么管》出版上市后，居然获得了如潮的好评。

这实在令才疏学浅的我以及当初对此书压根儿没抱多大希望的出版社有些出乎意料。

尽管写作此书时我付出了十二分的诚意，但毕竟是此道中一介无名小卒，能够获得读者如此厚爱，真是三生有幸！

因此，除了拿出更大的诚意与更多的心血全力回馈广大读者之外，我自知已别无选择。

与此同时，作为管理类书籍写作模式的一种全新尝试，几乎是一种必然，此书也遭到了相当多的非议。

这本是意料之中的事儿，除了“任何新生事物都是在枪林弹雨中诞生的”这种俗套的自我安慰之外，去粗取精，从种种非议声中汲取宝贵的营养滋润自己的大脑，也是一件分外幸福的事儿。

但是，这些非议声中确实掺杂着一些让人消化不良的东西。

这不，前两天，一位热心的读者对此书发表了如下意见：“这位朋友肯定没见过什么世面，而且肯定是在那种员工素质特差、公司整体环境特落后的地儿待的时间长了，写的净是一些小儿科、低端的东西。

估计他本人是个没读过几本正经管理书的主儿。”

必须承认，我所在的公司确实属于那种员工综合素质不尽如人意，远未达到十全十美程度的公司。但即便这样，至少也是同行业当中一等一的主儿。

因为至少按我个人的标准而言，那些自诩管理水平极高的企业，其实也未必像它们自己吹得那么邪乎，跟我们比起来也不过如此。

至于说“没读过几本正经管理书”，就更加难以消受了。

本人虽说确实才疏学浅，但毕竟学的是这个专业，现在吃的也是这碗饭。

做学生的时候，管理专业里外里学了不下十年（其中包括在国外顶级学府的几年专业学习），又搞了这么多年的一线管理工作，要说这完全不懂管理，或压根儿没看过几本像样的管理书，即整个儿一什么都没见过的人，说的还真不是本人的事儿。

恰恰相反，事实的真相是：本人实在是读过了太多的“管理圣贤书”，而且还是国内的国外的外星球的、各种语言各种版本各种流派各种风格的管理书，溜溜看了十几年，直到把眼睛都看晕了，脑袋都想烂了，也似乎并没有什么太大的收获与启迪，很难说找到了一盏管理方面的指路明灯。

相反，越看越糊涂、越看越混乱、越看越一头雾水的感觉倒是时不时地冒出来，烦扰一下那几乎已然麻木的神经。

因此，打学生时代起，我就经常为一件事情头痛不已：这些管理的理论和知识、系统与逻辑，这些比砖头都厚的大部头，在现实世界里，到底能有多大用处？

我陷入了深深的思考当中，慢慢地悟出了一个道理：管理，其实应该是一门最“接地气”的学问。离开了这一点，任何光鲜亮丽的理论都将是“皇帝的新装”，毫无现实指导意义。

所以，从那个时候开始，我就暗下决心—— 一定要把管理变简单、变通俗，变成让大家更容易看得懂、更容易在现实世界中应用得了的东西；一定要自己写一本最“接地气”的管理书。

这就是《给你一个公司，看你怎么管》成文的最初动机。尽管其中充满了嬉笑怒骂，但如果你是个有心人，相信一定能够看得出来蕴藏在此书字里行间那厚厚的诚意。

从另外一个层面来讲，如果硬要说那些终日生活在五星级写字楼里，“素质”极高的，头发油亮、西装笔挺的所谓“金领”所处的工作环境是阳春白雪，而像我这样只能在一群“没素质”的员工环绕之下辛苦打拼的一线管理者所处的工作环境是下里巴人的话，那么我敢肯定，那些享受阳春白雪的高端金领，在日常工作中也依然会遭遇到大量和下里巴人一模一样的情况。

因为只要他们是人，人的喜怒哀乐以及各种特征与德行，他们也照样会有，无论“素质”多高，也不可能脱得掉。

就是说，在许多方面，管我们这些下里巴人的招儿，对那些阳春白雪照样好使。因为我们身上的许多毛病，他们照样会有，一点儿也不会比我们这些下里巴人更让人省心。就是说，他们其实也就是凡间一俗人，很多光鲜亮丽的东西充其量不过是一马甲而已。

这就好比——甭管多美、气质多超凡脱俗的人间仙女，只要她是人，就照样会有吃喝拉撒的需求。无论她们的气场有多么强大、多么令人高不可攀、多么“可远观而不可亵玩焉”，当她们迫不及待地钻进浴室或卫生间的那个瞬间，其实不会和我们任何一个普通人有任何的不同。

再打一个比方——其实并不是所有的企业都适合由麦肯锡来做管理咨询，这不是因为麦肯锡不好、不经典，而是因为它的招儿并不一定能适合这些企业。也许弄得不好，这些享誉世界的“绝招儿”，在我们的很多企业里都会变成一堆不折不扣的垃圾，活活毁了它们一世的英名。

如果你觉得这两个例子还是不太给力，那么就再给你举一个给力一些的例子——即便天下所有父母都希望自己的子女能进清华，但是假设有一天清华突发奇想，把分数线一竿子降低六百多分，靠摇号之类的方法多招了一百个孩子，我估计不出一个月，这些孩子中的绝大多数都会选择自动退学——不是清华不好，更不是这些孩子不好，只是因为这些孩子与清华之间彼此“不匹配”。

就这么简单。

所以，还是那句老话：人有人道，仙有仙道，鬼有鬼道——个人路子不同。

即使这样，我还是固执地认为，世上万道，只有人道最给力。

所以，有的时候，还是抛开那些浮华的东西，回归以人为本的路子上来，你才能真正“接地气”，真正找到感觉。

神马都是浮云。

还是脱离仙界，回归人间这条路比较靠谱。

目录

CONTENTS

A B C D E F G H
8 7 6 5 4 3 2 1
A B C D E F G H
8 7 6 5 4 3 2 1

第一章
换个视角看管理，你将海阔天空

千万别太死性，凡事一根筋、不懂得变通。要知道，管理这玩意儿最要不得的就是“条条框框”。偶尔尝试一下逆向思维，你将会收获不一样的惊喜。

你要“装傻”！

告诉你个小秘密（千万别告诉别人！）：其实天下一等一的好领导，个个儿都是天才的“装傻”高手。

所以，如果你到现在还总是惦记着“抖机灵”“装高深”，那你就成了一等一的傻子了。

开门见山。

如果你是一位管理者，那么我想问你一个问题：你会“装傻”吗？

也许你会一头雾水，不明就里，被这个问题彻底搞蒙——这管理者和“装傻”之间到底有什么关系，为什么要提这样的问题呢？

但我要告诉你，这个问题很重要，回答不好的话，后果会很严重。

因为“装傻”本应是管理者的一项重要技能，但在现实世界中，却被我们绝大多数管理者所忽略了。

我们的大多数管理者，总是过于急切地想向员工表明自己有多专业、多厉害、多权威、多牛×，好像只有这样，才能证明自个儿比员工强，配得上“领导”这个“官位”，因而才能在员工面前获得认可与威信，真正服人似的。

其实，尽管这种想法看似颇为合乎情理，但也弊端多多。

就拿我们公司销售部经理小秦来说，她为了这个“领导的威信”，可谓吃尽了苦头。因为她比员工专业，比员工牛×，所以员工什么事儿都往她这儿推，让她整天都忙得焦头烂额、七荤八素的。

比如说员工正在和客户商谈，遇到点儿问题立刻想请她加入，希望能给帮衬一下。

你想，咱可是经理，这种场合还能露怯吗？

于是，她立马坐定，开始侃侃而谈，说出的话那叫一个专业，真不愧是做经理的！

但这话匣子一打开，想再关上可就由不得她了。

客户也不傻，都愿意和专业水平高的人打交道，没过多长时间，就跟小秦聊上了，把刚才那位员工甩到了一边。这一下子就能谈上一两个小时。

被晾在一边儿的员工只能乖乖地当个听众，无聊至极。实在扛不住了，就干脆起身离座忙活别的去了，这位客户算是彻头彻尾地甩给了经理。

好不容易搞定了这桩买卖，小秦刚起身送走客户，连个伸懒腰喘口气儿的时间都没有，就被另一位员工叫住了。

原来，这位员工的客户对他的服务产生了不满，扬言要找经理“说事儿”。

由于是事关客户投诉的大事儿，小秦只好重打精神，又投入了一次比搞定一桩买卖更为烦琐、更为纠结的马拉松式的谈判之中……

又过了两小时，客户终于带着几分不情愿，悻悻然地离开了。小秦如释重负，瘫坐在了椅子上。

那位被投诉的员工，也在旁边长出了一口气。

这一来一回，就溜溜费了半天的工夫。

以上，只是小秦日常工作场面的一个小缩影而已。

像这样的事情，对她而言，简直就是家常便饭，根本不值一提。

你想，一个如此敬业、勤快的部门经理，应该属于货真价实的先进工作者，领导眼里绝对的香饽饽了吧？

可奇怪的是，这样忙忙叨叨干了一年，却换来了一个令所有人都不爽的结果：不但小秦郁闷，领导也郁闷，甚至动了“走马换将”的心。

这是怎么回事儿呢？

原来，小秦的郁闷，是因为即使她忙成了这样，号称每天晚上回家泡脚时浑身都感到酸痛，却没能换来领导的半点儿肯定与赏识，相反，却几乎天天挨批，每个月都被扣奖金，令她神伤不已。

但领导也有领导的苦衷：小秦确实够敬业、够勤快，但她越敬业、越勤快，部门的局面似乎就越糟糕。

员工一万年都没长进——业务，业务搞不定；投诉，投诉摆不平；流程，流程记不住……部门上下整个儿就是一团乱麻。

难怪领导心情郁闷，天天跳着脚地骂街。

其实，小秦和领导都没必要这么郁闷，问题的根儿很简单，就在这个不会“装傻”上边儿了。

还是从刚才提到的小秦日常工作中的那一幕说起。其实，作为领导，小秦急于展示自身的高水平虽说可以理解，但是，过犹不及，这样反而会剥夺员工实践与成长的机会。

就拿那个帮员工搞定买卖的案例来说。你表现得越专业，你自己就越会成为商谈的主角儿，这样员工就会沦为配角儿，甚至是跑龙套的，久而久之，他们就会丧失掉大量实践的机会，离主角儿越来越远了。

从另一个角度来说，其实你的专业表现，有时不但不能促使谈判迅速成交，相反倒会有拖成交后腿儿的可能。你想想，你越想展示自己的专业性，话就自然会越多、越长，甚至是滔滔不绝。

这样做，就会让客户拓展遐想的空间，把许多原来根本没想到的事儿都勾出来，这就会增加节外生枝的风险，使本可以简单结束的商谈变得更为复杂，人为地增加更多的不确定性。

这不是吃饱了撑的吗？

记住，你的任务是搞定，而不是卖弄。

从这个意义上讲，员工的不专业有时也许恰恰是个长处：因为没有更多的话可说，客户反而有可能相对快地成交，减少了很多不必要的枝节。

所以，在这种场合里，做经理的急于表现自己的高水平与专业性，其实是件特傻的事儿，是典型的一举两失。

这种时候，真正聪明的做法，就是两个字儿——装傻。

如果员工说：经理，这个客户有点儿困难，您帮我谈一下吧！

你要这样回答：抱歉，你们才是真正的专家，你都谈不下的事儿，我哪儿成啊！

如果是客户要求：经理，我想和你谈！

你要这样回答：不好意思，我是搞管理工作的，具体业务真的不太精通。

主意
主意

您想，我每天忙的都是一些行政方面的日常琐事儿，根本没时间接触业务，而我们的业务员天天干的就是这个，当然比我要内行多了！

如果客户不信这个，非要拉着你谈，也没关系。你可以大大方方地坐下来，和他说上五分钟不着四六的话，他一准儿会没了脾气，重新把注意力倾注到你的员工身上。

你的这种“装傻”，不但会让实践的机会重新回到你的员工那里，而且还有助于客户对你的员工专业性的认可（客户会想，这人起码比那位蠢经理靠谱多了），这反而会增加你的员工在客户心中的好感，有助于买卖的尽快搞定。

所以说，只有“装傻”，才是一个真正一举两得的招儿。

处理客户投诉的事儿也一样。小秦本以为亲自处理客户投诉是自己责任心强、尊重客户的表现，但她错了，她总这样做，员工一万年都不会具备应付客户投诉的能力，甚至都不会具备预防客户投诉发生的能力，这样反而会惯坏员工，导致员工对客户投诉的不敏感——没事儿，出了事儿反正有经理扛着呢！这就会使发生客户投诉的概率变得更高，使局面变得更糟。

而且，毕竟经理一个人力量有限，难免会有应对不周、照应不过来的地方，这种时候员工却使不上劲儿、帮不上忙，只会躲在一旁看热闹，看你闹心不闹心！

所以，除非万不得已，在员工面前一定要注意“少揽事儿，多推事儿”，尽量把员工推向前台，自己躲到后台去，这才是一个真正聪明的领导。

记住，这样做，不是逃避责任，更不是胆小怕事，恰恰是对员工负责的表现。

也许有人会说，你说的这个虽说有点道理，可在现实世界里行不通。

事实是，客户一发作起来，往往会大声叫嚷“把你们领导叫来！”你不出去，客户就不会善罢甘休，一直闹个没完。所以，这事儿和员工无关，完全是客户的意志使然。

没关系，如果是这样，你出去就好了。

只要你记住一招儿：将“装傻”进行到底，就行。

但前提是，这“装傻”也是一门学问，不能瞎装。就是说，你一定不能装得过于夸张、过于轻浮，让人一眼就能看破，那样只会进一步刺激对方、激怒对方，反而会让事态变得更严重。

你一定要步步为营，用你缜密的思维让这个“装傻”的过程更具逻辑性与可信性才成。

我就曾经用这个“装傻”的办法搞定过一个巨难缠的客户。

由于公司员工的一个小失误，发生了这次客户投诉。在我们表示了歉意并准备照章赔偿时，这位客户拒绝了我们的道歉与赔偿，提出了非分、露骨的要求。

在我们的员工礼貌地表示拒绝并耐心地解释原因时，这位客户却突然发飙，不但大吵大闹，叫嚷着“没工夫跟你扯淡，把你们领导叫出来说事儿！”而且还开着车堵住了公司的大门，不让其他客户进入，号称要搞黄我们的生意，让我们关门歇菜。

即便报了警，警察也只是会说几句类似于“和气生财”“和谐社会”之类的不痛不痒的话，就溜之大吉了。

于是，我把这位客户以及那位当事员工请到了 VIP 室，在沙发上坐定，给每个人倒上一杯茶，准备着与他进行一场马拉松式谈判。

我首先对他说：其实，我是在二线搞日常行政工作的，对业务部门的具体业务细节真的不甚了了，远不如员工专业，所以，为了最大限度地保障客户的利益，我还是希望您能与我们的员工详谈。

在遭到了对方拒绝的情况下，我表示谈判可以开始了。

我拿了一个笔记本，“认真”地记录他的每一句话。

从头至尾，我都表现出了一种高度谦虚的姿态，不断地针对对方讲述的内容细节提问题、做记录。表现得就像一个谦虚的学生。

对方讲述完毕，开始提要求，当然还是那个非分的要求。

我说：不急不急，我还有一些细节没搞清楚，再容我消化消化。

然后，拿起笔记本，嘴里念念有词地咕哝上一会儿，又开始与他反复核对起来……

这一弄，就是溜溜的两个多小时！

鉴于我谦虚认真的态度以及一一核对细节的诚意，他想发作却又发作不起来。

终于，他忍无可忍地站起了身，表示“下次再谈，今天先回去了”。

我赶忙起身挽留：别，别！再聊一会儿，好不容易谈到这种程度了，还是今天就把它解决了吧！别让它过夜，省得大家心里都别扭！

话音未落，就赶紧吩咐坐在一边儿的员工续茶。

他连忙说“回去还有事儿”，就一溜烟逃也似的走了。

送这位客户离去之后，我与那位员工相视一笑，一切尽在不言中……

后来，听那位员工说，这位客户两天后又来过，这次完全没有“找领导说事儿”的劲头了，而是径直找到了他，双方谈得很顺利。

最后，他按照公司的规定领取了赔偿后离去，没有再生事端。

所以，这“装傻充愣”，有时也会成为一个高招儿。

你越表现得不专业，就会越主动，事情倒越会向好的方面发展。

无论是小秦的例子，还是我的例子，都充分证明了这一点。

从这个意义上来说，“不专业”“装傻”往往才真正具有四两拨千斤的妙用，专业、露聪明、抖机灵反而会让你跌进万劫不复的深渊。

就是说，真正聪明的领导，一定是大智若愚的，一定不会总是迫不及待地想表现出自己比员工高明。

有的时候，他们必须祭出“揣着明白装糊涂”的必杀技，把员工推上真正的舞台。

其实，员工成功后，心里会明白那个真正的高人到底是谁，你栽不了面儿。

你会“装傻”吗？

未必吧？

男儿有泪也要弹——学会“示弱”

做领导的不一定要从头“强”到脚。有的时候，“示弱”要比“示强”具有更大的杀伤力。

示弱，是做好领导的一个重要素质。

如果有人这么说，估计十有八九要挨板儿砖。因为古今中外所有关于领导的概念中，都不会出现“弱”这个字。

本来嘛，何为领导？领导就是强有力的人，要有“泰山崩于前而色不变”的素质才成，怎么会示弱？怎么可以示弱？！

别急，听我慢慢跟你说。

其实，正因为你是领导，正因为你一直都很强势，一直都很铁腕，所以，在关键的时候适当示弱一下，对下属的杀伤力会更强，办事儿的效率会更高！

前一阵儿公司做了一次重大的人事调整：将一个重要的业务部门的经理小A撤下，换上了小B。

这次“走马换将”的举措让许多局外人大跌眼镜。因为无论从个人素质还是业务经验来说，小B都要远逊于小A：小A不但作风强悍、雷厉风行，而且有着近十年的经验，可算是一个标准的“业务油子”了。而小B虽说工作年限不短，但相关业务经验却极为匮乏，入行不过一年有余，对业务的熟知程度甚至还不如部门员工。

既然如此，那么公司为什么还要做这样的人事调整呢？

问题没有出在“做事”上，还是出在了“做人”上。

原来，小 A 自恃资历老、水平高，管理手段甚为彪悍，处处施以铁腕，导致很多员工很难跟上他的节奏，但却有苦说不出。时间长了，这些员工就慢慢失去了斗志，对工作只是机械性地应付。

无精打采的员工，绝无可能创造出优异的业绩。慢慢地，该部门的业绩开始稳步下滑。

而小 A 却认为，业绩的下滑恰恰是由于管理力度不够造成的，于是更为彪悍，更为铁腕儿，随之而来的，是业绩更为迅速的下滑……

经过一番艰难的思考与权衡，公司领导终于做出撤下小 A 的决定，换上了小 B。

小 B 的个性与小 A 迥异，他有着典型的“妇人之仁”，是个公司组织看悲情电影能第一个掉下泪来的主儿。

但此人绝非善茬儿，也有着“绵里藏针”的另一面。

他虽进公司不久，但团队塑造能力颇强，走哪儿都能拉出一支战斗力过人的队伍。公司正是看中了他的这一点，才会不计其业务能力稍弱的缺点，大胆起用了他。

但即便这样，令所有人大跌眼镜的是，小 B 居然只用了区区两个多月的时间就让局面大为改观，使部门业绩触底反弹，直线上升！

这也忒快了点儿！

所有人，包括那些当初对小 B 最有信心的人，都没有料到这种局面的发生，几乎不敢相信自己的眼睛！

那么，小 B 到底是施展了什么魔法，做到这步的呢？

原来，小 B 一到任，就压根儿没有摆出一副高高在上、新官上任三把火的架势，恰恰相反，他不断地向部门员工诉苦，说他没有经验，领导替他揽下这份差事，简直就是把他放在火上烤。

所以，他恳请大家“多多关照”“手下留情”，好让他能够“保住饭碗”。

随后，小 B 施展出他过人的人际交往本领，迅速在员工中间积聚了人气，树立起了威信。

由于小 B 总以“外行”的名义自居，因此做到了充分放权，最大限度地给了员工自由发挥的空间。

同时，小 B 还会时不时地使用苦肉计，敲打他的员工：今天又挨老板骂了。拜托大家多帮忙！你们业绩不好，我就可能下一分钟走人。

在这种无处不在的、巧妙的“刺激”下，员工个个儿都像上满了发条的闹钟，干劲儿一个赛一个地高昂，终于促成了这个出人意料的奇迹。

就是说，小 B 成功的秘诀，就在于他巧妙地选择了示弱这一妙招。

其实，话又说回来，业务部门的人个个儿都是人精，根本用不着你过分地管，只要能让他们将自身的潜在能量最大限度地激发出来，业绩只不过是捎带脚儿的事儿。

小 A 的铁腕儿，造成了过度管理的弊端，反而束缚了大家激发斗志、施展身手的空间。

相反，小 B 的善示弱，恰恰极好地弥补了这一点。

他的好人缘儿让部门员工本能地产生了一种无论如何要保住他、绝不能让他离开的强烈动机，反倒最大限度地激发出了大家的潜力和主观能动性。在这个共同目标的激励下，达成了最后的骄人业绩。

俗话说，“男儿有泪不轻弹”“男儿膝下有黄金”。这一点大家都明白，用不着谁来提醒。

所以，正因为这样，你恰到好处地示弱，才会让大家惊愕不已。

这个时候的示弱，将有极强的煽动力与摧毁力。

就是说，他们会明白事情肯定是到了一定程度，你已经站到了悬崖边儿上，没有退路了，因此必然会采取行动来配合你。

所以，有的时候，当情况已经变得很纠结，你可千万别死扛、死要面子，因为那样只会让你活受罪。

真正聪明的领导，应该学会在这种时候主动展示自己“虚弱”的一面，学会并灵活运用示弱这一招儿。

从这个意义上讲，有时候，强者的示弱，恰恰是一种更强大的表现，绝不丢人。

看过《三国演义》的人都知道，刘备与诸葛亮是最善于利用“眼泪”这个武器的，但又有谁会说他们俩不是拥有宏图大略的男人呢？

恰恰相反，那些决不低头、决不服软、决不流泪的勇夫，比如说像关羽、张飞这些人，只配给刘备、诸葛亮们打工了。

所以，真正的大人物，一定不是那种“死了也要强出头”的主儿，一定得做到能屈能伸，必要时甚至要能忍受“胯下之辱”才成。

这才是真正的大丈夫，才能真正成大事儿。

男儿有泪也要弹，未必非到伤心时。

你从来没有在自己的员工面前示过弱吗？

那就克服这种心理障碍，偶尔尝试一下吧！

相信会有惊喜发生的。

“傻坚持”

坚持这玩意儿，十有八九都是“傻事儿”。
但即使傻，也要坚持。

其实，坚持这东西，在很多时候都是一件特傻的事儿。

但即使傻，也要坚持。

我本人，就是一个典型的执迷不悟、死不改悔地信奉“傻坚持”理论的主儿。

在这里，介绍几个发生在我身上的“傻坚持”的小故事。

财务部的经理小钱，长期以来一直有件特郁闷的事儿。由于汽车销售的进货过程相对死板，除非有较明显的不可抗力因素，基本上是按照你报给厂家的年度计划来。你当初报了多少，无论市场情况如何，厂家每个月也会照样按数给你发货。

这就需要业务部门和财务部门充分配合起来，才能达到销售与财务节奏的高度契合，实现公司资金利用效率最大化。

可这“人算不如天算”，这两年汽车销售行业虽说总体情况良好，但充满了不确定性，市场就像女人的脸，总是说变就变。

所以，这销售部的业务节奏和公司财务安排的节奏总是匹配不起来。

你这里急需用钱进货，他那里的产品销售却没什么动静；他那里的产品销售火得不行，你这里却没有什么用钱需求……

这就给公司经营带来了种种难题。

要不就是产品积压，增大财务成本和经营风险；要不就是资金闲置，降低资本利用效率。

总之，事儿总是反着来，别着劲儿，没有让人舒心的时候。

难怪小钱整天忧心忡忡，茶不思饭不想的。本来就消瘦的身形，变得更加麻秆儿化了。

为了替小钱解忧，我花了一周多的时间帮他设计了一套管理方案，叫作"财、物周转匹配系数解决方案"。

其大概意思是，将公司的业务和财务情况分别做一个"提前量预期"，然后，把这两个预期的提前量的比值规定为一个系数，根据这个系数的大小来对公司未来的业务和财务情况进行整体掌控与局部调整，以使业务和财务的匹配关系达到最佳效果，实现公司"财、物周转"的效率最大化。

方案设计好之后，没想到却首先遭到了小钱本人的否定。

他的意思是，市场变化这么频繁，这个提前量根本没法预知。所以，如果按照我的这个方案做，根本就是"瞎子摸象"，纯属瞎耽误工夫。因此，反而是按以前的老办法，靠天吃饭，走一步看一步来得更靠谱。

我对他说，你的这个看法有失偏颇。这就好像打仗。由于战场情况瞬息万变，士兵的随机应变、单兵作战能力确实是压倒性地重要。但你什么时候听说过因为这样，就不需要作战计划，不需要参谋部和作战参谋这些人了？

我承认我弄的这个东西不会一天两天就见效，所以并不强求你从今天开始就付诸实施。

我只是给你提供一个科学管理的思路，你可以按照我的思路走，慢慢在实践中修改、调整，哪怕最后把我的东西彻底弄得面目全非也无所谓，只要对你真正有用就行。

关键是坚持，哪怕刚开始时就是瞎耽误工夫、没有什么实际意义，也在所不惜。

只要你坚持下去，相信最后你一定会走出一条新路、一条好路来的。

小钱将信将疑地接受了我的建议，极不情愿地开始了他的实践。

当然，你可以想象得出来，他一准儿会干出那种"三天打鱼，两天晒网"的事。

所以，我一有时间就跑过去烦他、磨他，弄得他虽说不情不愿，却也一直坚持了下来。

故事的结局也没出了俗套。

最后小钱终于尝到了甜头，认可了“科学管理”到底要比“靠天吃饭”强。

今天的小钱几乎已经离不开这套管理方案了，每天上班的第一件事儿就是打开电脑查数据，思考下一步的事儿。

试想，如果当初小钱因为这套方案“很傻很天真”就没能做到“傻坚持”的话，他能有今天吗？

再说一个“傻坚持”的例子。

公司规定，展厅卫生归销售部员工负责。但销售部的人个顶个儿都是人精，总能想出一大堆办法逃避责任，弄得展厅的环境卫生在很长一段时间里无法达标。

而且，由于人家的理由净是一些“正在接客户电话”“正在接待客户”“正在完成领导交办的任务”之类的特合理、特为公司和客户利益着想的“刚性理由”，你还不能把人家怎么样，只有干瞪眼生气的份儿。

于是，我给销售部下了一道死命令——全体部门员工，必须每人每天用手机拍摄五张展厅卫生死角的照片。

很多人觉得很可笑，认为这招儿纯属隔靴搔痒，不可能从根本上改变局面。

但我却不为所动，吩咐照令执行。

果不其然，精明的员工想出了种种高招对付我。

要不就是找人代拍，要不就是一次性连拍五张应付差事，更有甚者，干脆自己做几个卫生死角现场，玩儿起了“摆拍”的游戏。

我不动声色，并不对任何玩儿猫腻的人进行批评和处罚，只是要求他们必须坚持，每人每天必须上传五张数码照片，少一张罚款五元。

有人感到不可思议，问我这种坚持到底有何实际意义。

我笑而不答，告诉他只管往下看就好了。

果不其然，两个月之后，即便是玩儿猫腻，大家也都坚持不下去了，纷纷要求取消这道命令。

我对他们说：取消命令没问题，但有一个条件，我要求卫生必须达标。什么时候达标，什么时候取消。

第二天，展厅卫生情况好得连我自己都不敢相信自己的眼睛。

我遵守了诺言，立马取消了拍照片的命令。

但是，不出两天，狐狸尾巴就露了出来，卫生情况又开始每日俱下。

没关系，这一切都在我的预料之中。

一周后，我又一次颁布了这道命令……

经过了一场漫长而纠结的拉锯战，半年后销售部的人精们终于没有熬过我，举白旗投降了。

这又是一次“傻坚持”的胜利。

最后，再举一个“终极傻坚持”的例子。

在我们公司从展厅通往食堂的路上，有一扇玻璃门。无论是员工还是顾客，一天当中要频繁地出入这道门，一个个汗涔涔的大手印按上去，不出半天，门上的玻璃就变成毛玻璃了，简直脏得没法看。

我养成了一个习惯，每天用餐完毕经过这道门时，总会停下来把它擦拭干净再离开。

于是有人不解：领导，您擦那玩意儿有什么用？擦完了不出五分钟，照样会按满脏手印，彻底打回原形！

我笑了笑，打趣地回应道：你吃午饭有什么用？晚上照样会饿。所以干脆把午饭省了，晚上一块儿吃得了。

这扇门，只要我人在公司，还是每天必擦。

就这样一直坚持了两年多。

有一次，我问一个员工：你知道我为什么每天都要去擦那扇门吗？

他回答：当然知道，领导这是以身作则，想做个榜样给员工看，让他们养成爱护环境卫生的好习惯。

我对他说：你说的这个答案确实够标准，一般人准会这么想。

但我要告诉你，你错了。其实，一开始的时候，我是曾经动过给员工树个榜样的念头，慢慢地，我发现这纯粹是我的一厢情愿，因为，虽说开头的那几天还有那么几个员工主动跑过来，号称“不用领导动手，让我们来”，但到后来，这种人越来越少，不出一个星期，就几乎绝迹了。

大家似乎已经适应了这件事儿，甚至说得夸张点儿，觉得这事儿就应该是我干，和他们无关。

不只如此，我甚至觉得有的员工开始变得不耐烦，觉得我在这儿擦玻璃太碍

成功
坚持
坚持
坚持
坚持
坚持

事儿，干脆躲着我走，弄得我总得前顾后盼，发现有人经过就赶紧自觉地避开。

听了我的话，那位员工有些纳闷儿：既然这样，为什么领导还要坚持呢？

我认真地回答他：说实在的，我这样做不是给别人看，而是给自己看。

我要看看我的毅力到底有多大，能支撑我办这件傻事儿多长时间。

就是说，这件小事儿已经成了我评价自己的一个小标准，只要我能一直坚持下去，我就会对自己有信心，证明即使是别的事儿我也能做到坚持。

反之，如果有一天我懒得擦这扇玻璃了，我的毅力阀门就会被强行打开，变得一发不可收拾，我对自己的信心也就会随之坍塌了。

就是说，我把这种“傻坚持”当作了磨炼自己意志的工具。

他听完后，露出了一副不可思议的表情，似懂非懂地使劲儿点了点头……

没错儿，我就是这样一个信奉“傻坚持主义”的人。

因为我觉得，即使某些事情暂时看起来似乎毫无意义，但坚持这事儿本身就赋予了它们不俗的含义。

世上万物都符合一个辩证法的原理。

有些事儿，即使从局部看无意义，但从整体看却可能很有意义；

同理，有些事儿，即使从短期看无意义，但从长期来看却可能很有意义。

因此，作为领导，一定要比别人看得更远一些，更长一些，更整体一些。

哪怕有些事儿看起来很傻，也要坚持，咬紧牙关坚持，绝不能半途而废。

即便有人不理解，有人不支持；

即便遭到他人的嘲笑与明枪暗箭也要坚持下去；

甚至即便有些副作用也在所不惜，撞了南墙也不回头，还是要坚持下去。

是为“傻坚持”。

这恐怕也是世界上最宝贵、最有价值的一种坚持。

俗话说，英雄都是孤独的。

我们即便成不了英雄，但也绝对不能当狗熊。

愿天下越来越多的管理者，都能够成为“傻坚持主义”的铁杆儿粉丝。

如果真能如此，奇迹的发生，就是迟早的事儿了。

不抱怨的世界？别逗了！

不抱怨的世界？
想什么呢！
这个世界只存在于书本里。

现如今，与“借口”和“抱怨”这样的名词儿死磕的管理、励志类书籍可谓火爆异常。

《没有任何借口》《不找借口找方法》《不抱怨的世界》……这些光听名儿就已然备觉给力的书都曾是响当当的畅销书，都曾经一时风光无限。

细细想来，这类书籍的火爆似乎颇合情理。

中国人最大的缺点是什么？

就是“找借口”。

遇到问题或捅了娄子，我们本能的反应永远都不会是承担责任、迅速寻找解决的办法，而是立刻开动脑筋找借口，想方设法尽快脱身，先把自个儿撇清了再说。

于是，我们就经常可以听到这样的经典对话：

——（疑惑而愤怒地）这是怎么回事儿！

——（惶惶然地）这事儿和我没关系，因为1234567……

抱歉，人家的问题是“这是怎么回事儿”而不是“这是谁干的”，你那么着急撇清自己干吗？这不明摆着是做贼心虚、此地无银三百两吗？

借口害人，借口害事儿。

要是我们的职业素质能提高一半儿，找的借口比现在少一半儿，那咱这办事效率还不得跟搭上火箭一样，噌噌往上蹿？

中国人的事儿，还不得变得要多简单有多简单？

但往往事与愿违，真令人痛心啊！

但是，我有话要说。

净忙着痛心疾首了，是否曾有人抽出点儿时间来，认真地思考过人们如此钟爱借口的根本原因在哪里呢？

中国人为什么总是这么着急地找借口撇清自己，仅仅是因为“素质”差吗？

不尽然吧？如果你从小在美国长大，相信你的“素质”一定不会比美国佬差，反之，即便是一个金发碧眼、货真价实的美国佬，如果他从小就生长在中国，相信他也照样会和我们一样，成为“借口”的骨灰级粉丝。

所以，很明显，这“素质”差、喜欢找借口的毛病和人种无关，肯定另有原因。

有人可能会说出其他一些原因，诸如脆弱的人、不自信的人、没本事的人才会找借口，但这种说法似乎也不能成为一个完美的解释。

很显然，别的国家不敢说，至少在咱中国，坚强的人、自信的人、有本事的人照样会找借口，顶多找借口的概率稍低点儿，找借口的招儿更高明点儿而已。

要说完全不找借口，估计打死你你也不会信。

所以，甭管任何时候，但凡你见着了那些标榜自己“特有责任心”“特坚强自信”，所以“长这么大从来没找过借口”“以找借口为耻”的主儿，你可以拉出去暴揍一顿，保准儿不会发生冤假错案。

因此，很明显，以上这些都不是人们爱找借口的最根本原因，照这个方儿抓药，一准儿治标不治本。

那么，到底这个根儿在哪儿呢？

这个根儿就是俩字儿——文化。

国人爱找借口最根本的原因，其实不在于个人的“素质”，而在于一种群体性的“文化”。

这个文化，一言以蔽之，就是我们大家耳熟能详的经典桥段——对人不对事儿。

与老外“对事儿不对人”的文化不同，我们的文化是典型的“对人不对事儿”。

在这种文化氛围里，我们总是习惯于一有事儿就追究人的责任，而不是去解决这件事儿。

所以，如果我们够诚实，其实我们都敢于承认，在我们这里即使捅了娄子、把事儿办砸了都无所谓，只要你能找到顶缸的人，能让这件事儿交了差就成。

在这种氛围里，办事儿或解决问题的前提就是先把责任说清，只有揪出了“罪魁”或“替罪羊”，即那个需要为这事儿“负责”的倒霉蛋儿、小可怜之后，大家才能踏踏实实地开始办事儿。否则，每个人心里都会打小鼓，在这种各怀鬼胎的情况下，你也不可能办好任何事儿。

因此，揪人这件事儿的顺位，一万年都会排在解决问题的前边儿。在这种文化氛围里，大家心里自然不可能惦记着如何解决问题，而是本能地逃避自己被“揪”出来的厄运。

这种自我保护心理其实要多正常有多正常。

从这个意义上说，那些出了事儿勇于站出来担责任的人，才是真正的傻瓜。

道理也很简单，责任人分清了，这件事儿，在很多人的心目中其实已经等同于问题解决了、事儿了了。

你站出来担责任，最后解决问题，即办事儿的人，就很有可能只会剩下你自己。

其他人即便搭搭手，也只不过是应付一下差事而已。因为在他们心里，那块最大的石头已然落地，不值得那么玩儿命做事了。

所以，说得极端点儿，只要这“对人不对事儿”的文化氛围你改变不了，从某种意义上来说，无论责任心是强是弱、素质是低是高，要想让人们改掉爱找借口的毛病，把主要精力放到“事儿”上边，永远都是一个大难题。

所以，真正的病根儿就在这儿，一点儿也不复杂，根本没必要搞得那么邪乎。

既然找到了病根儿，方法也就一目了然了。

对，要想根治这爱找借口的毛病，唯一有效的办法就是改变这种“对人不对事儿”的文化氛围。

即便让全体中国人都改了这毛病确实不太现实，但至少在一个小范围里，比如说在你们公司，改变这种“对人不对事儿”的文化还是大有可能的。

秘诀就在我们管理者自己身上。

只要不是大的原则性问题，我们的管理者应该尽量做到不责怪或少责怪，尽量把主要精力放到处理与解决问题这件“事儿”上去。

这样做，就能在很大程度上使我们的员工改掉好找借口的习惯。

道理也很简单。我们为什么怕担责任，总喜欢找借口？说白了，就是怕受到责怪与惩罚。

所以，只要我们尽可能地减少这种责怪与惩罚，给大家吃个定心丸，让大家有了安全感，大家的精力自然会转移到解决问题这件“事儿”上面去。

我在日本留学的时候，曾经在不止一个地方打过工。

我发现了一个特点，就是日本人很少找借口。除了所谓的日本人“素质高”这一点外，其最主要的原因，恐怕就在于日本的企业文化是典型的“对事儿不对人”。

我发现，当员工捅了娄子的时候，他们的上司很少训人，和我们平时想象的“日本鬼子”那种凶神恶煞劲儿大相径庭。

员工犯了错误，出了问题，大家总是会在第一时间想办法解决。问题解决了，事儿也就结束了，就跟什么也没发生过一样，很少会有某个人受到责难和训斥。

就是说，他们的注意力在绝大多数场合下都会本能地倾注于“事儿”上边，而不是“人”。

所以，当事儿来的时候，大家的第一反应绝不会是这事儿是谁干的，而是这事儿该怎么解决。

反过来说，日本员工的责任心都很强，出了事儿，根本用不着别人训斥，自己就会不断地检讨，不停地自责。这样，反而会得到上司和同事的安慰，而不是斥责与埋怨。

当然，这并不是说日本企业里完全没有责怪与惩罚，对那些屡教不改的“惯犯”和严重违纪的个人来说，不得不承担责任、受到惩戒的情况也是有的，但总归非常罕见，远远不像我们这里这样稀松平常。

所以，人家那里能相对轻松地做到“对事儿不对人”也就可以理解了。

在这样的文化氛围里，“不找借口找方法”神马的，原本就不是个事儿。

其实，话又说回来，喜欢找借口固然是一个“毛病”，但也未必没有“可爱”之处。

首先，这玩意儿让你心里踏实。大家都是凡人，凡人就要有个凡人样，这样才好把握、才好控制，你才能找到发力点。

这种人总比那种虽说从不找借口，但也总给你办不成事儿的人强。

我见到过这样一位老板，是一个对“借口”深恶痛绝的主儿。

只要有人完不成他交办的事儿却胆敢为自己辩解，必然会被以“找借口”为名遭到他的当众怒斥。

久而久之，员工果真再也没了借口，只要是这位老板交代的工作，立马得令而去，没有半句废话。

照理，这位老板应该算是达到了“消灭借口”的目的，彻底顺了心意了吧？

没想到，恰恰相反，这位老板倒变得更郁闷了。

因为他发现，“没有借口”的员工比“有借口”的员工更不靠谱，更不好把握了。

没有了借口之后，办漂亮的事儿越来越少，搞砸的事儿反倒越来越多。

这是怎么回事儿呢？

原来，员工没了借口，并不是说他们增加了主动自觉性，更会找“方法”了；减少借口的理由，仅仅是因为他们知道老板烦这个，所以为了少挨骂而选择了沉默——与其办成事儿，但中间因为“找借口”挨好几顿骂，不如办不成事儿最后只挨一次骂合算。

后来，这位老板吸取了教训，只要把事儿吩咐下去，员工办事儿的过程中他会主动询问员工的“难处”，帮着员工“找借口”，这才使局面有了改观。

所以说，有的时候，这“没借口”还真的未必就是一件好事儿。

另外，找借口未必总是因为员工责任心差，相反，在很多时候恰恰有可能是他们责任心过强的表现。

因为介意，所以恐惧；因为恐惧，所以激起了强烈的自我保护意识。

就是说，这个时候即便你不拆穿他、不训斥他，他其实已经受到了自己给自己的惩罚，内心深处早已痛悔不已。

所以，如果你能替他圆个场，他不仅会做到“吸取教训，下次注意”，而且

容人
宽人
安人

还会记一分你的好，内心深处增加一分对你的崇敬。

真是一举两得的好事儿。

遗憾的是，我们绝大多数管理者在这种事儿上从来都是“眼里不揉沙子”，基本上都会毫不犹豫地选择追究员工的责任，对其进行严厉的训斥，甚至是人格的侮辱。

在这种情况下，不但你的形象在员工心目中会一落千丈，招致员工的嫉恨，甚至会激起他们强烈的逆反心理：老子承认有错，但老子就是不改，偏要和你对着干，气死你！

好好的一出大团圆结局的戏，就这样让管理者粗糙的手法演砸了。

其实，好好想一想，“没有任何借口”这种说法实在是有些自私，甚至是霸道。

这几乎完全是从领导的角度出发考虑问题，完全无视员工的立场。

做员工的听了这句话，鲜有不皱眉的，更妄谈什么“受教育”了。

再说得极端点儿，这种说法简直近乎荒诞。

“当官儿的”当然希望员工都是超人，什么都能干，而且还不能有一句怨言，但问题是你交代下去的事儿，员工干得了吗？

难道说，“当官儿的”给员工下命令“去！把月亮给我摘下来！”员工回了一句“我找不到那么长的梯子”，就活该被骂“废物，你这是找借口！”吗？

这简直是太可笑了。

所以，无视员工的立场，管理者势必会遭到员工的报应。

这个报应就是，甭管你使多大的劲儿，你一万年也培养不出来“不找借口”的超人。

你的所有努力，只不过是瞎耽误工夫。

曾经有一本巨火的书，叫《把信送给加西亚》，是一本被许多老板拿来对员工进行“素质教育”的经典教科书。

这本书说的是一个叫罗文的士兵接到了一个在旁人看来几乎是不可能完成的任务后，却没有任何抱怨以及“为什么”“怎么办”之类的借口，而是在几乎没有任何有价值的信息与线索“傍身”的情况下，二话没说就起程上路，最后竟奇迹般地、出色地完成了任务的故事。

无独有偶，据说美国西点军校的校规现如今也受到了广大管理者的追捧，因为西点的学员只会说两句话，一句话是“是，长官！”另一句是“不，长官！”干脆利索，根本没那么多多余的“借口”与“理由”。

可是，说实话，如果你的员工个顶个儿都和罗文或西点的铁血学员有一拼，你真的会乐得一蹦三尺高吗？

我表示怀疑。恐怕更大的可能，是你会把他们都开掉。

因为，真要是碰到个这样的主儿，交代完任务后一言不发就一个猛子扎进去，不活活把你吓出个好歹来才怪！

这些东西都实在太理想化了，所以都是天上的神仙，根本不可能降临到你所在的凡间。

如果你总拿天上神仙的标准来要求你的员工，那不是你疯了，就是你会把员工逼疯。

其实，即便是《把信送给加西亚》里的罗文，当初也并不是不想多说多问，而是当时确实没有任何可供参考的信息。所以，他的故事不能被简单复制。

你想，但凡有一点有价值的信息，而罗文为了显示自己的“高素质”，居然什么都没问就一头扎进了任务里，这种人你能用吗？你敢用吗？

所以，与其拿这些神仙的故事教育我们的员工，让你的培训工作的效果一万年都在“零”字上打转儿，还不如拿凡间的故事教育我们的员工更靠谱、更实在。

比如说，如果你上小学一年级的闺女整天贪玩，不好好完成作业，你觉得是拿“雷锋叔叔”和“爱因斯坦爷爷”的故事教化她更起作用呢，还是拿隔壁“小胖”（你闺女的同班同学，邻居家的愣儿子）的事儿教化她更有效果？

相信如果你是一位真正聪明的父母，你会让“雷锋叔叔”和“爱因斯坦爷爷”先歇会儿，把“小胖”的先进事迹“请”出来的。

再来说说抱怨。其实，抱怨也和借口一样，是一种很“人性”的东西，你根本不可能消灭它，也根本没必要消灭它。

抱怨自有抱怨的好处，你要学会“利用”它。

首先，通过抱怨，人可以发泄心中的郁闷情绪，从而达到一种心理平衡。说得再直白点儿，这玩意儿有利于心理健康。

这就好像是一个人明明很悲伤，你却非要跟他讲“想开点！想点开心的事儿，笑一笑啊！”但其实，你比谁都门儿清这只是一种场面话，根本就不好使。既然如此，还不如让他“哭个痛快”，彻底发泄出来来得实在。

其次，抱怨可以暴露问题。

员工的抱怨，除了那些毫无建设性的“纯发泄”之外，肯定还有大量有用的信息，透露出了公司在经营管理方面的种种问题。

所以，这种“暴露”，对你而言绝对是一件好事，能让你知道哪里出了问题，应该怎么修正。

反之，即便你的员工抱怨仅仅是出于一种不良情绪的发泄，没有任何建设性，你也能通过这种抱怨了解员工的内心世界，有利于你采取行动，和他们进行有效的沟通，把他们从低落的情绪中拉出来。

但是，如果你拒绝或禁止你的员工抱怨，那么即使你的员工在表面上呈现出一派“和平”景象，但内心深处的波澜其实一点儿都没少。

而且因为你剥夺了他们发泄的权利，也许这些东西会越积越多，最终爆发的时候，可就未必是你能够收拾得了、兜得住的局面了。

所以，中国人之好抱怨，其实对管理者来说，更多的是一种“福音”，它给管理者提供了许多有价值的信息，使管理者的工作能够更加有的放矢，更有效率。

因此，如果说抱怨是良好沟通的桥梁与良好管理的开端，应该不算太过分。

其实，只要我们好好分析一下抱怨的本质，这件事儿一点都不难理解。

人类为什么会抱怨？因为世界上存在着不完美。

所以，只要这个世界一天完美不了，人类就不可能停止抱怨。

从这个意义上说，抱怨其实是将这个世界不断推向完美的助推器之一。

对抱怨的抱怨，才是真正没有任何建设性的“不良情绪”，反而应该引起我们足够的警惕。

不抱怨的世界？

别逗了！

这个世界只存在于书本里。

“失败学”——如何让“心动”变为“行动”

如果您只想要“心动”，请看“成功学”；
如果您还想要“行动”，那就请看“失败学”。

我有一个梦想——

在自己的有生之年创建一门学问，

叫作“失败学”。

因为这个世上还有一门学问叫成功学。

我创立这门学问，就是为了和它死磕。

别误会，我这么做绝不是因为吃饱了撑的没事儿干。

我自有自己充分的理由。

且听我慢慢道来。

对于我们绝大多数人来说，其实心动是一件特容易的事儿，但行动却往往比登天还要难。

我们经常可以看到这样的现象：有的时候你给一个人讲大道理，他也许能听进去，而且还听得巨认真，巨有感触，甚至于巨受震撼，但很少能给他带来实际的行动。

有人可能会说，这还是因为触动不够大。

但我要说，你错了。

我敢保证，即便他真受到了触动，而且无论这种触动有多大，给他带来的震撼有多强烈，他也未必就能拿出真实的行动来回应这种触动。

退一万步讲，他就算能拿出一些实际行动来，也绝对坚持不多一会儿，很快就会偃旗息鼓，打回原形。

这一点，我敢拿自己所有值钱的东西和你打赌。

但是，为什么人们的心动在绝大多数时候都带不来行动呢？

两个原因。

其一，习惯的力量。

习惯的力量实在是太强大了。当一个人彻底习惯于一种状态之后，你只想天真地以一两次“心灵海啸”就让人彻底改变这种习惯，只能是痴心妄想。

其实，如果你想改变一个人的习惯，在绝大多数情况下，“心灵震撼”的效果远不如“强制”的效果。

所以，所谓“洗脑”，其实是件“很傻很天真”的事儿。

这不是说“洗脑”这事儿很难。恰恰相反，它很容易。只不过，“洗脑”的效果往往是一次性筷子，使完就扔了。

其二，价值观的力量。

一个人的价值观往往具有某种强大的顽固性，就是说，即便另一种价值观偶尔也能打动你，偷偷地钻进你的心房，甚或深深地震撼了你，但也只会有“昙花一现”的效果，坚持不多会儿就会败下阵来，被以前的价值观强行地打压下去。

所以，无论你受到多少教化，只要从前的价值观不变，那么就只能跟弹簧一样，拉过去又弹回来，周而复始，劳而无功。

这也就是为什么很多人放弃价值观的改造，转而诉诸“强制”手段的原因之一。

但是，很明显，“强制”虽说比“洗脑”更为见效，却往往只能量产二三流的人才，绝难造就出一流人才。

就是说，“强制”虽说能够相对容易地带来行动，但这种行动因为没有心动做基础，质量就不会高。而低质量的行动，绝无可能造就出高质量的人才来。

因此，要想造就一等一的人才，还是得靠由心动支撑的行动才真正靠谱。

而这样的心动，仅靠成功学显然是得不到的。

真正有效果，能将心动更好地转化为行动的，只能是“失败学”。

道理也很简单。

成功学的最大问题在于，它讲的都是如何做才能成功的事儿，而这对于我们这些一辈子都没怎么尝到过成功到底是什么滋味儿的主儿来说，无非是听别人讲了一些“天方夜谭”的故事，尽管也能被触动，但却没有真实感，就像天边儿的月亮，可望而不可即，所以令我们很难将心动化为行动。

但是，“失败学”则不同，它讲的都是些如何做才会失败的事儿，这些事儿我们都很熟悉，是天天发生在身边的事儿，所以很有真实感、很给力，受到触动后，将心动付诸行动的概率也就更大。

当然，如果你想让别人能够真正将心动变为行动的话，光靠嘴巴“说动”他还不行，还要主动创造机会，让他在实践中充分地品尝失败与挫折的痛苦。只有这样，他才能真正懂得心动与行动的真谛。

因为只有不断地体验失败，体验那种辗转反侧、夜不能寐、痛彻心扉的感觉，而且不断积累这种体验，人才能够真正达到“凤凰涅槃”的境界，真正实现心动到行动这一量变到质变的飞跃。

所以，阿里巴巴的创始人马云说：“你一定不要将常胜将军放到一个重要的位置上，你一定要将一个体验过痛苦失败的人放到一个重要岗位上。”

确如此理。

一个不懂得失败是什么的人，无论这辈子点儿有多正，能力有多强，你也不能用。因为他们很有可能会有一个共通的毛病——一旦跌跤，准会跌个超大个儿的，而且很难再爬起来。

其实，那些真正成功的人，未必都曾学过成功学。但是，我敢打包票，他们个个儿都在现实世界中特系统、特刻骨铭心地学过“失败学”，大跟头儿一准儿摔过无数个。

所以，他们的成功，真的未必都像很多成功学标榜的那样，是一种“会当凌绝顶，一览众山小”的感觉，那么神奇，那么光彩照人。

恰恰相反，他们的成功往往都是遵循了一种典型的“失败学”模式——当无休止的挫折、无休止的失败终于停止的时候，成功不期而至了。

然后，已经彻底“适应”了失败，却突然成功的他们往往会完全找不到感觉，整个人都变得不知所措，一个劲儿地发蒙——怎么回事儿？我这就叫成功了吗？

就是说，他们的成功其实一点儿都没有成功学的那种光鲜亮丽，有的只是“失败学”的那种赤裸裸的真实。

因此，他们的成功往往会很难看，甚至可以说狼狈不堪——当他们顶着一脑袋的淤泥，使尽吃奶的力气，才勉强从泥坑里爬出来的那个瞬间，却看到了耀眼的镁光灯，“莫名其妙”地成功了。

俗话说，失败是成功之母。

所以，要想进修“成功学”，必须先修满“失败学”的学分才成。

正因为如此，确实得有人忙着琢磨一下设立“失败学”这门学问的事儿了。

医活“死马”——学点“心理学”

俗话说，事儿是死的，人是活的。
所以千万不要把“活人”的事儿往“死”里办。

古人云：“事儿是死的，人是活的。”

所以，要想做一个合格的管理者，一定不能死抱着“制度”的大腿不放，务必要学点儿心理学。

我发现，那些一门心思和制度死磕的管理者，往往都有一个共通的缺陷——不懂得如何与员工沟通。

他们根本无法做到与员工“水乳交融”，遇到问题总是习惯于用“棍棒”开路，虽说也能“杀出一条血路”来，却往往留下一大堆后遗症。

与之相反，那些好歹懂点儿心理学知识的领导，在与员工沟通时却总能做到游刃有余，把许多制度够不着的事儿都能办得顺顺帖帖，让人钦佩不已。

所以，如果把制度比喻成“死马”，懂得心理学的领导就是能将它医成“活马”的大夫。你想，这个大夫得有多牛！

但那位说了：你说得轻巧，谁不知道心理学重要？但这人心隔肚皮，谁能弄明白员工到底是怎么想的，这玩意儿在实际工作中根本不靠谱，完全没有可操作性！

但我要说，你还真别叫板，弄清员工的心理其实一点儿都不难，因为你永远都有一个天然的参照物——你自己。

简单点儿说，你和你的员工都是人，只要是人，就不可能没有共通点，弄明白了你自己，也就等于弄明白了你的员工。

是为“换位思考”。

只要你会换位思考，心理学的所有难题都能轻松搞定，根本没那么邪乎。

比方说，员工犯了错，你把他们臭骂一通。你觉得能见效吗？

如果您觉得能见效，那我只能说您的脑袋肯定是让门挤坏了。

因为是个人用脚指头都能想明白，员工之所以会低头认罪，不是因为他们的自责，而只是因为他们想把您先哄消停了，好尽快结束这挨骂的痛苦。

其实这事儿，只要你能换位思考一下，并不难弄明白。

假设那个挨骂的人是你，你真的会大呼“感谢领导训斥，真是太受教育了”吗？

恐怕你脑子里早就幻化出了一挺重机枪，把喋喋不休、骂个没完的领导“突突”了吧？

又比如说，假设你花钱让员工去旅游，但甭管员工玩得有多累，多晚才赶回来，你也不给他们一点儿休息与调整的时间，而是要求他们第二天上午按时上班，你的员工会怎么想？会对你“感恩”吗？

说句不客气的话，根本没戏！员工不嫉恨你，就算很给你面子了！

但是你可能会有些愤愤然——我自掏腰包让他们去玩儿，够对得起他们了，他们还想怎么着啊？！整个儿一占便宜没够，得寸进尺！

没错儿，你是可以这么理解，但事实就是事实，事实就这么残酷，让你没脾气。

这就是典型的“花钱找骂”的段子。

其实，只要你换位思考一下，如果是你自己，骨头架子都快累散了的第二天还得起大早上班儿，你会不骂街吗？

多简单的事儿，有什么想不通的！

这种现实世界中活生生的例子可谓不胜枚举，哪一个都雄辩地证明了心理学与换位思考的重要性。

所以，只要我们管理者经常用这种换位思考的方法磨炼自己的感性和同理心，我们就能逐渐在实际操作中相对容易地找到员工的“穴位”，达到一招制胜的目的了。

其实，甭管多大的领导，都是从基层一步步爬上来的。

照理，他们不应该理解不了一个普通员工的心理感受，因为这些感受他们自己也曾拥有过，甚至是刻骨铭心地拥有过。

但为什么这一升了官儿，就把这些感受都抛到九霄云外去了呢？归根结底，这还是一种“千年的媳妇儿熬成婆”的心理在作怪。

这就好像葛优葛大爷在那部经典电视剧《编辑部的故事》里的一句名言，叫作“一朝权在手”——赔笑脸赔累了，好歹手里有点儿权，就想尝尝“绷脸儿”的滋味儿。

再说得露骨点儿，这就是让人欺负惯了，有机会也想尝尝欺负人的滋味儿的心理，而且当初被人欺负得越狠的主儿，欺负起人来也越狠。

就是这么点事儿，一点儿也不复杂。

所以，找到了病根儿，就得对症下药。

你必须弄明白，你现在需要的到底是什么，是报复人的快感，还是把事儿漂漂亮亮地办了。

如果是前者，你不妨这么想：到今天为止你已然“吆五喝六”地过了这么多年了，照理这“瘾”应该过得差不多了，“气儿”也应该撒得差不多了。差不多是时候该收手，干点儿正事儿了。

如果是后者，你可以想想当初别人对你“吆五喝六”时你是怎么做的，是否真的跟打了鸡血似的拼命往前冲来着。所以，如果不赶紧把这件虚张声势的马甲脱下来，你将一事无成。这代价也忒大了。

总之，只有学点儿心理学知识，你才能将人看成“活物”，才能真正掌握点儿“活思想”，摸到点儿管理的门儿。

否则，如果你天天只知道用“棍棒”开路，充其量只能证明自个儿是个二愣子，一辈子都活在“忽悠自个儿”的假象与快感之中。

最后，再说上一段儿小插曲。

前两天在网上买了一本关于员工素质培训方面的书籍。

据说这本书的作者是一位国内巨有名的业内高手，号称“全球N百强华人培训大师”之一，脑袋上顶着一大串国内的、国外的、月亮和星星上的各色权威机构授予的荣誉称号，兜里头揣着一大堆令人头晕目眩的各色职称证书，经他手培训过的国内外企业不计其数。照理应该是一位具有点石成金本领的超级畅销书作者了，奇怪的是，这本书却销量奇差，几乎完全卖不动。

这事儿激起了我的强烈好奇心，所以决定找来翻翻。

可刚翻了十来页就实在是翻不下去了。

我似乎找到了这书之所以卖不动的原因。

随便给你挑上几段儿书摘，相信你也能明白：

“永远忠诚于自己的公司”；

“对公司和老板要心存感恩”；

“从不找任何借口”；

“做事绝不拖延”；

“不断提高自我”；

…………

哇哈哈！

借用某位著名导演的话，这本书里几乎没有一句“人话”，通篇都是废话。

明明面对的是一大堆“活”人，为什么偏偏要把话往“死”里说呢？

你敢说你自己成为一个大师的人生之路，就是完全按你书里标榜的指南针走过来的吗？

呜呼！

真是天可怜见那些接受过这位大师素质培训的企业员工！（你没睡着吧？）

天可怜见那些奉上无数真金白银邀请这位大师的企业老板！（可惜了，你这钱又打了水漂了。）

天可怜见那些赐予这位大师无数荣誉称号的各类机构！（你到底忽悠了谁，只有你自个儿门儿清。）

愿上帝保佑这位大师！

阿门！

就此打住，不再说了。

“俯视”、“平视”和“仰视”

做领导的，不应该总是习惯于“俯视”下属，有时候尝试一下“平视”或“仰视”的招儿，反倒能收到奇效。

我们绝大多数管理者在与员工沟通或培训员工时，都喜欢摆出一副“居高临下”的态势，好像只有这样才能显出自己是领导，有权威，比人家高一样。

更逗的是，哪怕昨天还是一员工身份，今天让上司“提了干”，也当了个“小领导”，立马说话的口气就会来个一百八十度的大转弯儿，也开始摆官腔、唱高调，好像自己的水平在“提干”的那个瞬间就来了一个“质的飞跃”似的。

也就是说，这种居高临下，我称之为“俯视”的姿态，并不一定是来自水平的提高，而是来自地位的变化，似乎只要地位一变，水平自然就会高。

所以在公司里就会经常发生这样令人忍俊不禁的现象：昨天还两人站一排乖乖地听取领导的训导呢，今天其中一人提了干，一转身儿一抹脸儿就开始事儿事儿地“训导”另一个昨天的伙伴了。而那位“伙伴”员工依然跟昨天一样，保持着昨天的姿势和神态，继续乖乖地聆听“新领导”的训导。

其实，好好想想，如果你的水平依然跟昨天一样，今天只不过因为地位的变化就拥有了某种“俯视”的优越感的话，你的话，对方能听进去吗？

这个问题的答案恐怕你的心里跟明镜儿似的，所以也许你只是单纯地想享受一下“新地位”带来的快感罢了。至于对方是否真当成事儿听进去了，你其实真未必在意。

可是话又说回来，这种“俯视”的姿态能给你带来什么呢？估计除了一大堆走过场般的“是是是”“行行行”“好好好”以及装腔作势的“明白了”“一定照办”之类的回应外，你什么也得不到。

这就是典型的官僚主义或官本位的做派，其实对“执行力”仨字儿有害无益，白白浪费了一大堆唾沫星子。

其实，即使你是货真价实的“官儿”，脑子里也有着大量货真价实的东西，如果你想和员工之间的沟通能取得实打实的效果，还是要尽量放弃“俯视”的姿态，改用“平视”的姿态，这才是一个更有实效的路子。

每一个曾经做过员工或下级的人都会有这样一个深刻的心理体会：什么时候领导的话最能打动你，最能进入你的心里去？领导“平”着和你说话的时候，只有在这种状态下，领导的话才能真正入你的心，而你也才能真正打开自己的心扉，敞开了说出心里话。

但是，这玩意儿不是简单地做出一副平易近人的样子就能轻松搞定的事儿，你应该首先熟知、掌握并能应付自如地使用员工、下属们“自己的”语言方式，并拿出百分之二百的诚意才成。否则，如果你仅仅是做做样子，由于你脑袋上的那顶“官帽子”的光环和威严还在，员工照样会和你玩儿“文字游戏”。

所以说，这种装腔作势的平易近人，其实才是最严重的官僚主义、摆架子，只能招人烦。

最后，如果我们的领导们够魄力的话，还可以尝试着使用一下“仰视”的招儿，说白了就是“贬低自个儿，抬高下属”的招儿。这招儿可能百分之九十九的领导都不会接受，因为除了会怀疑它的真实功效之外，“面子”这关也过不了。

不过，我告诉你，真能玩儿转“仰视”绝活的头儿们，都是一顶一的高手，绝不像你们想象的那样都是窝囊废、不称职的领导。

我公司就有一个部门的经理，部门员工高度团结，执行力超一流，明显在公司内部有着鹤立鸡群的超人地位。

但是他可不是“一般人”，最擅长的就是在员工面前“装弱者”的招儿，初打交道时你也许会很不屑，甚至于想抽他一嘴巴，但是时间长了，包你对他佩服得五体投地。

他总是能让他的员工觉得他们对自己来说非常重要，离了他们自己什么都

不是，什么都干不了，他总是能极为巧妙地把自己交代给员工的工作变成一种对自身的“救援”，让员工们把办这些事儿当成一件特神圣的、有极强使命感的事儿，好像如果员工不能漂亮地把事儿办了，他就要“身陷绝境”似的。

久而久之，他的员工不但执行力超强，而且干起工作来特主动、特积极、特有自觉性，好像身后有根无形的鞭子天天抽着自己，不使劲儿往前走就“对不起谁”似的。

当然，能做到这点不仅靠这种“仰视”的姿态，此君在其他方面也有绝活，比如说经常性地做东请客，走哪儿都不忘给自己的弟兄们买点儿小礼物，逢年过节总不忘让员工给家里的老人问个好什么的。

总之，这是个会交际、懂沟通的主儿。他把他的员工和部门踏踏实实地当作自己的地盘儿和“自留地”精心地经营与耕耘，所以才会有今天的收获。

但是甭管怎么说，敢于像他这样在员工面前玩儿“仰视”绝活的领导，堪称罕见，也堪称有魄力。

其实，古往今来，历史上的伟人中有“仰视”绝活的“练家子”有不少。三国时的刘备就是一个典型的例子。这位大人可不是善茬儿，那眼泪说来就来，跟自来水龙头似的，让人想不为他玩儿命都难。即便这样，有谁能说刘皇叔不是好汉一条呢？人家最后能终成霸业本身就说明了一切。

总之，在中国玩儿民企，最要命的就是官僚主义。现实一点儿，图点儿扎扎实实的“结果”不好吗？

甭管你是个多好面子的主儿，请至少偶尔尝试一下“平视”或“仰视”的招儿，相信会给你一个惊喜的。

A B C D E F G H
8 7 6 5 4 3 2 1
A B C D E F G H
8 7 6 5 4 3 2 1

第二章

好领导？坏领导？

绝大多数管理者都会犯一个致命的错误：他们总是将“先做人、后做事”这句话说给员工听，却从未认真地说一遍给自己听。而他们恰恰忘记了一个极其尴尬的事实：一个“不会做人”的领导，是绝无可能带出一支“会做人”的员工队伍的。

窝里横！

只会“窝里横”的老板，是天下最没出息的老板。
那么，明明“窝里横”，却死不认账的老板呢？

中国人有句俗话，叫作“窝里横”。这句话和“杀熟”还不太一样，“杀熟”指的是忽悠，就是说，归根结底是假活儿，而“窝里横”可不一样，这玩意儿是不折不扣的真活儿，动的全是真格儿的。

所以，我们可以看到，老公在单位受了气，却乖得跟三孙子似的，大气儿都不敢出一下，还得给人家赔笑脸儿。但毕竟攒了一肚子恶气，回到家后，老婆孩子一准儿倒霉。

公司江湖里的情况也如出一辙，“窝里横”现象可谓俯拾皆是。

这不，我就曾碰上过一位特擅长“窝里横”绝活的老板。

这位老板的“窝里横”绝技，可谓登峰造极，堪称大师级别了。

越是对他重要的人，越是他信任的人，他越是“鼻子不是鼻子，脸不是脸”，逮着就骂，见着就损。就好像刚从厕所里刷完牙出来，那张嘴要多臭有多臭，要多贱有多贱。

偏偏这位爷还振振有词：我一般只骂我看得上的人，看不上的人，找我骂我都懒得理他！

言外之意就是，让我骂了是你的幸运，赶紧回家躲被窝里偷着乐去吧！哪儿还有闲工夫跟这儿抱怨！

这位爷之所以心里这么有谱，就是因为他有一个强项——对他信任的人出手大方。

今天发俩钱儿，明天给个包，后天撮顿饭……

所以，他认准了自己的心腹们“吃人的嘴软，拿人的手短”，无论他怎么撒野，这些人都不可能翻脸，依然会乖乖地、无条件地为他效忠，绝不会有任何非分之想。

有了这碗酒垫底儿，这位爷就有恃无恐了，成天价肆无忌惮地辱骂下属，往这些公司绝对的骨干身上喷粪。

而且，令这位爷心中暗爽的事儿是，他越这样，似乎事情就越顺——身边的人不但不跟他急，相反却表现得越来越奴颜婢膝，个个儿跟他赔笑脸，说好听的，直把他哄得一愣一愣的，颇有一种“一览众山小”的王者之感。

这位爷可能万万没有想到的是，每当他起身而去，离开公司的时候，那些心腹都会暗自击掌相庆——总算把这孙子打发走了！

原来，并不是那些下属居心叵测、人品不良，而是因为这位老板为人实在是下作，根本不可理喻。

所以，无奈之下，他们就只好将计就计，玩儿了一个“顺势而为”“逗你玩儿”的把戏——专拣对方爱听的说，挨了骂也咬牙忍着，就当让臭虫叮了一口——先把人打发走了再说。

只有打发走了这位老板，大家才能安下心来工作。

你想想，在这样一位爷手下做事，甭管他有多“信任”你，你能做到无条件忠心吗？

说实在的，这种人不招人嫉恨就已经可以烧高香了。

事实也做出了最明确的回答——这位爷自打江湖出山以来，身边儿所有的心腹，几乎无一人跟着他干能超过三年。

还甭管是多招这位爷待见的人，哪怕是那种恨不得把自己家存折藏的地儿都告诉对方的主儿，最终一个没能留住，都相继离他而去，甚至投奔了他的竞争对手。

直气得他跳着脚地骂娘：这些没良心的白眼儿狼，忘了他们手里的包、兜里的手机都是谁送的了！

这可真是“赔了夫人又折兵”啊！

白瞎了我的那些手机、包啊！

按说，让现实惩罚到了这份儿上的这位老板，照理该长点儿记性了吧？

嘿嘿，您可真没猜对。

这位爷不但不做丝毫的自我反省，相反却激起了极为严重的“仇视社会”的心理：这世道人心不古，绝不能心慈手软！

于是乎，他变本加厉地折磨他的心腹与下属；

于是乎，“背叛”他的人越来越多，他“信任”的人越来越少……

这位老板的人生和事业，最终到底会成为一场悲剧抑或是一场喜剧，结局相信你心里已经有数了。

起码现在，他的精英们都陆续跑到了对手那里，对他的事业已经造成了沉重的打击。

其实，公允地说，这位爷真的很蠢，简直是天下第一晕蛋。

他越信任的人，对他而言越重要的人，就越是掌握了他至关重要资源的人。

对这些人，必须要做到绝对的“万无一失”才成。

这种人你绝对不能得罪，否则，一旦他们反戈一击，能量可是“核裂变”级的，那你可就得吃不了兜着走了。

就是说，这些人本身对你而言就是一种极其珍贵的资源，照理你应该连哄都怕来不及才对，怎么可以肆意羞辱？

那不是脑袋让门挤坏了是什么？

所以，对这样的人你一定要格外珍惜，一定得“客气点儿”才成。如果你不能表现出对他们的尊重，就必然会遭到他们的报复。

但是，也许有人会说，骂他，恰恰是出于对他无条件的信任，是因为没把他当外人，彻底做到了“亲密无间”，才会这样。

换句话说，这是人家把“下属”当“家属”看了的表现，所以你应该感恩，怎么还抱怨呢？

有这种想法的老板简直蠢不可及。

俗话说，“相敬如宾，举案齐眉”。意思就是说，即便是一家人，哪怕是你现任媳妇儿，你都必须要向对方表示最起码的尊重。

否则，你玩儿一把“鼻子不是鼻子，脸不是脸”试试！

政治

老婆大人不和你死磕到底算我没见过世面，白活了这么多年。

更何况，这是你的下属！

这“下属”，怎么可能和“家属”一样？一万年都不可能！

记住，甭管和你多亲，是你多信任的心腹，只要他是你的下属，就意味着你们是上下级关系，就意味着你们的关系出不了公司江湖这一亩三分地儿，就意味着你们的关系里有“政治”这两个字。

既然有政治，就不可能完全放松，双方都以“自然态”存在，因此你们的关系里就必然会有演戏的成分在，有面具、马甲的成分在。

道理很简单。

老婆和你吵两句，你们不可能离婚；

但下属和你吵两句，闹不好就得做好离职走人的准备。

就是说，这“下属”无论多亲，也一万年都不可能亲到“家属”的份儿上去。

因为下属对你的嫉恨，对你的许多不良情绪，根本不可能跟你的家属一样能够每分钟都得到发散，因此这种情绪只能是越积越多，最终成就一颗威力无比的“情绪原子弹”！

所以，从今天起，赶紧把你那“因为信任你才骂你”的无赖逻辑扔进垃圾堆里吧！

归根结底，你专骂“信任的人”是你吃准了他们不会翻脸，心里有谱才敢于这么做的。

反之，“信不过的人”你不会骂也不是出于你的高风亮节，仅仅是因为对他们你摸不透，吃不准骂完的后果是什么，才这样做的。

再说得简单点儿，你这其实还是一种典型的“欺软怕硬”的表现，就是说，是一种不折不扣的“窝里横”的表现，因此实属“下三烂”，一点儿都显不出你的所谓“良苦用心”与牛气劲儿来，和那些在单位受了气，回家拿老婆孩子撒气的没出息的主儿没有丝毫区别。

你是否对你的心腹爱将说过“骂你是信任你！”这句话？

如果答案是肯定的，你可得小心了。

被送礼

记住，即便是拍下属马屁，也不是那么容易的事儿，得真正“走心”才成。

我在自己的小书里反复提到过作为一个管理者，应该学会时不常地对员工“施与小恩惠”的细节。

这并不是说员工有多势利、多财迷，也不是说管理者只要凡事以“利诱”为出发点，就能轻松搞定万事；而是说这种“小恩惠”的积累，有利于管理者“收心”，只要员工能被你成功“收心”，“办事儿”就只是水到渠成的事儿而已。

但是，正因为“施与小恩惠”的终极目的是为了“收心”，所以，操作起来一定要千万小心，切不可以为只要自己表现大方，对方就必然会领情。

如果你操作不当，就很有可能不但收不了员工的心，相反还会落个“偷鸡不成反蚀把米”，员工得了便宜还要骂街。

我认识这样一个老板。此人为人豪爽，出手大方，平生最恨的人就是财迷。

他最喜欢的事儿之一就是送员工东西，公司上下鲜有没接受过老板礼物的员工。

请客吃饭什么的更是常事儿，只要他一来公司，就意味着员工们晚上必然会有饭局。

照理，这应该是一位深受员工爱戴的老板了。

奇怪的是，他的员工似乎并不领情。

收到老板礼物，尤其是那种相当贵重的礼物的员工，鲜有面露喜色的，更别提兴高采烈了；

回回老板做东请客，员工总要找各种借口提前开溜，那些行动稍缓而不幸沦为老板饭局座上客的员工，几乎个个儿苦着脸，只有自认倒霉的份儿。

你也许会感到大惑不解——这些员工也忒不是东西了，这么好的老板，怎能如此不给面子？这不是一群“白眼儿狼”吗？

恭喜你，你和那位老板想到一块儿去了。

他也是这么想的。

当他发现员工们总是把他的好心当成驴肝肺的时候，那心情就跟吃了苍蝇似的，要多郁闷有多郁闷。

他不止一次地在各种公开和私下场合里咒骂过员工的这种“白眼儿狼”行为，大叹“世风日下，人心不古”！

那么，到底是什么原因，让这位老板陷入如此不堪的尴尬境地呢？

原来，这位老板的大方固然是一种“美德”，但同时他也有一个致命的缺点，就是“强迫”。

简单点儿说，老板对员工的种种示好行为，员工不是“自愿”接受，而是“必须”接受。

只要老板给的东西，员工胆敢说半个“不”字儿，他就会大光其火，号称如果员工不收，他就把这个东西“当垃圾扔了”；

只要他做东请客，员工必须无条件参加，哪怕家里着了火也得去，否则第二天见着准没好脸儿。

就是说，对员工而言，这其实是一种典型的“被送礼”“被撮饭”的局面，心里固然有千种不愿，但出于对象是老板，更何况是“好意”，因此也只能违心接受，别无他法。

这还不算完，更要命的事儿还在后头。

那就是，这位老板不属于那种“做了好事儿不留名，不图报”的主儿，恰恰相反，他是那种极端喜欢炫耀、要求回报的人。

于是乎，无论走到哪儿，他都会告诉全世界“我昨天给了张三一个包儿！”“前天给了李四一套衣服！”让他身边叫作张三、李四的员工尴尬不已，恨不得找个地缝儿钻进去。

不只如此，从今往后，只要见到张三，他就会说“我送了你个包儿，某某事儿你得给我办了吧？”只要见到李四，他就会说“我送了你一套衣服，你可得对得起我啊！”

要是有谁做了“对不起”他的事儿，他也总不忘加上一句“我光某某就送给你多少个（件、套）了！你怎么能这么对我呢？你还有没有点儿良心？”

…………

你想想，遇到这么位爷，你还敢收他的东西吗？

更为极端的事儿是，这位老板还十分喜欢叫上几个员工到外地陪他度假。

这一“度假”可不打紧，员工整个儿就跟进了地狱一般，受尽了折磨。

因为这位老板的生活极不规律，没有一顿饭按点儿吃，天天熬到凌晨三点才睡，让跟着他的员工吃尽了苦头。

偏偏这位老板还要求员工感恩，在自己尽兴之后，还要把“三陪员工”叫过来训一番话：你看，跟着我度假的这几天，你们可是享尽了福了，天天睡到自然醒，各种山珍海味吃了个遍。

这两天我为你们每个人花的钱不下一万，你们到哪儿找这么好的老板去！将来可不能忘恩负义哟！

已然被折腾得疲惫不堪的“三陪员工”，只有揉揉自己的熊猫眼，勉强直起酸痛的腰，强打精神连呼三声“谢主隆恩”了。

到后来，只要这位老板点谁的名，号称要带他去“放松放松”，这位员工一准儿吓得尿裤子，嘴巴能撅到腮帮子上去。

说到这儿，相信大家都会不禁莞尔，知道了为何这位爷的公司里居然会有如此之多“白眼儿狼”的根本原因了。

所以说，这“小恩惠”的施与，远非那么简单的事儿。

说得极端点儿，“送礼”可比“收礼”难多了，弄不好就会人财两空。

那么，作为一个管理者，如何才能把握好这“施与小恩惠”的分寸，以求得“收心”的最大化效果呢？

这需要注意以下几个要点：

其一，摆正心态。这点很关键。

很多做领导的，都会有这样一个认识误区：我可是你的上司，当上司的

“主动”向你示好，你还有什么好说的？还不麻利儿地“领情”？等什么啊？

这种认识本身就很霸道，颇有点儿仗势欺人的意思。

前一阵儿在一本杂志上看到了一篇文章。文章的主人公是中国尽人皆知的一家顶级房地产公司的老板。

当然，这是一篇对其神奇的创业史极尽吹捧之能事的文章。

话说这位老板爱才如命，不惜重金从其他房产大鳄那儿挖墙脚，聚拢了一大批一等一的人才。

这位爷也十分豪爽，出手阔绰，只要是公司高层，年薪都是百万千万级，还有大把股权收益奉送。

可这位爷也有一个毛病，就是喜欢琢磨事儿，而且一琢磨就睡不着觉，一睡不着就得拉几个垫背的倒霉蛋儿陪他一起熬夜，所以动不动就召集员工开会，而且还是“没点儿”会——随时开，开到几点没人知道的那种。

所以，这位爷给他的公司定了一个规矩——甭管几点，手机必须开机。

只要老板召集会议，所有人等必须随叫随到，哪怕正和老婆在被窝里睡觉，也得乖乖地给我爬起来。

这还不算完，这位爷还定了一个更酷的规矩——他不信这世界上居然还有不能喝酒之人。酒这玩意儿，张嘴就能灌进去，有什么能喝不能喝之分！所以，他要求公司所有员工必须“能喝”！

只要是他在场，居然有人不喝酒，那就只有一个下场——这位爷会亲自走到这些胆敢号称自己“不能喝”的员工身边，顺着脖领子把酒倒下去。

而且据说这不是开玩笑，这位爷绝对是“言出必行”的主儿，公司有不少员工“享受”过这待遇。

看完之后，我平静地送了这位老板四个字儿——混账东西！

然后，又送了明显带着一股崇拜劲儿写下这篇文章的作者四个字儿——混账东西！

这种不把员工当人看，完全无视员工人格的人，整个儿就是人渣。

在这种领导手下做事的员工，能被其完全“收心”才是活见了鬼。

估计拿了钱都会在肚子里骂街。

所以，你想想，这做下属的员工们容易吗？

在领导的这种“气场”威压下战战兢兢“领情”的下属，不活活吓出个好歹来，算我眼拙。

因此，如果你想让员工发自内心地“领情”，成功达成“收心”的目的，首先得从思想上根除这种“霸王意识”，切实做到尊重员工和下属的人格，把自己和员工摆到一个真正平等的位置上才成。

其二，允许员工说“不”。

员工也是人，也有自己想做和不想做的事儿，能做或不能做的事儿，善做或不善做的事儿。所以，你的所谓“好意”，在员工那里很有可能会变成一个大难题。一旦成了“难题”，员工可就惨了。

这玩意儿“推”也不是，“就”也不是，“半推半就”更不是，实在是闹心。

因此，很多话，很多事儿，可能对于你而言只不过是随口那么一说，随手那么一做，但对于员工而言，就有可能是在生活中爆炸了一颗原子弹，好一阵儿都缓不过劲儿来，使他们惶惶不可终日，要多难受有多难受。

所以，既然摆正了心态，当官儿的就得允许自己的员工说“不”。

这样做，非但不是“没面子”的事儿，相反恰恰是领导“有胸怀”的表现。你会得到员工的衷心爱戴的。

这一点我是深有体会的。

我公司有个高层，平时人不错，就是一到晚上就“变脸”，甚至是“变态”。

总是强迫下属陪他喝酒不说，喝完酒要是觉得还不够尽兴，就非得强迫人家陪他唱卡拉 OK，一折腾就是好几小时，动不动弄到凌晨一两点。

下属是敢怒不敢言，一听说要陪领导喝酒就直往厕所躲。

这种时候我总会站出来打圆场，帮着员工对这位高层说“不”。

只要能被我“解救”出来的员工，个个儿感激之情溢于言表，对我那叫一个“千恩万谢”！

时间一长，我和那位高层的人气就会发生明显的“此消彼长”。

这也算我对员工使“施与小恩惠”这招儿的具体案例吧。

其三，掌握适当的技巧。

其实，领导向员工示好，可比员工向领导示好难多了。所以，你一定得下点儿功夫，好好琢磨一下这方面的问题才成。

一般来说，领导向员工示好一定要注意两个要点。

要点一：示好，要尽量私底下办，不到万不得已，绝不要公开。

记住，并不是所有的傻蛋都会希望得到领导公开的好处。

这玩意儿与其说是你给员工吃了个甜枣儿，不如说是你冲员工打了一记“闷棍”。

所以，这种公开的好处除非万不得已，一定不能轻易给。否则，就会让接受这种好处的员工与其身边的同事之间发生微妙的“化学变化”，把他的人际关系搞复杂。

但是，有一个例外。

有一种好处是可以公开给的，甚至可以随时随地给。那就是口头上的好处——夸奖，乃至赞美。

这玩意儿绝对屡试不爽，且性价比奇高。

只要你刻意养成习惯，并注意不要将这种好处只送给那么几个特定的对象就成。

就是说，在这方面，你要尽量做到博爱一些，哪怕是见人就夸。

但你一定要尽量做到真诚，不能给人轻浮的感觉。

这不仅仅是为了维护领导的威信，而且是因为如果你轻浮了，你的这招儿就不会灵。

相信我，你能做到真诚。

因为无论多后进、多差劲的员工，身上也总会有几个闪光点。

善于发现员工的长处，是一个好领导必须具备的基本素质。

只可惜，现实世界中的领导们往往做不到这一点，他们总是走向另一个极端，总是竭尽全力、“时刻准备着”去发现员工的缺点，而对员工的闪光点却故意视而不见。

这真是一件万分可悲的事情。

真心希望我们所有的管理者，都能长出一双能够灵敏地捕捉与发掘员工长处的眼睛。

要点二：尽量把握好好意的分寸，切忌过分。

比如说，送礼，十元、百元，甚至千元单位都成，但是动辄送万元级的礼，就会吓到你的员工，因为这摆明了是逼着对方“卖身”，强迫对方对你表态效忠。

这就会让员工很尴尬，很不舒服。

本来他还想着跟你干个十年八载的，真吓到了，也许第二天就会拍屁股走人，让你人财两空，得不偿失。

其三，知恩不图报。

说得露骨点儿，领导向员工示好，目的非常明确，摆明了就是要员工的“心”。这没什么见不得人的，很正常。

所以，领导示好之后，希望员工能有所表示，甚至是明显的反馈的心理也很正常，并不丢人。

但是，人上一百，形形色色——员工的反馈方式也可能会各不相同，却并不一定意味着对你的好意接受得不够真诚。

比如说，有的员工反应快，嘴也甜，但心眼儿很多，接受了领导的好意后会立马表现出一副“山呼万岁，谢主隆恩”的态势，心里却未必真会把你当回事儿，只不过是哄你高兴、逗你玩儿；相反，有的员工反应慢，口也拙，说不出什么漂亮话，却把你的“好处”深深地记在了心上。

所以，尽管你可以指望员工“知恩”，但一定不能“图报”。

相信我，只要你坚持不懈地播种，收获一片枝叶茂密的森林只是时间问题。

总之，由于立场的问题，员工的心往往比领导的心还要复杂、还要纤细，“收心”可不是一件容易的事儿。

千万不要觉得手里有权，脑袋上有领导的光环，就可以粗暴地对待员工的“心”。那样的话，你迟早会得到员工无情的报复。

恰恰相反，正因为你手里有权，脑袋上有领导的光环，你的“收心”之路将会更曲折、更坎坷，反而需要你拿出更大的耐心、更多的纤细。

从这个角度来说，哪怕只是“施与小恩惠”这一小小管理手腕儿，也足以值得你下功夫好好琢磨琢磨。

鲍鱼会涨价的

俗话说“格局决定命运”。
真正做大事的人，绝不能被眼前的蝇头小利迷惑了双眼。

现如今，随着各类私营企业如过江之鲫一般越来越多，竞争环境越来越严酷，这钱也越来越难赚。

所以，几乎没有一家企业不把“开源节流”这四个字放嘴边儿，当成企业最重要的战略问题来对待。

顾名思义，“开源”这事儿是针对“外面的世界”说的，而“节流”这事儿则是针对“里面的世界”而言。

现如今，这“外面的世界”很无奈，也很残酷，钱不好赚，所以，只有眼睛向里，在“里面的世界”大做文章，向自己人开刀了。

就是说，我们的很多私企老板，由于实在无力挣“外面人”的钱，所以都纷纷开始“掉转枪口”，削尖脑袋，使尽浑身解数“向内部要效益”。说得露骨点儿，就是“杀熟”，挣自己人的钱。

这种靠“节流”赚钱的方法，具体的套路说起来也很简单，估计这年头十个人里能有九个或多或少地亲自领教过。

其一，收取保证金。

其实，向新入职员工收取一定数额的保证金，对于私企来讲，似乎理论上也能讲得通。

本来嘛，让你进我家门儿为我干活，多多少少我还是要担一定的风险的。

所以，为了保护家里那点儿坛坛罐罐，适当压你几个钱儿做担保，是件无可厚非的事儿！

所以，一般情况下员工只有两种选择：要么一次交清；要么从工资里慢慢扣。

但要命的是，我们的许多老板在这件事上玩儿起了心眼儿。

最常见的路数就是在员工离职时找出种种借口进行克扣；或者干脆以员工对企业“不忠”（谁让你要离开公司的？是你在“背叛”，所以别怪我无情！）为名，全部扣下，镚子儿不还。

其二，克扣“军饷”。

你放心，每个月开支时，你工资单上的数据绝对和你脑子里想象的不一样，一准儿会“缺斤短两”。

如果你拿着工资单去和老板理论，他总能搬出一百个理由伺候你，愣让你没脾气。

但是，这平时的缺斤少两还算好的，更要命的情况将发生在你离职的时候。

如今这年头，只要你提出离职，你放心，能让你全身而退的公司不会超过百分之十。

我有一个朋友，工作十几年换了不下十家公司，其中拿到全额工资的也就一两家，其他的全受到了不同程度的克扣，有几家甚至最后一个月的工资镚子儿都没给。

尽管许多社会名流号召广大员工用法律维权，不过这玩意儿是说着容易做着难。现实世界中绝大多数人别说脑子里没这根弦儿，即便有，又有几个人够得着“法律”的边儿，找得到“法律”他们家的门儿？

所以，绝大多数人遇到这种事儿，一般都会认倒霉，吃哑巴亏。

我的这位朋友也不例外，里外里让不同的东家克扣了数万元工钱，也只能“咬碎钢牙和血吞”，认吃哑巴亏了事。

其实，说句题外话，尽管我们的许多老板整天抱怨现在的员工不踏实、难伺候、动不动就跳槽，但很少有人能从自身找一下原因。

俗话说，一个巴掌拍不响。你的员工这样做，不可能没有你这方面的原因。

现在的员工，就像一头头饱受惊吓的小鹿，有点风吹草动就会本能地想到保护自己，所以，你也怪不得他们浮躁，怪不得他们难伺候，更加怪不得他们会时不时地在不同的职场间快速地“闪转腾挪”。

一朝被蛇咬，十年怕井绳。解铃还须系铃人。

只要你拿出足够的诚意与耐心，肯付出时间与努力，就一定能够使员工那严重缺乏“安全感”的心灵得到慰藉。

等你的员工真正和你达成“心灵契约”的时候，不愁问题得不到根本的解决。

其三，移花接木，嫁祸于人。这招儿，是最隐蔽，也是最阴险毒辣的一招儿。

具体路数是，通过种种看似合理、实则万分阴险卑鄙的伎俩，将公司的损失或潜在损失巧妙地转嫁给员工，让员工“哑巴吃黄连，有苦都说不出”。

我的另一个刚从老东家跳槽不久的朋友曾经给我讲过这样一个故事。

他们公司有一个专卖国产品牌载重运输车的经销店，由于这两年生意不景气，再加上厂家在新产品开发与升级换代上面的延迟，车一直不好卖，久而久之就形成了产品积压。

由于店里的资金用的是银行融资的方法，因此，库存积压越久，财务利息负担就越重。

于是，这家店的老板想到了一个高招儿。他设计出了一种极为天才的考核方法——将库存利息与销售人员的销售业绩挂钩，库存利息从员工的收入中扣除。

就是说，销售业绩越差、导致产品积压时间越长的员工，收入就会越少。

极端点儿说，执行这种考核方法，理论上销售人员的收入甚至有可能是负数。

结果，百年不遇的奇迹发生了。

新的考核方法实行后的三个月内，这家店所有业务人员的工资成本几乎降到了零。

甚至有一半左右的员工，还出现了“倒欠公司钱”的情况。

当然，老板也体现得极为“大度”，没让员工回家取存折补“窟窿”，大笔一挥抹去了员工的“欠债”，而且还“大方”地给每个员工发了三百块钱的生活费。

这还不算完，老板还不失时机地对这些员工进行了一番“感恩教育”，要求员工不要忘记了公司的“恩德”，拿出百分之二百的精力努力工作，向公司“报恩”。

但这些员工们的心里郁闷透了。这到哪儿说理去?

每天早来晚走，辛辛苦苦为公司拼命工作了好几个月，不但没有半分钱收

占便宜

人，反而倒“欠”了公司不少钱。拿了那可怜的、不够塞牙缝的每月三百块生活费，还得对公司、对老板“感恩戴德”，这世上有这种理吗？

平心而论，东西不好卖，怎能全怪我们的员工呢？我们的员工又何尝不想多卖多挣钱？

但这市场的原因，产品本身的原因，是光靠我们员工的努力就能解决得了的事儿吗？

这种责任，怎么能够全部推给员工承担呢？

恰恰相反，越是困难的时候，越是东西卖不动的时候，越需要公司管理者善待我们的员工，需要通过“收心”的方法凝聚士气、鼓足干劲儿，来共同渡过难关。

在这个节骨眼儿上，居然拿员工的利益开刀，实在是涣散军心、倒行逆施的行为，整个儿是瞎了眼了。

当然，结果可想而知。

那家公司的业务骨干，三个月后走得一个不剩，留下来的几位员工也都没精打采，每月靠公司“赏赐”的三百块生活费过日子，不出两个月，也基本上都被公司辞退了。

一直到现在，那家经销店的员工流动率都是相当惊人的，基本上短则三个月，长则半年，就得来一次彻头彻尾的“大换血”。

这种企业能经营成什么样，估计多外行的人都能猜得出来。

总之，这三招就像《隋唐演义》中程咬金的“三板斧”，属于那种典型的“驴粪蛋儿表面光”的招数，虽说缺德缺大发了，但也还真能为老板们捞到不少钱。

我曾经见过这样一位老板，他每年光靠变着法儿地克扣员工的工资就能为自己“省下”几百万的费用，反过来理解，就是为自己多挣几百万的利润！

刚开始他也觉得这么干有点儿缺德，而且总感觉这点儿小钱难成气候，不挣也罢。可后来仔细算了一笔账，发现即便是这些“小钱”，只要持续积累，也能成为一个天文数字，就开始动心了。

现如今，这位老板靠这招儿“挣”的钱应该已过千万，当我问起他“良心是否过得去”的时候，他不屑地摇了摇头，对我说“我是资本家，资本是残酷的，没有人性可言”。

然后，他又带着几分得意，故作神秘地告诉了我一个小秘密："我的毕生理想，就是过那种常人无法企及的日子。比如说，下半辈子每天都能吃得起鲍鱼，这事儿一般人能做到吗？"

噢，原来如此！这位爷的人生理想原来是"下半生天天吃得起鲍鱼"。

一个人的人生境界能到了这个份儿上，也难怪他会做出那些没出息的事儿了。

如果我是他，我会把目标定得更高点儿，最好是那种"下半辈子天天能买得起飞机"的程度。

为达此目的，我一定会"眼光向外"，猛扎别人的钱，而不是"枪口向内"，盘剥自己的兄弟。

反之，光靠揩"自己人"的油水，也不可能扎到真正的大钱。

所以，真诚地奉劝那位老板一句——如果你总是"眼睛向内"，用这种"内部挖潜"的手法为自己积累财富的话，你的财富积累之路将极为崎岖，最终未必会扎到多少钱。

但不幸的是，鲍鱼不会等着你，鲍鱼会涨价的。

所以，如果你的视野和格局真的只有这么一丁点儿，那你就很有可能难以实现那"下半辈子天天吃鲍鱼"的人生理想了。

老板的办公桌

有的时候，小小一张办公桌，就能看出您是什么样的人，能成多么大的事儿。

一般情况下，管理者的待遇都不赖，更别提老板了。

既能脱离群众，独享一间办公室，又能得到一等一的办公设备。

尤其醒目的是，老板们那张豪华的办公桌，那叫一个气派！

只要一看见这张桌子，基本上就能猜出后面坐着的肯定是老板。

所以人送雅号，老板桌。

但是你可知道，这张老板桌后面，还藏着不少管理学的奥秘？

我曾经在一家小有规模的集团公司总部工作过。还未到公司正式报到时，这家公司的老板就在一次饭局上对我大倒苦水。

原来，这家公司正式升格为一家集团企业也就是一年左右的工夫。

在这之前，他们也经历过“锄禾日当午，汗滴禾下土”的苦日子，在极其艰苦的条件下，尽尝过创业的艰辛与不易。

好不容易打出了一片天，事业有了点基础，成立了集团公司。

办公条件也好了起来，简直可以用“鸟枪换炮”来形容，可是这位老板却变得更郁闷了。

原因也有点儿出乎意料。

那就是，当这家公司处于创业时期的时候，公司上下的沟通可谓畅通无阻，所有事情都会及时反映到老板这里，然后大家一起集思广益解决问题，执行力超高。

这种高执行力，是这家公司得以如此快速发展的重要推动力。

可是，集团公司成立，搬到了新的办公地点之后，这位老板感受到了一个不祥的变化：公司的沟通变得困难了，执行力直线下降，很多信息再也不能及时传递到他这里。

所有事务，包括一些重要的突发性事件，他总是沦为最后一个知情者。

真是情何以堪！

心烦意乱之下，这位老板的脾气变得越来越暴躁，骂人也成了家常便饭。可是，事情依然没有好转的迹象。

相反，随着老板的暴脾气逐渐加码，他获得信息的速度反而越来越慢。

…………

结果也可想而知。

尽管现在集团公司运营已满一年，但公司上下已然没有了先前的朝气和激情，一种令人窒息的“不死不活”的气氛，开始飘浮于公司的每一个角落；事业拓展的脚步几乎处于停滞的状态，再这么发展下去，后果不堪设想。

听了这位老板的故事，我也有些好奇，想快点到公司报到，看看到底那里发生了什么。

终于等到了报到的那天。在公司只待了一天，我似乎就明白了点什么。

初到公司，按照指示，我先来到老板办公室。

公司的一层是商品展厅，二层是办公区。

老板的办公室是办公区最里头的那间。

穿过狭长的走廊，来到老板办公室的门前，敲门而入。

一进屋门，就是一惊。

这间办公室虽说面积极大，但却十分狭长。

屋子两侧摆了两张同样十分狭长的黑皮沙发，沙发的尽头是一张豪华的老板桌。

好家伙，这张老板桌可不得了！

够气派！够宽大！

整个儿和一张双人床的宽度有一拼！

身材不算高大的老板坐在这张桌子背后，几乎只能露出两个肩膀。既有几分滑稽，又带着几分森严。

这间办公室给人的感觉，好似古时候的衙门。

房间两侧的黑沙发，好比两排拿着威武棍的衙役，让人不寒而栗，很难萌发把屁股压在那上边儿的念想。

而那张宽大的老板桌，就好比将两个大洲分隔开来的大西洋，让坐在对面的老板颇有点儿“一望无际”的感觉。

没错儿，即便不是全部，这种深庭大院般的距离感准是一个病根儿！

其后的亲眼所见，也证明了我的直觉的正确性。

在我与老板谈话期间，偶尔会有员工登门汇报请示工作。

就算老板示意他们落座，也始终没有一人将屁股搁到那瘆人的黑皮沙发上。

基本上所有人都是小心翼翼地站在门口，和老板隔着十万八千里，用极其微弱的，几乎屏住呼吸才能听得到的音量与老板对话。

尤其令我错愕的是，这位老板居然已经适应了这种情况，很有点儿安之若素的感觉。

我的个天哪！

就眼前这幅光景，这位老板居然想和员工之间实现畅通无阻的沟通，整个儿一白日做梦！

第二天，我找到几位公司的“开国元勋”聊天。

听他们说，以前创业那阵儿，老板一家和普通员工之间的关系可用“甘苦与共”一词来形容。

那时候老板的办公桌是由一所学校淘汰出来的学生桌简单改造而来的，要多朴素有多朴素。

大家办公也都是在一块儿，分分钟都可以随时传递信息，沟通非常充分，所有人都心情愉快、干劲儿十足。

可是，自从这集团公司成立，搬进了崭新的办公楼后，老板就像变了一个人，说话开始打官腔，动不动就训人，让人不敢接近，只能敬而远之。

再加上老板总在办公室待着，那间办公室就像一个深宅大院，跟一鬼屋似的，让人想着就瘆得慌，不到万不得已，没人愿意主动上门儿。

听了这些话，事情的原委就更清晰了。

几天过后，我小心翼翼地将我的想法告诉了这位老板，没想到却换来一阵嘲笑：天下老板都这样！我好不容易熬出了头，做出了点儿事业，享受一把这待遇还不要多正常有多正常！你不从公司管理方面找原因，拿出切实可行的方案来，净关心这些无聊的小事儿，这可怎么成啊！

…………

一年后，我离开了那家公司。

走时，老板依然用着那个宽大豪华的办公桌。

又过了一年，听说那家公司倒闭了。

公司关门时，员工人数从最鼎盛时的几百人减少到了二十多人……

我老实承认，确实不能说这家公司命运多舛全是因了那张办公桌。

但是，每当我想起这家公司时，脑子里总会萦绕着那张宽大奢华的办公桌的影子，挥之不去……

领导的“风骨”

尽管“风骨”这个词可能有点儿老土、有点儿过时，但绝对值得我们所有做领导的人好好温习一下。

在公司这个江湖里游走了这么多年，有一件事情让我感慨良多，那就是领导的“风骨”问题。

可能有人会说，你这个话题太老套了，现如今的人们如此现实，有哪个傻子还会一本正经地拿什么“风骨”说事儿？

别急，个中缘由且听我慢慢道来。

我们现在的某些公司领导，实在是把握不好“道貌岸然”和“原形毕露”之间的分寸，老是让自己辛辛苦苦在员工面前树立的形象轻易毁于一旦。

比如说，有些领导总喜欢在员工或下属面前开一些不着边际的玩笑，或是在异性员工在场时故意讲些“荤段子”，拉一些“黄话题”；有些领导一旦上了酒桌就立马“现原形”，胡言乱语，丑态百出；有些领导任意指派员工替自己办事儿，却连句“谢谢”都没有，而且还让员工自己垫钱，觉得以自己的地位占员工这么点“小便宜”很正常；更有甚者，还有些领导经常假公济私，借着和员工“拉近距离”的口实，对异性员工动手动脚……

其实，把话说白了，甭管这些领导这么做是出于什么目的，有一点不言自明，那就是这样一种认识：既然我是“领导”，那就理所应当有做某种“出格”的事儿的特权。

他们知道，只要别太过分，员工必然会选择接受或忍耐，所以才敢于这样为所欲为。

有这种观念和行为的领导，按著名导演姜文的话讲，都是“无耻的东西”。

这首先是因为没把员工当人看，至少没有表现出应有的尊重。

其次，归根结底是因为脑子里还是有封建思想，有着严重的官僚主义倾向，认为“当官儿”的“放火”是一件理所当然的事儿，至少是件可以被原谅的事儿，根本用不着大惊小怪。

所以，有着这种想法的人，都是不折不扣的“下三烂”，根本没资格当领导。这样的领导，也迟早有一天会激起民愤，自己挖个坑把自己埋了拉倒。

其实，即便不是这种“下三烂”的心理作怪，你就是特单纯地想表现出你的“亲民作风”，好在员工中间增加人气，也永远不要忘了“分寸”二字，永远给自己画一条底线，绝不可轻易越线，否则天长日久，后果不堪设想。

如果你不注意坚守这条底线，你辛辛苦苦建立起来的威信就会顷刻间毁于一旦，让你总得“从头来过”，下大力气去重建你那破碎的威信。这实在是一件太过累人的事儿，何苦呢！

著名相声演员郭德纲有句著名的言论：别闹了，我们都是有“身份证”的人！

这个“身份证”，靠什么维持？

就得靠原则、分寸、底线这些东西来维持，说得冠冕堂皇点儿，靠“风骨”二字来维持。

领导的“风骨”，一个久违了的字眼，现在是该把它请到前台的时候了。

“勤官儿”与“懒官儿”

和您探讨一下形形色色的“为官之道”。

大家都知道，“官儿”分两种。

一种是“机械化管理派”，也可以称之为“铁面包公派”。这种官儿以严厉为看家本领，凡事强调规则的重要性，崇尚规则面前不留情面、“一刀切”的做法，处理起事务来比较狠。

一种是“人性化管理派”，这种官儿与规则相比，相对更重视“潜规则”，凡事从人性化的角度出发，处理事务比较温和。

其实，在管理学中关于领导力的论述方面，这两种官儿各有各的长处，各有各的用武之地，很难说哪一种更胜一筹。

当然，最理想的官儿应该是将这两种领导特质完美结合的人，即我们常说的既有原则性又有灵活性的官儿，这种官儿的能量最大，真正“成事儿”的概率也最高。

其实，就像我反复强调的那样，管理者只能做到“收人”是远远不够的，能做到既“收人”又“收心”，那才是真正的高手。

遗憾的是，在我们的现实世界里，“机械化管理派”往往很难“收心”，容易招人嫉恨；而“人性化管理派”则往往受制于人情，变得很难“收人”，虽然有“人气”，但却常常必须以牺牲执行力为代价，也不足取。

所以，只有这第三种，即“机械人性派”，才能完美地解决这个难题。

三国时的刘备，就是这方面的超级典范。

但我承认，这种人才是人中极品，可遇不可求，在现实世界中，绝大多数官儿还是逃不脱“机械化”与“人性化”这两派。

所以，身为领导者，一定得弄清楚自己所属的类别，才好“对症下药”，使自己的领导风格恰到好处地发挥出应有的效用。

可令人郁闷的事儿是，我们的许多管理者和领导者往往容易混淆这两种派别的特质，在实际管理工作中往往容易发生“张冠李戴”“东施效颦”的尴尬事儿，令自己的管理效果大打折扣。

这不，我公司新近上任的总经理小钱，最近就碰到了这样的烦恼事儿。

由于我们的前任总经理老张离职，处事干练、年富力强的小钱登上了老总的宝座。

实话实说，老张在位时，公司的气氛还是很和谐的，有种其乐融融的劲儿，所以大家的状态都非常松弛，业绩也不错。只是由于老张实行的是人性化管理方式，所以公司在执行力与员工自觉性方面确实有些差距，比如说，迟到早退现象比较明显，这一直是个老大难问题，长期得不到良好的解决。

而老张对这种事儿也是睁一只眼闭一只眼，除非太离谱，基本上很少进行严厉的处罚。员工也算“懂事儿”，知道“投桃报李”，不到万不得已，轻易不干太离谱的事儿。

当然，老张本人的状态也比较松弛，毕竟是老总嘛，经常搞搞特殊化，这迟来早走的事儿也是家常便饭。但由于老张实行的是“仁政”，员工也没有太大的意见。

但这小钱一上任，情况就大为不同了。

小钱对这种稀稀拉拉的作风早就看不惯，立誓要重树公司风气，一扫员工的“纨绔作风”。

于是乎，新官上任的小钱点起了“三把火”，对员工“痛下杀手”。他勒令有关部门严格督察，只要有任何人敢于迟到，哪怕只有一分钟，也要罚巨款，同时全公司通报批评。

另外，任何人想早退，甭管是什么原因，必须向总经理请假，总经理不准假的，就算擅自离岗，一样要受到严罚。

此举一出，果然立竿见影，几年不见改观的迟来早走现象，一周之内就有了明显改善。员工把按时出勤、退勤这一条看得比什么都重要，几乎有些神经质地遵守这条“铁律”，绝不敢越雷池半步。

小钱很是得意，对自己的“铁腕儿”颇为欣赏，老板也对小钱的能力和雷厉风行的作风赞赏有加。

但有一件事儿让他很郁闷，那就是员工在私底下对其意见颇大，甚至有人直接向老板打小报告告他的状，令他不胜其扰。

原来，小钱虽说上任后痛施“铁腕儿”，但本人却依然搞着特殊化，迟来早走反而更严重了。

因为他觉得既然自己升了官儿，当了老总，搞点儿特殊化是很正常的事儿——别人不都这么做吗？怎么我就不行？我把“结果”拿出来不就行了吗？

小钱可能觉得，特殊化，他的前任老张也搞过，为什么员工没意见，而他拿出的“结果”要比老张漂亮得多，怎么反而要受到大家的责难呢？

其实，小钱的烦恼大可不必。员工对他的反感，并不是因为他的“严”，而是因为他办的事儿有些“只许州官放火，不许百姓点灯”的意思。

可能他会觉得“州官放火”的事儿前任也干过，而且比他还厉害，为什么没人抱怨他的前任，这让他很郁闷，很受伤；但其实他忽视了一个事实，那就是他的前任在“放火”的时候，也允许“百姓点灯”了。

这一点可是本质的不同。

就是说，小钱的能力、魄力和办事儿的漂亮程度其实是完全值得称道的，他犯的错误只在一点：没有将领导者的“类型”与领导者的“行为”匹配起来。

再说得明白点儿，如果你想当个“黑脸包公”，那就必须做到严于律己、言行一致，才能真正服众。

就是说，如果你想让你的手下勤快，你就必须自己当个“勤官儿”；反之，如果你想当个“懒官儿”，过得舒服点儿，那就不要将自己都做不到的事儿强加给你的下属，否则，等待你的，只能是下属造反的结果。

小钱的错误，就在于他一方面想搞“铁腕儿”，一方面又不想严格要求自己，这就容易“出事儿”，失去民心，最后搞到自己不得不面对做出成绩都没人叫好的尴尬局面。

当然，并不是说老张那种“州官可以放火，百姓亦能点灯”的管理方法可取，事实上，就是这种对所有人都姑息的态度导致了公司上下弥漫着一股“纨绔之风”，并长期无法消弭。

所以，小钱的“铁腕儿”还是值得称颂的，只不过如果他能做到“官民一致”的话，也许最后会有完全不一样的结果。

官儿，绝不是一个好干的差使。

当官儿，也并不意味着可以名正言顺地搞特殊。

任何把领导工作与管理工作，即官儿的工作想得过于简单、过于轻浮的人，都不适合当官儿，即便当了，也不会有好结果、好下场。

这一点，大到一个国家，小到一个企业，其实都一样。

管理者的“三力要素”——文章力、演讲力与蛊惑力

一句话说死：任何一个不具备“三力要素”的管理者，都成不了大气候。

如果我问你，管理者都需要什么基本素质？

相信五分钟之内，你能给我举出二十来个。

其实没那么复杂，只要具备我所谓的“三力要素”，你就算不能当一个完美的管理者，也一定能成为一个优秀的管理者。

这个“三力要素”，指的就是文章力、演讲力与蛊惑力。

其实，这三个要素相互联结，互为因果，本来没必要分这么清楚，完全可以用一个词——“影响力”来代替。

但是，为了对管理者的影响力做一个详尽的解剖，使其更具可操作性，我还是要从这三个方面入手，做进一步的分析与解释。

其一，让我们来说说文章力。

令人惊愕的是，我发现，现如今的管理者，有近七成的人不会写文章。剩下的这会写文章的三成多里，又有近七成的人写不出真正有感染力的文章。

他们基本上都是照本宣科，只能写一些非常“程式化”的东西，极度缺乏自身的创意，难以赋予文章真正的价值与灵魂。

显然，这是不行的。没有过硬文章力的人，根本不适合当领导，更没有机会当“大领导”。

我们都知道一个常识——官场里，往往秘书升得快。

领导力

现在的很多大官，都曾经或多或少有过做秘书的经历。

这个规律，下到村镇机关，上到国家机构，都不例外。

所以，很多社会主义国家的领导人都叫“书记”。行使国家权力的机构，也叫“书记处”。

就是说，领导们要通过写文章的方式来做事，治理一个机构乃至一个国家，就连军队也一样。

伟大领袖毛主席，从来没有做过“毛司令”，只做过“毛委员”。解放军里权力最大的，不是“业务干部”，而是“政治委员”。

这都说明了一个道理，就是“文人治天下”。别说“治天下”，就连“打天下”也得靠文人。

三国时的诸葛亮，能顶得上成百上千的关羽、张飞。

我们的伟大领袖毛主席也曾经在战争年代说过这样的话：我要用文房四宝战胜蒋介石的百万大军！

他老人家是这么说的，也是这么做的。

所以说，和“枪杆子”相比，“笔杆子”更重要。

要想管理好一个组织，驾驭好一个团队，没有这“笔杆子”的功力，可是万万使不得的。

这文章力的好处实在是太多，三言两语说不完。在这里，我只拣一个容易被大家忽视的细节说。

写文章的一个好处，在于能使你将日常工作中的管理心得记录下来，并使它们不断地得到积累与沉淀，最终形成你独特的管理理念，并使你的管理手段得到质的升华，更为娴熟练达。

反之，如果你不写文章，不对这些经验与感想进行记录与思考，那就会大大地降低这种积累和沉淀的效果，免不了发生“好了伤疤忘了疼”“狗熊掰棒子”的情况。这就会极大地延缓你进步与成长的步伐，日子始终在简单重复中打转儿，不停地在相同的地方跌跤。

更为重要的是，这种记录，还有利于你与同事们分享自己的成长历程，使这种积累与沉淀的过程成为你们公司全体人员共同的财富。

这是一件非常有价值的事情，对任何公司来说，均是如此。并且，这是每一个管理者对自己，也是对公司应尽的义务。

但是，也许有人会说：我又不是大学中文系毕业的，文章写不好是应该的，没什么大不了的！

那我也可以回你一句：你这辈子当不了“大领导”，不会有“大前途”也是应该的，没什么大不了的！

好了，我承认这句话有些意气用事了。

我可以再换一个说法。

其实，中文系毕业的人，未必写得好文章，反之亦然。

就是说，只要你是一个有心人，只要你勤思考、不懒惰，又识字儿，你就一定能写得好文章，拥有过硬的文章力。

俗话说“文如其人”，只要你能想到，能说出来，理论上你就能够写出来。

因为现如今，是个人，都接受过基本的语文和作文教育，都能大概知道文章的结构，以及段落怎么分，标点如何点，这些“小小不言”的事儿。

所以，剩下的事儿就很简单了——把你想的事儿、说的话写下来就成。

但那位说了：你说的这个不对，不靠谱。

因为这个世界上有两种人：一种是能写不能说，另一种是能说不能写。

当然，也有那种说写俱佳的主儿，但这种人毕竟是“稀有动物”，属于极少数，所以有的人，即便脑子里有一大堆想说的话，也未必能写得出来，一拿出纸笔来准犯晕！

恕我冒昧，和你抬句杠。

你这话表面上看虽说好像有点道理，但却完全经不起推敲。

说白了还是一个字儿：懒！

你想想，这世上有一件事儿是打娘胎里出来就能会的吗？

哪件事儿不得经历后天的打磨？

所以，要想写好文章，秘诀只有俩字儿——常写。除此之外，别无他法。

其实，即便是那些能说不能写的主儿，这能说的本事也是训练出来的，只不过这种训练是“下意识”的，自己没感觉而已。

不信，你把一个人关在一间屋子里圈养二十年，一句话不让说，他能成为“话痨”才叫活见了鬼。

但我承认，能说不能写之人，肯定是爱说不爱写。就是说，对于自己不喜欢的东西，难以激起练习的动机。

所以，这就涉及了你到底是否想当“大领导”，是否有“大前途”的问题了。

只要你想这辈子能有平步青云的机会，有些关是一定要闯过去的。

当然，从上司的角度来说，对下属进行有意识的训练也是必需的。

下面介绍一个我个人的小小经验。

我曾经对一个公司中层进行过长达半年多的写作训练，要求他每天下班前给我写一份工作报告，而且有一个要求：不限字数，只求坚持。每天必须上交，少一次罚款五十。

刚开始这位爷还挺乐，以为占了便宜——既然不限字数，这事儿还不易如反掌？

果不其然，他每天上交的工作报告，多则三五百字，少则一两百字，简单到不行。

而且还美其名曰：这是概括力强的表现。

对于这种明显偷工减料、敷衍了事的行为，我采取了不动声色的策略，让他继续写下去。

渐渐地，这位爷开始感到吃力了。

他发现，无论他怎么敷衍，这每天写，即“坚持”二字，实在是一件令人吃不消的事儿。

他的报告，字儿变得更少了，最后有的甚至只有几十个字。

我还是不动声色，要求他必须坚持，否则严罚不贷。

同时，依然不限字数。如果他有本事，一篇报告只用一个字就能搞定，也可以。

但必须每天交。

又过了一阵儿，奇迹发生了。

他的工作报告，字数逐渐增加，而且敷衍的痕迹越来越浅，有时兴致来了，还能来一两篇洋洋洒洒的长篇大论。当然，中间也有反复，但总体趋势是逐渐向好。

半年过后，我向他宣布“训练结束”，从明天开始不用向我交每日的工作报告了。

他长松了一口气，好像在庆祝自己的解脱。

有意思的是，即便做不到每天，我依然会隔三岔五地接到他的工作汇报，而且既然是自己主动写的东西，这些文章的“含金量”自然是不低的。

我的这个小案例里边有这样几个要点。

首先，不限字数，是为了给他设一个套儿，让他更容易跳进去，进入规定角色。

然后，通过对坚持的坚持，同时通过严罚不贷的手段，将这个套儿收紧，让他即便反应过来也跳不出来，脱不了身，只能委身“套”中。

最后，通过不懈的坚持，达到“修成正果”的目的。

其实，即便刚开始受训之人会有抵触情绪，给你玩儿敷衍了事的招儿，但写文章这件事儿，只要你写、你练，就能出成绩，逐渐适应并熟练起来。

在慢慢习惯了“写”这个动作之后，人必然会逐渐倾向于将自己的真实所想表现出来，甚至是淋漓尽致的表现。

就是说，人都有表现欲，只不过缺乏适当的表达工具而已。

所以，一旦人掌握了某种工具，哪怕只是摸着了点门儿，也必然会勾起他们的表现欲，而表现欲的逐渐喷发，又会反过来刺激人们不断地磨枪，强化自己对这种表达工具的掌握和使用能力。

因此，只要你的训练能使对方进入这种状态，就等于进入了一种良性循环的轨道。

剩下的事儿，交给他自个儿就成了。

总之，文章力很重要，千万不能认为现代企业只需要那种懂得“真刀真枪打打杀杀”的主儿，不需要所谓的“书生”。

记住，“纸上谈兵”一样能“决胜千里”。

即便再过一万年，只要人类不变种，我们这个世界就依然会“书生当道”。

其二，我们再说说这个演讲力。

一般来说，往往做领导的，尤其是那种出色的领导，个个儿都口才了得。

说得极端点儿，这种人简直有“把死人都能说活”的本事。

管理即政治。

世界上几乎所有伟大的政治家，都是出类拔萃的演讲高手。

而演讲能力的获得，只有“勤练”这一条途径。

其实，我们绝大多数人都具有极佳的口才。甭管多木讷、多口拙的主儿，私底下和朋友或家人在一起的时候，也能轻松打开话匣子，甚至是滔滔不绝。为什么这些人一站到人前，尤其是众人前时，往往就会乱了方寸，不知从何说起了呢？

原因很简单。

因为对绝大多数人而言，问题的关键不是不会说，而是不敢说。因此，只要突破了这个“敢”字关，剩下的事儿就一马平川了。

给大家支一招儿。

为了突破演讲时的心理障碍，你可以这样做——在演讲开始前不要刻意压制自己的紧张和恐惧，因为你越克制，在正式演讲时它们发作得就越厉害。

所以，你要反其道而行之，在演讲开始前尽情地释放自己的紧张与恐惧，哪怕让自己吓得浑身发抖、冷汗直冒都无所谓。

总之，你要将自己的不良情绪彻底倾泻出来，不做一点保留。

等你的恐惧与紧张情绪一捋到底的时候，你就会突然发现原来一切不过如此，没什么大不了的。这时候登台，你就会变得身轻如燕、应付裕如了，所有的紧张与恐惧都会神奇地消失殆尽。

如此周而复始，大场面经历得多了以后，人前发言就再也不会成为一种负担，或是一种恐怖的体验，恰恰相反，它会让你越来越享受其中。

只要你能找到这种感觉，演讲力附身就只是一个时间的问题了。

其三，和大家聊一聊蛊惑力。

绷紧的青筋、放光的眼神、潮红的面颊、昂扬而铿锵的语调……

有蛊惑力的人都有一个特点，就是有激情、易投入——他们往往说着说着就能把自己都感动到不行，以至无法自持。

另外，他们还极其善于表演，善于利用丰富的肢体语言——他们的语言、表情和动作，都极富感染力与穿透力。和他们在一起，会让人不由自主地被他们吸进其小宇宙里无法自拔，想不被“洗脑”都不行。

最关键的是，有蛊惑力的人都非常自信，甚至是盲信。

他们意志坚定，近于偏执，认准了的事情绝对会一往无前，从不打弯儿。

哪怕明知是错的，他们也一定会自圆其说，坚持到底，撞了南墙都不回头。

所以，拥有蛊惑力的人都是某种程度的偏执狂。他们都是可怕的人。

这种蛊惑力用到正道上，可以迸发出极强的创造力；用到邪道上，则会带来巨大的摧毁力。

所以，自古以来，拥有这种程度的蛊惑力的人只有两种人——英雄与枭雄。

不是千古伟人，就是千古罪人。

所以，要想让这种蛊惑力真正成为你人生与事业上的重大推力，拥有它固然重要，如何用才是真正的要害所在。

拥有蛊惑力的途径，是多种多样的。一般来说，文章力与演讲力强的人，都会自然而然地拥有某种程度的蛊惑力。

另外，要想拥有蛊惑力，还有一个更简单、更靠谱的做法。

那就是，你要有意识地多结交一些蛊惑力强的朋友，主动为自己多创造一些亲身感受他们强大气场的机会。这不仅仅是为了追求“近朱者赤”的效果。

人都有这样一个特点，那就是，如果真的被某种东西深深地打动了的话，是个人都会激起一种强烈的冲动，即渴望迅速地与更多的人分享这种激动的心情。

所以，你就会拼命地为自己创造机会，恨不得告诉所有你见过的人，你刚才体验了什么，有多么感动。

而且，这种转述往往会极尽绘声绘色、添油加醋之能事，最终的结果是，也许你会比刚才蛊惑了你的那个人具有更强的蛊惑力。

记住，善于打动他人的人，往往都是善于被打动的人。

所以，让自己变得更感性些，更敏感些，也许是拥有蛊惑力的一个必要条件。

千万不要以为成大事的人都有一副铁石心肠。恰恰相反，成大事的人的感性，往往绝不输于他们的理性。

很难想象，那些气吞山河、激情四射的伟人，会是一根毫无感情、三脚踢不出屁来的“木头”。

教给你一个小秘诀。

从明天开始，暂时抛开你那“成熟”与“城府”的梦想，让自己变得“幼稚”一些。

把“凑合”“一般”“还行吧”这些假模假式的口头禅，改成“帅呆了”“酷毙了”“没治了”之类的情绪化语言试试。

你会感到一些神奇的变化发生在你身边的。

总之，拥有极强文章力、演讲力与蛊惑力的领导，都是领导中的极品。

他们往往有着超人的魅力，就像一个具有巨大磁场的吸铁石，将所有见到他们的人牢牢地吸引到身边，变成自己忠实的追随者，甚至至死不渝。

美国总统富兰克林·罗斯福就是一个经典的案例。

曾经有位他身边的工作人员说过一句这样的话——和总统待上一小时，出来后就算让我把钉子当饭吃下去我也愿意。

这句话广为流传，成了对罗斯福个人魅力最简单、最直观也最精辟的评价。

本人不才，也曾有过这方面的小小体验。

曾经有不止一位员工对我说过这样的话：“进您的办公室前即便愁眉苦脸，心中一片茫然，离开您的办公室后准会神清气爽，心里特有底气。”

这句话，对我来说不啻于无价的褒奖。

如果能做到这一点，你的很多具体招数其实已经不打紧了，你对你的员工的感染与蛊惑足以帮你解决任何难题。

如果你真的想把做一个管理者作为一项事业终生从事的话，请从今天开始，将“三力要素”当成你的座右铭吧！

A B C D E F G H
8 7 6 5 4 3 2 1

第三章
好激励？坏激励？

激励的好坏在于“投入产出比”。好的激励，即便花很少的钱，甚至不花钱也能让员工领你的情；而不好的激励，员工即便拿了你很多钱，也照样不买你的帐。所谓“花钱找骂”，说的就是这个事儿。

“柬埔寨游”与“日本游”

通过两个关于旅游的小故事，告诉你“员工激励”的真谛到底是什么。

随着中国经济的发展、货币的坚挺与民企实力的不断壮大，现如今很多中小民企对员工的激励手段中，都增加了“海外游”的项目。

想想就在区区十来年前，别说“海外游”，即便“国内游”“省内游”“市内游”，对很多中小民企来说，都等于办了一个“大件儿”。现在“海外游”渐成气候，这种新情况实在给人一种“鸟枪换炮”的感觉。

所以，即便很多民营企业家具备了让员工“海外游”的条件与实力，但这脑瓜儿深处，还是根深蒂固地残留着“海外游”等于“办大件儿”的旧思想、旧意识——说白了，就是总觉得自己有点儿亏或太便宜了员工，所以，总喜欢在这方面玩儿点小心眼儿、小猫腻。

当然，员工也不傻，老板肚子里那点儿“小九九”也是门儿清，所以一般情况下，甭管老板说得多漂亮，也不会过于当事儿、较真儿。

我公司销售部的销售冠军娟娟，在这方面就深有体会。

她以前公司的老板，就是一位典型的光说不练的许诺高手，回回忽悠员工“好好干，干出成绩新年送你们出国旅游！”但一到这动真格的时候，准会状况百出——不是“今年资金紧张，明年一定兑现”，就是“公司困难，希望大家理解，和公司一起共渡难关”。总之，想让他真掏腰包送员工出国，一个字儿——难！

虽说大家回回都有心理准备，基本上老板一撅屁股就知道他会拉什么屎，但这周而复始时间长了，也难免会感到深深的失落与沮丧。

对这种失落与沮丧的心情感受最深的，就属娟娟了。作为那时候他们公司绝对的业务高手，娟娟几乎年年都能获得“出国旅游”的机会，却年年不能成行，被他们那位“大嘴老板”忽悠得五迷三道儿的。

终于有一回，娟娟似乎看到了一丝希望。

他们的“大嘴老板”又一次“张嘴”了：今年的销售冠军，公司将奖励一次柬埔寨游！

哎，说不定机会真来了！这次闹不好是玩儿真的！

你想啊！这“欧美”或“港澳台”“新马泰”神马的也许因为太贵，不靠谱，可这“柬埔寨”总应该花不了俩钱儿吧？

所以，这回也许真有戏！

自打出生以来，从没出过国、见过“外面的世界”的娟娟，对“走出国门开眼界”这事儿，还是有着极为强烈的向往的。

因此，即便是这柬埔寨游，也足以激起她百分之二百的斗志！

凭借过硬的实力，娟娟依然顺利地蝉联了那一年的销售状元。

在她的意识里，自己的一只脚似乎已经跨出了国门，踏上了柬埔寨的领土……

但令她万分错愕、遗憾的是，她最害怕出现的那熟悉的一幕，竟然又一次上演了。

那位“大嘴老板”又一次狠狠地忽悠了自己的员工……

居然连“柬埔寨”都没戏！

愤怒的娟娟毅然决定辞职，离开了那家公司。

进了我公司门儿的娟娟依然不含糊，头一年就戴上了销售部的“冠军帽”。

我们公司也不含糊，宣布奖励措施为日本游！

得闻此事，受惯了忽悠的娟娟似乎并不雀跃，相反表现得很漠然。

当我通知她办护照的时候，她虽然嘴上答应，却迟迟不见动静。

在我一再催促之下，她才向我吐露了心声，讲了她的故事，并说她不相信天下竟有这样“蠢”的老板，居然真会拿钱让员工出国旅游，老板们都是“说说就算”，根本没必要当真。

虽经我一通解释，娟娟依然对公司的决策将信将疑。情急之下，我只有下命令“明天给你半天假，必须去把护照办了。否则算旷工！”她这才扭扭捏捏地“奉命行事”。

经过这一番折腾，差点耽误了旅行社办签证的日程。

好在赶上了一趟末班车，舒舒服服地享受了一把日本游。

这小妮子回国后，竟然带回了五个 G 的“游日照”，差点撑爆了她的电脑硬盘！

看着电脑屏幕上的娟娟和她的同事，那种“终于出国开了眼界”的新鲜与狂喜几乎溢满了每一张照片，以及照片中的每一个动作、表情。

她们疯狂地拍照，别说富士山和迪斯尼乐园，就连一根普通的户外水龙头或者一块简单的店铺招牌都能成为她们留念的背景，成为她们尽情发挥的生动道具。

那股栩栩如生、呼之欲出的高昂情绪极富感染力，深深地震撼了我，也感染了每一个带着艳羡的表情、咽着唾液欣赏这些照片的同事。

今年一定玩儿命干，争取年底咱也去一把日本！

这句话几乎成了公司同仁们茶余饭后的口头禅。

就这样，我们的日本游成了商业竞争中的秘密武器。

和那些去个柬埔寨都要忽悠一把的“大嘴老板”相比，我们仅凭这一手，就足以建立起了自己鲜明的竞争优势，成功地瓦解掉竞争对手的“军心”。

其实想起来，无论是日本还是柬埔寨，我们的对手老板们最大的失误还不在于“花多少钱”，而在于“说了不算”上边。

对于企业管理者来说，“望梅止渴”固然是一招儿，但切记到达目的地之后一定要兑现这个“梅”，否则，光说不练，总不兑现，这招儿就不灵了。

何止不灵，甚至会有极大的副作用，深深地伤害员工的士气以及对企业的信心。

所以说，说了不算，不如不说。

既然你真的很介意为员工花这些钱，那就干脆从一开始就亮明自己的立场，起码落下个“实诚人”的名分，总比光说不练招人骂强。

记住，对于激励手段，说白了就是“待遇”方面的事儿，员工永远比你聪明一万倍，敏感一万倍。

在很多情况下，这些事儿几乎是他们所有关注的唯一焦点。

单就拿“出国游”这事儿来说，我们的许多老板也未免太死性了点儿。

现如今这“出国游”已然不是什么奢侈物，越来越走向了平民化与普及化。

便宜了两三千元，贵了五六千元，就能舒舒服服地享受一把“走出国门”的乐趣。

这可比许多“国内游”都实惠，用不了你多少成本。

相反，正因为现在“出国游”正处于普及的过程当中，对于一些二三线城市来说，还是有点新鲜感的，因此，对于员工的刺激效果也能更明显些。

所以，现在“出国游”这玩意儿正是管理者拿来当激励工具性价比最高的时候。

否则，再过一阵儿，等“出国游”真正普及起来，任何人都可以轻松享用的时候，你再拿出来使，效果可能就会大打折扣，让你追悔莫及了。

其实，不客气地说，我们现在的很多老板还是“老土”了点儿，不是他们拿不出这点儿钱来，他们那点儿“小心思”，连看大门儿的都能看出来。

因此，有人说，一个企业家或一个管理者事业成功的可能性在于“格局”。

实在是精辟，可谓一针见血。

你有多大的格局，就能成多大的事儿。

一个把员工送到美国眼都不带眨一下的老板，一个把员工送到柬埔寨都能心疼钱心疼到一个星期吃不下、睡不香的老板，谁能成事儿，谁又成不了事儿？

用我回答吗？

白眼狼！——“年终奖”悲喜剧

无论你愿不愿意承认，“年终奖”这玩意儿，其实就是“白眼狼”扎堆儿的温床。
如何成功驱散“狼群”，可是对你智慧的巨大考验。

如今这年头，把年终奖看得比工资都重要的人是越来越多了。

因为在很多公司，一次的年终奖就足以抵得上一年或几年的工资，所以，许多员工苦拼一年，盼的就是这个发年终奖的时刻。甚至于说得露骨点儿，很多人就算在公司里受尽了委屈，想辞职不干，也会咬紧牙关苦撑一阵儿，怎么也得挺到年终奖到手之后再闪人。

因此，每一年年关的时候，这年终奖如何发的问题，都会成为备令老板和公司高层头疼的大难题。

这年终奖发得好坏，如果说能影响到员工下一个整年的工作积极性，甚至于说能从根本上左右员工对公司、对领导层的整体看法，一点儿也不过分。

年终奖发好了，即便平时也有一些对公司的小不满、小意见之类的东西，可能也就这么忍过去了。

可这年终奖发不好的话，即便平时对公司没什么意见的主儿，也会对公司大失所望。这样的员工即便不至于立马辞职，第二年一整年的工作激情与状态都会受到巨大的影响。

这年终奖，到底应该如何发才好呢？

很多人认为，年终奖应该具备一定的神秘性，这样就会给员工一个惊喜，他们就会更加为公司卖命。

对这个观点，我只能赞同一半儿。

确实，如果你真能达到上述目的的话，这是一个好招儿，一步妙棋。

但问题是，没人能当员工肚子里的蛔虫，没人知道员工的心理预期数字到底是多少。

所以，当你发的红包大于这个数，固然可以收到上边的奇效，但当你的红包低于员工心里的数字的时候，这麻烦可就大了。

你的面前会立马出现一大群“白眼儿狼”——拿了钱都不念你的好。让你大把的票子花出去，不但听不到一点儿响，还白白找了一堆骂。

这还算好的，如果第二年员工个个儿都跟蔫了的茄子似的，成天价耷拉个脑袋不好好干活儿，看你闹心不闹心——这钱花的，真是忒窝囊了！

但是，实话实说，你一定得明白一个道理，这“白眼儿狼”现象并不是员工的错，并不说明你的员工人品有问题，不懂感恩。

其实调个过儿想一下，换了你自己，碰到这种事儿照样会骂街，所以不能全怪员工不仗义。

所以，这事儿归根结底还是由于你的“发放方法”有问题，没有考虑到最基本的心理学因素。

因此，正确的做法应该是：从一开始就制定出一套完整的制度和标准（当然是在员工可接受的前提下），根据员工的日常表现累积积分，最终根据这些积分以及企业的赢利情况，来计算最后应得的年终奖数额。

简单点儿说，就是通过一系列明确的标准，让员工在一整年之中都能随时地、大概地计算出他最后的年终奖是个什么数以及距离这个数字还有多远。

只要员工能形成这种相对明确的心理预期，而最终结果又与这种心理预期相差无几的话，“白眼儿狼”现象就会基本消失了。

当然，这样做也并非十全十美，依然存在着两个方面的风险。

其一，如何确保员工相信企业的赢利情况是一个信得过的数字。

其二，如何应对在评分以及积分过程中必然会出现的各种小争斗、小摩擦。

当然，这些风险，也都是我们的管理者证明自己的手腕儿是否高超的地方，退缩绝不是英雄好汉干的事儿。

应对第一个风险，无非是尽量做到将企业的经营情况公开化、透明化。当然，这玩意儿和老板的“良心”有关，不是一两个招数就能轻易打发的，算是一个硬伤。

应对第二个风险相对容易，只要你将评分的标准以及评分的过程公开化、透明化就成。

而且，只要你能认准这一点，相信自己已经做到了“相对公平”，就要咬咬牙做恶人，不再理会任何投诉与小摩擦。

因为，对“绝对公平”的追求，是管理的大忌。

但甭管怎么说，即便会有一些风险，综合评价起来，事先可预知，哪怕只是一定程度的可预知，与完全不可预知相比，在绝大多数情况下，前者的风险都要远远小于后者的风险。

因此，做到一定程度的可预知是一个相对保险、相对靠谱的招儿。

但是，这里也有一个小细节需要注意。

既然是年终奖励，老板们总想收到点儿“锦上添花”的效果。就是说，在最终发放的时候总愿意稍微加上点富余量，好给员工制造一个惊喜，让员工更加感恩，更加卖命。

这样做，出发点无可厚非，也确实有可能会带来“锦上添花”的效果，但必须注意两个细节。

其一，绝不能“年年有余”，这种富余一定得“时有时无”才成。

其二，富余量不能过大，“小小惊喜”即可，“大惊喜”万万使不得。

原因也很简单。

如果你年年备着这份富余，就等于使这种富余人为地具有了某种规律性，而任何有规律性的东西，都会在员工心中成为理所当然该得的东西，就不会起到任何激励效果了。

同样地，正因为“时有时无”，让员工摸不着规律，所以如果富余量太大，那么得不到这种富余的年份，员工就会产生过大的心理落差，使综合刺激效果相互抵消、大打折扣。

因此，富余量的大小一定要控制好，切勿一时兴起就大手大脚，给来年留下祸根儿。

其实，好好想想，这种富余未必一定得是物质方面的东西，精神上的东西也照样有效，而且也许会更靠谱。

比如说，为每位员工精心准备上一份意想不到的小礼物（采用调查问卷或私下暗访的方式，调查一下员工本年度最希望得到的东西是什么，然后在公司负担得起又不致引起员工间巨大争议的前提下，满足员工的愿望，给他们送上一个惊喜）；

设立一些贴心的奖项，赠给在不同方面表现出色的员工；

组织一次快乐的旅游或狂欢活动，等等。

都是效果奇佳的妙招儿。

总之，一定的可预知性加上灵活的富余，就能大致上确保年终奖的成功发放。

但是，如果你认为只要做到了这些就万事大吉，可以成功“收官”了，还是略显性急了些。

最后，你还必须注意一个极容易被人忽略的小细节，就是这年终奖到底由谁来发的问题。

就是说，这年终奖的“数”虽说确立好了，但是找不准这发奖的“人”，照样有可能让你前功尽弃。

那位说了：员工对数字都没意见了，谁来发不都一样？有那么邪乎吗？

哎，你还别说，还真有这么邪乎。

我认识这样一位老板，他是一个有很多坚持的人，其中的一个坚持，就在这年终奖的颁奖人上。

每年年末，他只负责对中层颁发年终奖，然后，勒令中层从他们的年终奖里各自拿出一部分钱奖励给自己部门的员工。

同时规定，年终奖的发放工作必须做到严格保密，任何泄密人员严惩不贷。

其实，仅仅是这些倒还没有什么，问题是这位老板并不给中层规定一个明确的发放标准，而是让他们自行决定，但事后一旦知道了某个中层比较“小气”，给员工发的金额不如其他中层多时，他便会大发雷霆，对那个中层横加斥责，勒令补发，直到他满意为止。

就是说，本来应该是“皆大欢喜”的事儿，却被这位老板硬生生地导演成了一出“强制派钱”的闹剧。而且，这位爷居然还大言不惭地美其名曰：“我这样做是为了中层好，是帮着中层树立他们在员工中的威信！”

呵呵！笑死个人！

这种做法怎么可能树立中层的威信？

既然没有给中层规定明确的发放标准，就必然会带来年终奖发放的随意性和不一致性，在不同部门之间制造发放水准的落差。

这就等于人为地在各部门员工之间制造了事端，引发了员工的攀比之心——你们经理给了多少？什么？三千？靠！我们经理才给了一千五！真孙子！

在这样的氛围里，部门经理的威信能被树立起来才叫活见了鬼，不“军心大乱”就可以烧高香了。

这位老板犯了两个错误。

一个就是违反了我们前面说过的标准明确、公开透明的原则。

没有明确的标准，就不能让员工产生事前预期，这样做，就等于把所有谜底都留给了最后的时刻。

当谜底揭晓，员工心理预期落空的时候，年终奖的钱就等于白扔了。

同样地，没有了公开透明，员工做横向比较时也会产生巨大的心理落差，一样会让你的钱打水漂。

这位老板本来以为，通过严格保密的命令，员工就可以做到绝对的守口如瓶。但他大错特错了。这玩意儿在外国也许好使，但在我们中国却万万行不通。因为我们中国人对这种事儿绝对敏感无比，你就算下一万道禁令，他们也会通过上天入地的本事探听到彼此的秘密。

所以，在年终奖的发放问题上，任何想保密的招儿都是不靠谱的，只能增加更多意想不到的是非，必须遵循“打开天窗说亮话”的原则才成。

否则，还不如不发，就算会影响士气，起码不会浪费钱。

另一个明显的错误，就是在颁奖人问题上搞错了对象。

这是一个几乎致命的错误。

因为年终奖由各自的部门经理发放，就必然会带来部门间攀比的现象，这就等于把部门经理放在火上烤，发多了固然没事儿，发少了，就会严重影响自己在本部门的威信，直接重创部门的战斗力。

所以，发年终奖这种事儿，由于实在是敏感，实在是事关重大，最好还是由“大领导”来办，即由老板亲自发才好。

这样做有两个好处。

一个是表明了公司对这件事儿的重视，对员工的尊重，等于给了员工极大的面子。

另一个是，如果说必须得有个得罪人的人，这个人一定是老板。

如果让中层去得罪，使他们在自己员工面前威信扫地的话，就等于砸了他们的招牌，今后就没法再给你卖命了。

所以说，这领导的官儿越大，就越应该有点儿“公仆意识”，主动为中层去顶雷。

这才是好领导。

总而言之一句话，年终奖，是个不折不扣的“是非之地”，一不留神儿，就会让“白眼儿狼”们在这里扎堆儿。

一线之差，天壤之别。

你可得慎之又慎。

“最好者之一”

记住，在员工激励方面，“第一”不好使，“最好者之一”才真正管用。

“A mong the best”，最好者之一。

这是某家著名世界五百强企业制定员工薪资标准时恪守的一个原则。

其实，现如今我们的绝大部分企业都陷入了一个怪圈：又想网罗人才，又舍不得花钱，或不知道该怎么花钱。

这是一个很有意思的现象。

我们几乎所有的老板都明白一个事实：在日益激烈的竞争中生存下去的唯一机会就是获取人才。连冯氏经典影片《天下无贼》中葛大爷扮演的那位“贼头儿”都认为：二十一世纪最贵的是人才。

而且，越是中小企业，越是私企，其实和大企业相比较而言，人才的重要性更是举足轻重。

对这些企业来说，有时候，往往有没有一两个核心人才，就能在很大程度上决定这个企业的“盛衰兴亡”。

但与此同时，极富讽刺意味的是，无论这些人才对于企业有多重要、多宝贵，甚至于他们的流失足以让一个企业衰败甚至停摆，但是我们的老板宁可拉下脸来天天给他们唱赞歌，三日一大宴五日一小宴地安抚他们，也绝不舍得在待遇方面为他们付出“真金白银”。

我身边就有好几个这样的朋友，公司老板时常车接车送，经常带着夫人请这些朋友吃吃喝喝，并时不常地送个手机之类的小礼物，老板甚至给他们中的个别人配了专车和司机，表面看来好似风光无限，但偏偏到了这关键的薪资待遇问题上，老板们却总是有意无意地玩儿含而不露、装疯卖傻的把戏，好像突然间变了一个人：他们的薪资水平总是远远低于员工的预期和心理承受底线，甚至于远远低于同行业相同岗位的水平；而且，如果你去找老板提这个问题，他们一准儿会支支吾吾地顾左右而言他，想方设法地把这个话题岔开，让你没脾气。

这真是个有意思的现象，老板们为了表示自己的“爱才”之心可谓不惜血本，但为什么一到薪资这俩字儿上，却忽然“变脸”了呢？

其实好好想想，员工真正在意的，永远都不可能是那些风花雪月般的小恩小惠，他们在意的永远是自己的薪资，因为只有薪资是他们自己可以自由支配的，可以给他们的生活带来真正的舒适与幸福的东西。

老板们怎么也是花了钱，与其干那些费力不讨好的事儿，还不如扎扎实实地把这些钱发到员工手里，让他们去自由支配，也许这些钱花得会更有意义，会换来员工更多的工作积极性。

记住，对于员工来说，你每个月给他发一千块钱，但同时送他一部两千块钱的手机，其效果远远不如你每个月发三千元现金给他，什么礼物都不送。

因为员工在意的，永远是薪资，是现金，其他的都是浮云。

否则，你就是费力不讨好，一分钱没少花，还要招员工不少骂。这是何苦呢？

说句尖刻点儿的话，我们的许多老板，在员工薪资问题上，都得了一种十分严重的强迫症——让我干什么都成，就是见不得员工的收入太高，员工多挣了钱，就跟剜我心窝子那样难受。

我有一个汽车圈儿的好友，年近三十，在当地汽车圈混了十年，可谓个中高手，一个圈内人士公认的“老江湖”。

这位朋友跟着一个老板干了三年，老板视其为己出，对他无比欣赏和信任，恨不得把家里存折放的地儿都告诉他。

这位朋友当然也非常给力，往往凭一己之力就能挑起公司业务的半壁江山，给老板赚了大把的真金白银。

但是，这位朋友始终有块心病挥之不去，那就是这位老板始终在薪资待遇上“抠门儿”得不行，甭管这位朋友为公司赚了多少钱，按照公司规定应得多

你的业务
能力太差了！
工资

少收入，也要强行给他定一个老板可承受的薪酬上限。

终于有一天，这位朋友忍无可忍，爆发了。

原来，某个月这位朋友凭借自己超凡的能力和好运气，一口气给公司销售了三十余辆车，按照既定的提成政策，当月收入应该稳过万元。

但是，财务做好工资表送到老板处审核时，老板却认为“过万”是一件他无论如何不可接受的事儿，于是乎大笔一挥，生生地把薪酬压了下来，最后只给这位朋友发了几千块钱。

这下我的这位朋友不干了，毫不犹豫地选择了离开。

那之后的事儿大家也能想象得出来：那位老板把肠子都悔青了，想尽办法让他回心转意，但早已心灰意懒的他再也没有出现在那家公司。

其实，这位老板犯的错误还不只是不按制度行事、破坏游戏规则这么简单，你想想，失去这样一员大将，他将来要面对的潜在损失会有多大！

就算单拿那次的事儿来说，三十余辆车给老板赚的钱有多少？区区万把来块钱的薪酬，恐怕连个零头都不到吧？

这位老板在员工薪资上的强迫症，实在是严重到了一定的程度了。

相信这样的老板，在我们身边绝对不在少数。

但那位说了：那你说怎么办，只要给员工高薪，就一定能招来人才，并留住人才吗？

也不一定。

说实话，薪资水平过高，让你的员工过于鹤立鸡群的话，就算你能招来人才，也能留住人才，但一定会毁了这些人才。

先别急，我这样说并不是前后矛盾、思维混乱。我这样说自有我的道理。

其实，薪资这玩意儿，怎么才算“高”，如何才叫“低”呢？

评价这个的标准无非有两个：一个是自身的实际需求；还有一个就是横向比较的结果。

前者是个相对主观、相对个人的东西，说白了就是“我到底需要多少钱才能过上相对满意的日子，才能得到对自身价值相对合理的认同”。

后者是个相对客观、相对社会化的东西，说白了就是“和我水平相当的人在别的公司大概都能挣多少，我到底是比他们高还是比他们低”。

一般来说，在薪资方面，后者的影响力要远远大于前者。就是说，我们往往更加注重横向比较，只要横向比较不出问题，即使日子过得艰难点儿，我们也能忍下来；但是只要横向比较出了问题，即使日子已经过得相当滋润，我们也会“是可忍孰不可忍”，从而变得烦躁不安。

没办法，谁让“只要你过得比我好，我就受不了”是一种普遍心理呢！

所以，说得不客气点儿，“抠门儿”的老板固然不可取，毫无止境地大方的老板照样是晕蛋。

因为只要你给员工的待遇是行业第一，就是说，让你的员工在薪资方面傲视群雄、鹤立鸡群的话，你的员工就等于顷刻间丧失了参照物，没有了奋斗方向与目标，就会变得茫然而懈怠。

这还不算完，“饱暖思淫欲”，过于强大的优越感和过于优越的生活条件还会惯坏你的员工，让你的员工将注意力从工作中逐渐分散出去，滋生出一种玩物丧志的颓废思想，整天纠缠于一些乱七八糟的无聊琐事之中。

所以，薪资过高，或者说至少在薪资待遇这方面，“最好”“第一”这些字眼是不适合打造一个强有力的团队的。

那么，最好的办法是什么呢？

就是本文开头的那句话，不当唯一的“最好”，而当“最好者之一”。

简单点儿说，你公司员工的薪资水平只要在同行业、同规模的企业当中不低于前三名就行。

千万切记，永远不要当“第一”。你要给员工留一个悬念，存一个“念想儿”，让他们始终能拥有奋斗和赶超的目标。

当然，前提是你这个行业里的企业不能太废物，至少拔尖儿的企业不能，否则，你的员工会毫不犹豫地选择转行的。

总之，对于员工来讲，薪资大于天。

其他的小恩小惠神马的，都是浮云。

千万别抖那些小儿科的机灵，其实对于这点，无论是你还是你的员工，心里都门儿清。

所以，在员工薪资问题上，你玩儿不得半点猫腻，必须付出百分之百的诚意和百分之百的精力才成。

巧定目标

“目标”这玩意儿，说白了就是为了激励人。激励不了人的目标，还不如不定，否则只能扯后腿儿。

现如今，目标管理法已经在中国企业界蔚然成风，俨然成为一种常识。

但相信许多管理者都已经发现，这招儿未必那么好使，远非经营管理的“万灵丹”；相反，使用得不好，还会有很大的副作用。

说实话，目标管理法并不是一个多新鲜的招儿，早在一百多年前泰勒的科学管理法诞生的时候，这种管理法就曾经在西方风行一时。

后来，人们发现，这种把人当机器使的招儿有很多弊端，严重时甚至会给企业带来极大的祸害，妨碍企业的正常发展。

这种弊端主要表现在以下几个方面。

其一，过分强调了冷冰冰的数字，忽略了人性化的东西。

这是一个典型的“以成败论英雄”的结果导向型管理方式，它将所有注意力都集中在了最后的客观数字上，从而极大地忽略了人的主观努力，即所谓的“只重结果，不问过程”。

所以这种方法用得不好的话，不但起不到激励人的作用，相反倒有可能极大地伤害到人的积极性。

其二，促使人颓废、消极。

目标管理法使用不当的话，还会促使人变得更颓废、更消极。

你也许会觉得很纳闷儿，不理解为什么会这样。

其实道理也很简单。

人，是什么动物？是自然界智商最高的动物。所以，你想拿目标去拴人，实在是一件愚不可及的事儿。

因为你这样做了，人们就会故意消极怠工，悠着点儿干，为自己“留一手”。这样做，他们就会获得一个相对容易实现的目标，从而达成自己的利益最大化。

说得简单点儿，目标管理法的最大弊端就在于“鞭打快牛”，所以就会倒逼着人们要心眼儿，将目标水准人为地拉低，能做到十分也只出八分力。

久而久之，你的员工就会越来越颓废，你的企业蛋糕也会越做越小，让你前功尽弃。

其三，鼓励个人主义，伤害团队协作精神。

由于这种目标管理法的基本原理在于适者生存，所以往往容易陷入过分强调个人主义的陷阱。

为了达到个人目的的最大化，每个人都会本能地产生“将资源据为己有”的强烈动机。这就会造成在具体行为中的自私自利，甚至于出现相互妨碍、互扯后腿儿的现象。而这种现象的发生，不但会严重地影响团队目标的达成，也会由于资源共享机会的缺失，对个人目标的达成造成极大的妨碍。

打个简单的比方。

每年都会有许多应届高考生为了确保自己在竞争中的优势，故意将自己看好的复习资料隐瞒起来，不与同学分享。这样做，也许最后他们自己的高考成绩会比其他同学好一些，但却未必能考上多么理想的名牌大学。

可是，如果当初每个考生都能将自己的好资料拿出来与大家分享，大家一起复习、共同提高，那么即便最终自己的高考成绩在同学中不那么突出，但考上更为理想的大学的机会却会更大。

其四，扼杀创造力。

目标管理法还有一宗罪，就是对人的创造力的扼杀。

由于它过度地强调了结果的“量”，严重忽略了结果的“质”，这就会促使人变得保守，不敢轻易冒险创新。久而久之，企业也就丧失了上台阶，即发生“质变”的机会，从而严重地影响企业的长远发展。

当然，目标管理法的弊端还远不止这些，在这里不再赘述。

所以，泰勒的科学管理法问世后，很快就受到了质疑。一直到今天，西方先进国家的企业都把对目标管理法进行改良、追求最大限度的“以人为本”作为管理思想的主线。

说句难听点儿的话，这个目标管理法其实是人家外国佬嚼过了的“剩饭”，人家早就不玩儿了，但偏偏我们还对这玩意儿推崇备至，乐此不疲。

不过话又说回来，这个“以人为本”的改良是有条件的，它需要企业员工具有极高的职业素养和自觉性，可我们现在的国情确实还与之存在着很大的差距。

所以，在一定历史时期内，也许这个目标管理法在中国还会有不小的市场。

鉴于此，为了让我们的目标管理法更为靠谱一点儿，我斗胆在这里为大家支上几招儿。

第一，设立阶段性目标。

目标这玩意儿，太低太高都不行。太低了没意义，太高了谁都够不着，也就没人去够了。

所以，定目标，一定要分出高、中、低三个档次，也就是所谓的“基础目标”（稍加努力即可达到，能够保障一个基本收入）、“争取目标”（付出较大的努力才可达到，能够保障一个较好的收入）和“挑战目标”（付出巨大努力才可达到，能够带来一个极具诱惑力的收入）。

阶段性目标设立法属于一般性的方法，在现实中的使用频率也较高，在这里不再赘述。

第二，设立团体目标。

很多人都认为，目标的设置应该是自上而下的，越往上越模糊，越往下越明确。

说得具体点儿，就是说，越是团体的目标，就越应该具有某种“战略指导性”，越应该“大而化之”一点儿，好歹有个影影绰绰的轮廓就行。

相反，越是个人目标，就越应该清楚点儿，一定要有个非常清晰、明确的数字目标，才能有所谓的可操作性。

这种做法虽说十分符合逻辑，但实际操作起来却往往会适得其反，最终弄到个人和团体目标都落空。

原因也很简单。因为人毕竟不是机器，你即便给他定下个目标，他也未必能可丁可卯地实现。

恰恰相反，对个人目标的过分重视，容易造成“鞭打快牛”的局面，会逼得员工跟你耍心眼儿，人为地降低自身的努力程度，以便为自己换得一个相对容易达成的目标数字。

这还不算完，员工还会在未来的日子里人为地控制自己的上升速度，尽量给自己“留一手”，使自己能够拥有一个更加宽松的生存环境。

这就会造成员工生产力的极大衰减，为你的企业留下巨大的隐患。

因此，正确的做法是，尽量将注意力倾注在团体目标上，相对忽略个人目标。

这个做法有其心理学方面的依据。那就是，一旦对某个团体产生了归属感，团体中的个人就会产生极强的团队荣誉意识，以身为这个团体的一分子为荣，不能容忍自己的行为给这个团体抹黑。而且，由于团体荣辱感与个人荣辱感相比往往会被人为地放大数倍，所以，对团体目标的重视，固然也会有“鞭打快牛”的弊端，但是和个人目标相比，其副作用则要相对小得多。

毕竟，一个人尽力与否如果只和自己有关，确实有可能产生“留一手”、玩儿猫腻的动机，但一旦他的行为关系到整个团体的利益，这种动机就必然会受到强大的牵制。

所以，真正聪明的定目标的方法，应该是这样的——分别确立团体目标和个人目标。

为团体目标和个人目标加权，团体目标的权重要大于六成，个人目标的权重要小于四成。

这样，每个人对团体目标的重视度将会远远大于对个人目标的重视度，为了完成团体目标，大家只能竭尽全力，决不能松懈。

而且，这样做还有一个好处，那就是可以相对成功地回避掉对个人目标过分重视带来的个人主义倾向，会增强团队整体的协作精神，使大家自觉自愿地做到资源共享、互帮互助，不让一个人掉队，因为只有这样才有可能完成任务，使团体中的每个成员都能够受惠。

同理，由于每个人都不希望自己扯别人的后腿，成为别人的负担，所以每个人的潜力也会得到最大限度的激发，直至超水平发挥。

这也是为什么在竞技场中，奇迹发生在团体赛的概率一般要高于发生在个人赛的原因。

第三，不设目标。

巧立目标的终极方法，就是“取消目标”。这其实是上一种设立团体目标的精神的延伸。

简单点儿说，就是取消一切数字化目标，只要团队中的每个人都能把自己榨干，潜力发挥到极致就成。

只要做到了这点，最终结果成为什么样都无所谓，大家的利益都不会有损失；相反，如果大家努力的过程能有“出彩儿”的地儿、可圈可点的地儿，甚至还有得到奖励的可能。

反过来说，只要做到了这点，其实最终结果也不可能差到哪里去。

这种方法，说得极端点儿，是对“结果导向”的彻底摒弃，属于彻头彻尾的“过程导向”。这就是以过程促结果、以行为促数字的“正推法”。

这种方法和目标管理法以结果促过程、以数字促行为的“倒逼法”相比，优势不言而喻。

这种“正推法”，由于能最大限度地将员工榨干，激发出他们全部的潜力，反倒能够更为接近“结果最大化”这一终极目标。而且，更大的好处在于：由于这种做法充满了人性化的东西，即员工在被榨干后依然没有取得好结果时，自身待遇并不会随之发生明显的变化，因此会让员工更有安全感，心甘情愿地让你“榨”下去。

所以，这才是一种不折不扣的双赢的做法。

当然，做到这点不易。它除了要求员工具有极高的职业素养之外，还要求企业要有非常强大的企业文化基础与向心力。因此，这其实是一种典型的“文化管人”的境界，对我们的管理者本身的素质也有着极高的要求。

所谓三流企业用人管人，二流企业用制度管人，一流企业用文化管人，就是这个道理。

日本南国丰田株式会社的案例，就是一个无目标管理法成功案例中的典型。

这家企业奉行的是“全员老板制”，没有一位通常意义上的管理者，而是赋

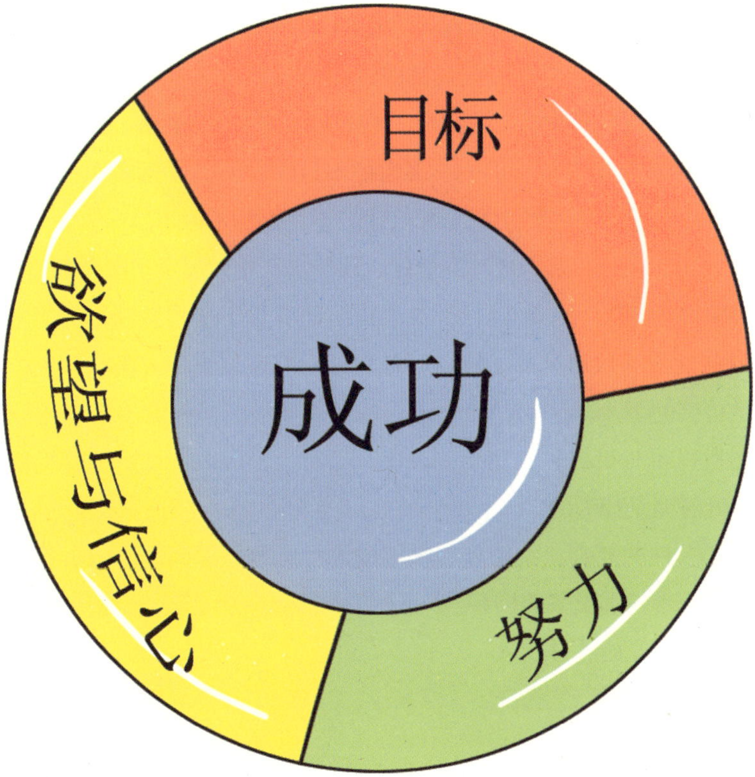
目标
欲望与信心
成功
努力

予了每一位员工极大的裁量权，彻头彻尾地将企业管理的权力交到了每一位员工手里。

所以，这家企业从不对员工个人设立任何形式主义的业务目标和管理目标，而是通过竭尽全力地为员工创造出一种“海阔凭鱼跃，天高任鸟飞”的企业文化氛围，让员工自愿自发地将自身潜力最大化地激发出来。

因此，这家企业虽然实行的是无目标管理法，但是业绩却异常惊人，常年雄居业界榜首的位置，成为所有人学习和追赶的对象。

其实，只要我们够诚实，我们都愿意承认，目标管理法这玩意儿的本意从根儿上讲，与其说是出于对人的激励，不如说是出于对人的不信任。

目标这东西就像一根绳子——因为信不过你，所以必须套在你脖子上，但另一头儿得在我手里攥着，由我来操控你，不由得你不尽力。

因此，极为讽刺的是，这种不信任心理其实严重地违反了激励的原理。

因为很少有人会在不被信任、被人提防的背景下受到激励，从而心甘情愿地将浑身的能量释放出来的。所以，总是惦记着通过这种方法激励人，实在是一件过于可笑的事儿。

人之所以不是机器，就在于“人性”二字上。因此，试图用管机器的方法管人，终究将会是徒劳的。

诚然，人性的复杂，给管理带来了极大的难题，但同时，恰恰是人性的复杂，也给管理带来了极多的机会。

水能覆舟，亦能载舟。

关键看你怎么想，怎么做。

激励

A B C D E F G H
8
7
6
5
4
3
2
1
A B C D E F G H

第四章
“人性”多一点，还是“狼性”多一点？

狼性和人性都是管理的重要元素，但只有人性才是真正的核心，狼性不过是手段而已。所以，如果你想成为一个管理高手，就一定要掌握一个本领——做个披着“狼皮”的“人”。

善者的“屠刀”——X理论与Y理论

“人性化”管理没问题，但一定要记住，真正“该出手”的时候绝不能心慈手软、拖泥带水。一定要手起刀落，干净利索。

经常听到有管理者抱怨——我的那帮员工实在是难缠，整个儿一“蒸不熟煮不烂”，软硬不吃！

你对他们恶点儿吧，他们就跟你玩儿阳奉阴违的“躲猫猫”游戏；可你对他们好点儿吧，他们又得寸进尺，蹬鼻子上脸，照样不给你好好干！

唉！真是没脾气！

这个桥段，相信你也绝对不会陌生。

没错儿，这实在是一个经典到没法儿再经典，普遍到没法儿再普遍，现实到没法儿再现实的管理学问题。

这个管理学问题的本质，说白了也很简单，那就是：到底是“铁腕儿统治”更有效，还是“人性化管理”更靠谱？

这个问题其实由来已久，根子还得追溯到管理学中超经典的X理论与Y理论上去。

X理论大概的意思是说，人性本恶，所以要想管好人，就没那么多废话，必须“以恶制恶”，痛下杀手。只有不停地抽鞭子、使棍子，才能真见成效。

Y理论则刚好相反，它认为人性本善，所以必须“以人为本”。只要你采用“人性化”的手段，真正“感化”了他们，人自己就能把自个儿激励了，根本用不着那么多麻烦。

这两个理论，归根结底，其实还是那个古老问题的现代翻版——人性，到底是个什么玩意儿？是善多还是恶多呢？

对于这个问题，一百个人会有一百个答案，世上可能原本就不存在所谓的正解。

至于我个人，也许带点儿理想主义化的情绪，我的答案是：

人性里善恶并存，但善远多于恶。

所以，放到日常管理工作中，最理想的招数应该是——善者的屠刀。

就是说，管理的基本要素应该还是非常善的东西，非常“人性化”的东西，但同时必须手握屠刀，随时准备好痛下杀手。

这样才会万无一失。

这一招儿可不简单。

这可是我从无数个印在南墙上的斑斑血迹中摸索出来的致命撒手锏。

我也一度深受中国民企作风的戕害，十分信奉“铁腕儿统治”的威力。

但慢慢地发现了这种管理方法的致命短处——它太小看中国人的智商了。

“阳奉阴违”可是我们的绝活儿。

表面上怕了你，背地里该咋样咋样。

所有这种管理风格的企业都会笼罩在一片死气沉沉的氛围中，不可避免地出现“金玉其外，败絮其中”的局面。

久而久之，我逐渐厌倦了这种管理模式，开始尝试“人性化”的管理方法。

这招儿果然一试就灵。

员工的身上似乎立马有了活气与灵魂，一个个儿跟打了鸡血似的迸发出活力。整个企业的氛围也大为好转，显得格外的生机勃勃。

但还容不得我扬扬自得，新的烦恼又来了。

周身跟过了电似的，充满了活力的员工逐渐有点儿兜不住了。

他们不再服管，开始跟你玩猫腻儿。

你说东，他们偏要往西去；

你交代一个事情下去，他们要不就是磨磨蹭蹭半天没动静，要不就是“三天打鱼，两天晒网”，再或者一出手准走样，整个儿一气死你没商量！

看来，这“人性化”也得有个界限，不能彻底“放鸭子”，否则，准得弄一脑袋鸭子屎。

渐渐地，我开始意识到为了管好人，还得从思考人性入手才行。

我觉得，尽管人性中善是基调，但人也会有惰性，也会有不思进取、玩弄心眼的一面，即作为一个副产品，人也有恶的一面。

所以，解决这个问题的根本出路就是祭出善者的屠刀来。

找到了这条路，我豁然开朗，立马投入了实战之中。

经过一段时间的试验，可以说初战告捷，效果颇佳。

我发现，这样做最大的好处是，因为你很“善”，而且以自己最大的诚意体现出了这种善，员工就会发自内心地把你当“善人”、当自己人，这就会大大降低你的管理难度。

就是说，一旦让员工从内心里认可了你的善、认可了你是自己人的身份，那么，即便你对他们“狠”一点，偶尔痛下杀手，他们也会相对好接受些，至少不至于嫉恨你，跟你玩儿两面三刀的把戏。

但是，一定要切记，这种善是装不来的，它必须是发自内心的东西，而且需要你付出极大的真诚与耐心去积累。

只有这样，才能让员工真正信你、服你，这招儿才会好使。

否则，如果你跟员工玩儿虚的，员工绝不是傻子，一定会给你好看。

善者的屠刀的基本操作方法也很简单，只要遵照两个原则去做就成。

一个是态度原则：无论员工多不给力，也要严禁厉声斥责与谩骂，尽量采用“好说、好商量”的办法。

另一个是给出路原则：无论员工多不给力，凡事都给一次机会，绝不一棒子打死。但机会只限一次，一次不见效，就要痛下杀手（进行大金额罚款，或全公司通报批评等），决不手软。

当然，以上两个原则并不涵盖特殊情况或重大失误，只适用于一般管理问题发生时的场合。

但是，这里有一个要点要特别强调一下。那就是，一定要恪守“只忍一次”的原则，不到万不得已，绝不轻易违反。

其实，善者的最大问题，就在于四个字：“妇人之仁”。

人家好歹给两句软话，总是立刻败下阵来，从而形成“姑息”。

久而久之，让人家抓到了短处，你的话就再也不灵了。

所以，“善”字固然可以坚守，但这“屠刀”的杀气，则一定不能有丝毫削弱，一旦有减弱迹象，就会一发不可收拾，最后沦为一把不折不扣的“钝刀”，再也没有了任何杀伤力。

在这方面，我是有着刻骨铭心的教训的。

因为中国有句俗语，叫作“事不过三”。

所以，我每次举起屠刀，欲开杀戒时，总是不忍“一刀致命”，回回都给三次机会。

很快我就发现，这招儿不灵了。

因为只要你给对方的机会超过一次，就跟你给了对方一万次机会毫无二致。对方会立马蹬鼻子上脸，乘胜追击，不停地到你这儿来软磨硬泡，逼着你不断地退却，最后一准儿废了你的屠刀。

我甚至见过一个更离谱的员工。当我交代下去一件事儿时，他痛快地满口应承下来，可是却迟迟不见动静。

在提醒了一次后仍不见效的情况下，我对他发出了警告：不要挑战领导的耐心，小心挨罚！

没想到他居然若无其事地跟我说：没事儿，领导不是说给三次机会吗？我这才是第二次，还有一次机会呢！

然后，他继续煞有介事地说道：您可是领导，说话要算数啊！

一句话把我都说愣了，半天缓不过神儿来。

原来，这位哥哥根本就没把“做事儿”放心上，满脑袋想的都是如何“用满”三次机会的指标！

这就是“天天用鼠药，老鼠就会把药当饭吃”的道理，看你还能有什么脾气！

所以，甭管你的员工找什么理由，哪怕说破大天儿去，记住，“机会”永远只有一次！

只要超过一次，立刻屠刀伺候，就算制造他几个冤假错案也在所不惜。

这是一条底线，无论如何不能破了。

其实，员工找的借口，甭管表面上听起来有多合理，绝大多数都会有“掺水”的可能。

就是说，只要员工真尽了力，其实他们找的很多借口本来都是可以克服的事儿。

所以，如果员工看到你确实是“玩儿真的”，真能把你的屠刀当事儿的话，就凭他们那点儿聪明劲儿，很多借口都能自行消化掉，根本没他们说的那么邪乎。

总而言之，善者的屠刀，是灵活应对人性中善恶并存现象的一把有效的兵器。

这玩意儿平时看起来也许并不令人生畏，但发起威来一准儿锋利无比。

所以，你的腰间，最好也掖上一把。

一个“恶毒”的小实验

一个“恶毒”的小实验引发的“大故事”。

如果你有兴趣，我们来做一个“恶毒”的小实验如何?

往你公司一个特显眼的地儿（比如说办公室或公司展厅之类的地方）扔一团儿废纸，然后抱着胳膊在一旁看，看看会发生什么。

我敢拿我所有值钱的东西跟你打赌。

即便刨去形色匆忙确实没留意或眼神儿不好确实没看见的概率，基本上你就算在那儿溜溜地站上一整天，那团纸十有八九还会在原地儿待着，根本不会有人主动弯腰捡起来。

不只如此，即便那些号称自己形色匆忙或眼神不好使的员工，不是我心理太阴暗，十有八九也是找个借口忽悠你的——其实他们早就看见了，甚至是来来回回不止一次地看见，但根本没动过捡起来的念头。

不信你再扔个更大点儿的纸团试试，照样没人捡，闹不好实在挡我路的话，干脆路过时把它踢到一边儿，然后该往哪儿走往哪儿走，就跟什么都没发生过似的。

这真是一个奇妙的现象。

如果是在日本或美国的话，相信所有人都会弯腰捡起来，因为这已经是一种习惯，甚至是一种下意识。

同样的事儿，而且是如此简单的事儿，为什么在我们的企业里就常常做不到呢？

难不成我们的人都有“腰间盘突出”的症状，压根儿就弯不下腰去吗？

显然不是。

因为如果你有兴趣做一个同样的实验，只不过把地点从公司换成家的话，相信所有人都会采取不同的行动，那个纸团儿早就消失了。

千万别觉得我这个小实验太无聊。

因为我还可以把它无限放大。

下面，就给你说上一串儿发生在我公司的真事儿（也许也是每天都会发生在你公司的真事儿）。

我公司有辆做公车用的夏利车，归总务室管。这实际是辆刚买了一年多的新车。但现如今已然是辆就快散架的老爷车了。

这车开起来叮当作响，车轱辘分分钟都有可能横飞出去，让坐在车上的人一身的冷汗。

也许有人说，这主要还是因为这是低档车的缘故。

但你错了，就算这辆公车是奔驰，估计现在也是这光景，照样成了老爷车！

反之，如果这夏利车是员工家的私车，现在一准儿嘎嘎新。

这还不算最离谱的，更精彩的情况还在后边。

假设某天一个员工坐车不小心将一张废纸片儿掉在了副驾驶的脚垫上，就会引出一件巨给力、巨神奇的事儿：基本上三个月，甚至是半年后，那张纸片还会在原来的位置上待着！而且基本上除了变得更脏更破（证明上面曾经有无数双脚踩过）以外，一切都和当初毫无二致。

然后，让我们把视线从夏利车转到公司内部来看一下。

我们会发现，夏利车的遭遇一点儿也不新鲜，同样的事例，在公司的各个角落里几乎俯拾皆是。

公司空调的遭遇——

只要空调系统正常运转，你就看吧，公司上下所有的空调开关一万年都会在“最高档”待着。

哪怕数九寒天里办公室热得像蒸笼，屋里的人个个儿小脸儿通红，脑门儿直冒热气儿，甚至干脆脱下毛衣穿单衣，你也绝对看不到有人起身去调低空调温度。

同样地，哪怕炎炎夏日里屋里凉得让人直打哆嗦，恨不得找条毛毯盖在身上，也照样见不到一个人去调整一下空调开关。

道理很简单：反正电费公家掏着呢，这玩意儿不好好享受享受，岂不是亏了？

公司办公设备的遭遇——

你就看着吧，但凡复印机发生个卡纸之类的事儿，人们就会拿手掌啪啪地拍，或者干脆踹上两脚，叮叮当当的听着都瘆人。

就这种使法，别说日本货德国货美国货月亮货，能有一年寿命就算命大了。

…………

够了，没必要再往下说了，这样的事例用一个词儿就能全部涵盖，那就是“不胜枚举”。

也许你会说：你说的这些归根结底还是说明你们公司管理层废物，这不明摆着是管理不善的事儿吗？加强管理不就完了吗？

实话实说，这“加强管理”四个字儿，说来容易做来难啊！

我们何止强化管理这么简单，简直可以说都管出花儿来了，什么招儿没使过，什么法儿没用过？

责任制定过，钱也罚过，会也开过，大课也上过，脑也洗过……

无论你费多大的劲儿，效果永远是“一瓶子不满半瓶子晃荡”，实在是不尽如人意，治标不治本。

所以，要想从根儿上解决这些管理问题，还得从研究人的本性做起。

很显然，就像我们在前边反复提到过的那样，员工之所以会不爱护环境卫生和各种财物，就是因为这些都是“公家”的，和自己无关——反正使坏了有公家垫背呢！

再说，我这也是给公家办事儿，又不是给自己干活，凭什么不能放开了使呢？这真是一绝。

所以，“恶人还得恶人治”。

咱还得用人家新加坡的招儿，说白了就是“狠罚死整”，不做到这程度就绝不会有人真长记性。

具体到公司范围里，这一招儿可以高度概括为四个字儿——小题大做。

说得再严重点儿，就是死摽着这些细节不放，扎扎实实地投入真金白银的资源和精力，兴师动众，死缠烂打，不达目的决不罢休。

之所以要把这件事儿上升到这个高度，是有原因的。

很多管理者都认为，这是“素质”方面的事儿，而素质方面的事儿一天两天改不了，这玩意儿需要“细水长流”，不至于大动干戈。

说得没错儿，素质方面的事儿确实需要“细水长流”，不是能够强迫来的。这也是我本人一贯的观点。

但这公共意识低下、不知道爱护东西方面的素质，是一个绝对的例外，不能等同视之。

这玩意儿如果不痛下狠手，你流多长时间的细水都没用，因为“公私关系”方面的素质，没有强大外力推动的话，一万年也改不了。

相反，这种“细水长流”“急不得”的心态，还造成了问题的姑息与反复现象，严重地增加了管理成本，使管理效率受到极大伤害。

我们公司之所以迄今为止招数出尽但一直效果寥寥，病根儿就在这儿。

所以，除了“小题大做”这四个字儿之外，别无他法。

那么，从今天开始，就让我们照死里罚！往死里整！

地上扔一个纸团，罚款五百元！

来来回回路过，就是不捡起地上的烟头，罚款一百元！等等。

这太霸道了！我这办事儿呢，根本没看见！——没关系，不冤。把这一百元钱罚款交上来，下回你就能看见了。

…………

这样一直坚持下去，直到把人罚蒙了，整怕了，这记性就能长上了。

等到真养成了习惯，前边儿就是坦途一片了。

这样做，需要你投入扎扎实实的资源，这方面万万节省不得。

比如说，你可以从外边儿找上一批兼职人员（因为这活儿得罪人，所以应尽量避免使用内部员工兼职），成立一个“纠察队”，由某个公司高管亲自带队，专门儿负责干这个。

也许你会说，你这样做岂不影响其他员工的正常工作？

你说对了，确实影响，而且不会小。

但我告诉你，这是你必须付出，也绝对值得付出的成本，等事成之后，你获得的回报会更大！

最近，我就在公司里玩儿了一把“小题大做”的活儿。

这回我死磕的对象，是销售部里的垃圾桶。

这是一个非常普通的小型塑料垃圾桶，但别看它不大，每天装的垃圾可谓“海量”，桶里的垃圾但凡堆不到半米来高，绝对没人能想起“倒垃圾”这仨字儿。

结果也可想而知，垃圾桶的周边每天都是一片狼藉，基本上这个桶已经形同虚设，没什么作用了。

在做了一千多次思想工作毫无成效的情况下，我痛下决心，决定玩儿他个大发的。

我跟销售部的员工讲：你们懒得倒垃圾没问题。但是有个前提，这个桶周边必须是干净的，但凡掉下一点垃圾，我就往死里罚！

然后，每天下班前，我都亲自前往销售部，把散落在垃圾桶四周的垃圾一一捡起来，当众询问“失主”是谁。如果无人认领，当天上班的所有人等每人罚款五十元，就连中间请假外出的人都不能例外。

是为“株连”之招儿。

如果有人够胆承认，主动认领“失物”，那也好办。

死罪可免，活罪难逃。

钱可以不罚，但第二天必须停工半天，工作交接给别人，本人必须充当半天的义务保洁员，打扫公司环境卫生。

中午由我亲自查看并评估打扫效果，评估合格方可重新上岗，如不合格，加罚半天，直到合格为止。

是为“整人”之招儿。

这几招儿的效果果然好得出奇，不出三天，那个垃圾桶的周边就干净得找不到半个碎纸片了。

当然，我知道这玩意儿假以时日必有反复，所以是铁了心要与这个小桶死磕下去。

也许你会说，你这种“小题大做”法儿也忒过了，如此芝麻绿豆点儿的小事儿，至于这么大动干戈吗？这不整个儿一变态吗？

小事
小事
小事
小事
小事

没错儿，是变态。

管理无小事。

往往很多大问题，就是我们对小事的姑息与积累造成的。

所以，真正合格、真正聪明的管理者，一定是那种善于“小题大做”的管理者。

越是芝麻绿豆点儿的小事儿，就越得来他个特夸张、特惊天动地的大行动。这才行，才真正给力，也才能树立起一种鲜明的企业文化。

所以，如果这是一种“变态”，这种变态恰恰是你独树一帜的、鲜明的企业文化的体现，是你核心竞争力强大的体现。

从这个意义上说，这种变态管理者多多益善。

因此，甭管遭到多少非议与中伤，遇到多少挫折与磕绊，你都要咬紧牙关坚持下去，决不能半途而废。

直到真正良好的习惯形成那天，你就可以“放下屠刀，立地成佛”了。

因为那个时候，大家就会适应这种崭新的局面，不这样做反倒觉得别扭。就是说，他们自己就会成为这种局面不自觉的维护者，让事物进入“良性循环”的轨道。

所以，你就可以放心地做回自己的“善人”了。

总之，这个故事，虽说是由一个“恶毒”的小实验引发的一连串日常琐事儿，但是如果你觉得读来特枯燥无聊，我敢说你说不上是个合格的管理者。

你恐怕很快就要“杯具”了。

失敬！失敬！

在公司实行民主，小心有毒！

在公司实行民主，小心有毒！
轻则伤身，重则致命。
你可得慎之又慎。

在公司管理中实行民主好不好？当然好。但有一个大前提——你的员工需要具备一定的素质。

如果你的员工素质不够，你却冒然实行全面民主管理的话，你的公司就会变得一团糟，就像一个乱得跟垃圾场有一拼的屋子，让你连个落脚的地儿都没有。

所以，实行民主管理，一定要慎之又慎，千万不可草率为之。

但也许有人会说：你说的这个太笼统，跟没说一样。这大道理是个人都懂，根本用不着你来教！

现在的问题，不是民主好不好的事儿，而是我们在现实工作中应该如何把握民主的分寸的事儿。

所以，如果你不能说出一个更有操作性的方法来，就干脆闭嘴！

既然如此，我就斗胆在这里将自己多年积累下来的小小经验抖搂一下。

实际上，即便做不到百分百准确，这民主的分寸，还是可以大致测算出来的。

具体的测算公式就是：

$$民主=素质\times\alpha\ (\alpha=1)$$

这里的素质，说白了就是领悟力 + 执行力。

素质的数值越高，民主的口子就可以放得越大；反之，则要收紧民主的口子，适当地玩儿点独裁。

简单点儿说，就是民主和素质绝对成正比——素质有多高，民主就可以有多大。

那位又说了：你这个公式道理虽说简单，但纯属纸上谈兵，根本没有实际操作性！

因为素质这玩意儿，根本就没法测试，不可能算出个具体数值来，所以这个公式完全没有任何实际意义！

没错儿，你又说到点子上了。

从绝对意义上来说，素质这东西确实无法用一个准确的数字来衡量。因此，为了能够让这个公式更具实际意义，我们不妨为素质问题找个相对粗糙点儿的替代品。这个替代品就是——开会。

一般情况下，对会议精神的执行情况，是反映一个公司员工素质的重要指标，因此我们可以将开会这件事儿当成一个参照物，大致评估一下你公司员工的素质水平。

具体的做法如下。

在会上布置任务，并规定具体的完成时间。

如果你的员工在你规定的时间内完成的任务多，质量好，证明他们拥有较高的素质；反之，则证明员工素质较差。即：

$$素质 =（完成率 + 完成质量）/2 \times 100$$

完成率：在规定时间内任务的完成比率；

完成质量：根据你事先规定好的质量标准细则衡量出来的任务完成质量。

打个比方。

比如说你在一个会议上安排了十件事儿，规定一星期内完成。

一星期后，如果你的员工能够全部完成，且质量全部达标，那么他们的素质得分将是：

$$(1+1)/2 \times 100=100$$

这就说明，你公司员工拥有超高的素质，让你相当省心。所以，你几乎可以当个甩手掌柜的，将民主进行到底了。

但是，如果他们在一周后任务只完成了七成，平均质量只达到了六成的话，他们的素质得分将是：

$$(0.7+0.6)/2\times100=65$$

这就说明，你的员工素质还有差距，还不能完全脱离独裁统治，而在你的公司里，民主与独裁的比例大致上应该是“六四开”。

以此类推，你就能够相对准确地判断出你到底应该在多大程度上实行独裁，或在多大程度上推广民主了。

但是，必须承认，这个方法远远称不上完美。

这里边有几个重大的结构性问题存在。

首先，也许你开的会本身质量不高。

就是说，你很有可能在会上既没把事儿交代清楚，也没对事情的可行性以及具体的执行方法，乃至万一不顺利时的补救措施等细节进行初步讨论并达成一致，就自以为是、莫名其妙地发号施令，从而间接地导致了会议精神落实情况的不理想。因此，你就没资格评判你的员工的领悟力与执行力的高低，也就是说，没资格评判你的员工素质的高低。

而可悲的是，现实生活中这种“霸王硬上弓”“拉不出屎来怨茅坑”的领导实在太多了。因此，不能把员工执行力低下全部归罪为员工素质差，因为很有可能恰恰是你自己素质不强造成了这种局面。

另外，一次两次的得分也说明不了问题，这种素质指标的测试应该是随机的、多次的，甚至是长期的，这样算出的平均数才会更有说服力。

所以，要想做到准确地判断员工的素质，还必须确保两个前提：

1．领导要先确保自身的高素质。

2．一定要多次测量，取平均数。

只要能做到这些，就基本上可以确保这个问题在技术方面的解决。

所以说，这“民主和素质应该成正比”的说法绝对是正确的。

否则，如果你在员工素质不达标的情况下冒然实行民主管理，就有可能彻底把水搅浑，把局面搞乱，弄得人人不得安生。

那个时候，员工们就会翻脸不认人，不但不感激你的民主大恩，反而会指责你是废物，驾驭不了局面，不配当领导。看你闹心不闹心！

在公司实行民主，小心有毒！

轻则伤身，重则致命。

你可得慎之又慎。

A B C D E F G H
8 7 6 5 4 3 2 1

第五章

知人知面不如知心——选人、用人的奥秘

信不信由你，在绝大多数情况下“面相”都是个伪命题，只有“心相”才是识人唯一的王道。而判断“心相”的标准只有一个，那就是“行为”，而且是“一贯的行为”。

围桌擦地

告诉您一个通过细节“识人”的招儿。

前些日子，由于上头要来大领导到我们公司视察，公司总经理发动了一场“全员大扫除”活动。

和历次扫除一样，很多员工虽说表面上看显得很卖力，实际上却处处给自己“留了一手”。

最经典的例子，就是我们称之为“围桌擦地”的现象。

简单点儿说，就是这些员工在擦地的时候，总是绕着桌子、沙发等办公用具擦，从来不会把这些物件儿搬开点儿、挪个地儿擦擦它们底下的部分。

结果可想而知，无论这些物件儿的周边被捯饬得多干净，它们的屁股底下照例会成为“藏污纳垢”的天堂。

你要是试着给它们挪个地儿，里面的“壮观景象”绝对会令你叹为观止，闹不好会吓你一个跟头。

其实，这种围桌擦地的现象不仅仅是由于大家打扫卫生的习惯使然，归根结底还是惰性在作怪。

要不就是做个样子给领导看看就行；

要不就是自个儿骗自个儿，满足于“驴粪蛋儿表面光”的状态。

当然，这种现象绝无可能是我公司独有，相信全中国的企业里都会有大量这样的员工在。

不过，千万不要小看这个围桌擦地的事儿，这里面其实大有文章可做。

其一，对公司管理者来说，这个围桌擦地能帮助你更好地识人。

一般情况下，能够做到不围桌擦地的员工，都是堪当大用之人。

首先，这些人勤快。

现如今，勤快的员工几乎已经绝种。在这个“懒蛋”横行的世界里，勤快绝对是一种超级美德。

其次，这种人肯定是那种做事儿特有钻劲儿的人。

他们能够认真地扎进事儿里面去，而且还能变着法儿地想招儿，所以，他们的工作结果常常会超过你的预想。

最后，这种人往往有开拓精神，做事儿肯冒险。

你想想，一般来说，扫除时桌子底下的情况，哪个人会去特别关注？或者换一个说法，即便有人能想起来，或者动一下这个念头，真动手去“搬”一下，看看桌子底下到底恶心到了什么程度，也是颇需要点儿勇气和魄力的事儿。

而这种勇气与魄力，一般人也绝对不具备。

因此，千万别小看这个搬桌擦地，能做到这一点的人还真不是一般人。看准这一点，绝对有助你找到真正有培养潜力的人才坯子。

也许有人会说，你说的这个不靠谱，因为即便有人做到了这一点，也有可能是“装”出来的，做个样子给别人看的，不一定就是一个可用之才。

没关系。

相信我，搬桌擦地可不像你想象的那样是一件容易的事儿，这玩意儿光靠“装”是绝对装不了多一会儿的。用不了多久，狐狸尾巴就会自己露出来。

就是说，在这事儿上，没人骗得了你。

其二，对公司员工来讲，这个搬桌擦地能帮助你树立并稳固住自己在领导心目中的印象，从而使自己在公司里站稳脚跟。

首先，对于新员工来说，你一定要明白一个道理。

那就是，公司领导绝不是像你想象的那样，只对“大事儿”感兴趣，或只有精力关注“大事儿”。

恰恰相反，正是因为公司领导的时间和精力都极为有限，所以他们常常都会是一群戴着有色眼镜看人的人。

就是说，他们往往会凭借一两个感性认识，就迅速对一个人或一件事儿下最后的判断。

比如说，我们经常会听到这样的案例：

一个公司领导因为一个小动作而录用或弃用了某位员工；

一个大老板因为谈判对手的一个小动作或一个小细节而决定投资或放弃投资某个大项目；

等等。

其实好好想想，无论是多牛×的大领导、大老板，怎么可能，又怎么可以因为一两个小细节就决定了一个人或一件事儿，乃至于一件大事儿的生死呢？

所以，无论这些大人物有多自信、多厉害，这里面都不可能没有判断失误的可能性，不可能没有意气用事的可能性。

因此我们说，往往越是大人物，越是大领导，其实越容易感情用事，远远不像我们想象的那样理性。

但是，他们的这种感情用事，其实也可以理解。

因为他们日理万机，因为他们没有时间，或仅仅因为他们不耐烦。

所以，他们比我们想象的更重视细节，更重视那些你也许会毫不经意，甚至认为不可思议的小地方。

因此，你必须把平时从来没有用过的那些神经全部激活，尽全力关注那些你从未关注过的细节，你才会得到机会，甚至有可能是很大的机会的青睐。

搬桌擦地，就是这样的一个细节。

如果在别人都“围桌”的情况下，只有你一个人做到“搬桌”，相信我，你在领导心目中的印象一定会大大提升，对于你来说，应该可以预期好运的来临了。

这一点，对于老员工来说也是一样。

如果你做新人时处处表现积极亮眼，回回都能做到搬桌擦地，并迅速赢得领导的好感；但是慢慢成为老人之后逐渐原形毕露，也开始学别人围桌擦地的话，基本上你的“好日子”也就到头了。

对于这种人，一般公司领导都极为反感，还不如你做新人时就开始围桌擦地呢！

为了表现而表现的人，走哪儿都不会受待见。

细节
规划
战略
战略
制度
细节
规划

管理无小事。

这个道理虽说是个人都明白，但真正能在日常工作中予以认真实践的，又能有几人?

记住，往往越是没人当成事儿的事儿，越是能真正出彩的事儿。

在公司江湖里，像围桌擦地这样的小事儿可谓多如牛毛，关键看你有没有发现并巧用它们的眼光与智慧。

面试！……面试？！

开门见山。
“面试”这个环节实属多余，还是省省为好。

相信每个人在职场生涯中都经历过面试这件事儿。

这是你想进入心仪的公司谋个差使前必须迈过的坎儿。

但是，不知是否有人思考过这样一个问题：

面试，到底是个什么玩意儿？究竟有没有所谓的“价值”？

尽管作为“资深人力资源高参”，我到哪家公司谋职都会摊上面试官的差使，迄今为止可谓阅人无数，但对于这个问题的思考，却一直没有停过。

同时，深深地为之纠结、烦恼过。

最近，终于大彻大悟，找到了答案。

所以，开门见山。

我的答案是，现如今公司招聘工作中的面试环节实属多余，不如趁早省了算了。

道理也很简单。

面试这玩意儿，其实几乎没有任何实际价值，纯属假模假式地“做样子”，整个儿一蒙人蒙己。

尽管我不否认，阅人越多，越有感觉。但这也仅仅是感觉而已，不足以成为你给别人下结论的依据。

所以，我敢打包票，一般情况下，大多数真正优秀的、一等一的人才绝对在那些被你简单地淘汰了的人中间，而你留下的，恰恰是价值低得多的二等或三等品。

港姐选拔就是一个典型的、地球人都知道的例子。

回回一等一的巨星级苗子，都不大可能是那位应届冠军，个个儿都是名不见经传的主儿。

而往往越是那些冠军，越是娱乐圈里没人要的二三线人物，基本上扎进人堆儿里就找不着了。

还有一个例子可能鲜为人知。

二十世纪三十年代的“好莱坞皇帝”，超级巨星克拉克·盖博（那个经典名片《乱世佳人》里留着小胡子的大帅哥），据说当时试水好莱坞时，居然无人问津并饱受嘲笑，差点儿与电影圈无缘！

所以，人们说“千里马常有，而伯乐不常有”。

可见这“伯乐”的差使，只能是“灵光一闪”、偶尔为之的事儿，不是是个人就能干得了的。

这就意味着，面试官这玩意儿，根本不应该，也不可能成为一项职业。因为这就等于把“伯乐”职业化了，这实在是件贻笑大方、滑天下之大稽的蠢事儿。

所以，我敢跟你打赌，把天底下所有的面试官拉出去毙了，发生冤假错案的概率绝对不会超过一成。

也许有人会说：我不否认面试时淘汰掉的人中间会有特优秀的人，但你搞错了面试的含义。

面试这活儿的真正意义在于：不找最好的，只找最对的。

所以，我们搞面试，不是为了寻找那些“最优秀”的人，只是为了寻找那些“最合适”的人！

我的个天哪！

活活笑死个人！

就凭这么区区几面儿，你就能挑到“最对”的人了？

你还真把自个儿当大师了？还是当自个儿是火眼金睛的孙猴子？

看看我们的面试官们都做了点儿什么吧！

除了那些例行公事般的环节之外，就是凭借几个莫名其妙、不着四六的问题轻易决定一个应试者的生死，而且还美其名曰：我这是从常人想不到的角度，透过细节来看人，从来都没走过眼！

省省吧，你！

打死我都不信你“从未走过眼”，应该是“从未走对过眼”才对吧！

我一向认为，只要往应试者的对面儿一坐，就能立马人五人六地找到评判别人的感觉是件特滑稽的事儿。

我脑袋里经常幻化出这样的场面：如果面试者和应试者的位置调个过儿，会怎样？

答案很明确：那些假模假式的面试官儿照样有可能被淘汰。

就是说，这种“面试”与“应试”，其实是一种严重的资源浪费，根本就是儿戏。

这就好像是现下异常火爆的电视征婚节目。

那些浓妆艳抹、搔首弄姿的姐姐，似乎只要往台上一站，就能立马找到“居高临下”的感觉并拥有“慧眼识人”的高超技艺了，居然也能头头是道地对人品头论足了！

结果是惨不忍睹的，整个儿是一出闹剧。

因为，不论站到对面的小伙子是什么情况，只要他站到了对面，站到了这个“应试者”的位置上，“杯具”就已经注定了。

姐姐们可谓挑肥拣瘦，没人能入她们的法眼，还得白白赔上一大堆恶心。

丑，见着就别扭；

帅，没有安全感；

穷，日子没法过；

富，一准儿养小三儿。

估计就这架势，即便刘德华来了也没戏。照样得挨通灭，带着一大堆恶心灰溜溜走人。

真想对这些姐姐说一句：大姐，你妈叫你回家吃饭！

其实，好好想一想，现如今这“面试应对法”方面的书籍如此火爆，就已经说明了问题。

当然，如果这些书籍仅仅是讲解一些社会礼仪方面的事宜还无可厚非，毕竟这些东西确实有普及的必要。

但是，只要你打开这些书，扑面而来的全是些如何“应付”面试官儿的“技法”方面的内容，这玩意儿问题就大了：既然是“应付”，是“技法”，就摆明了是假活儿。既然是假活儿，如何能挑到最好，或最对的人才？

这不是蒙事儿是什么？

难不成在我们现在这个社会里，“蒙事儿文化”已然落地生根，大家早就见怪不怪，甚至已经乐此不疲了？

所以说，面试这东西最荒诞的地方就在于它试图通过一个较短的时间对一个人下结论这一点上。

判断人这件事儿，决不能这么干。

这一定是件特耗时间的事儿，是件在具体的实践中才能办的事儿。所谓“路遥知马力，日久见人心”，就是这个道理。

这是古人的教诲，是绝对的真理。和真理叫板，你绝无胜算。

所以，面试这东西不靠谱，不能给你带来你真想要的人才。

唯一正确的做法是，只要别太离谱，一定要让尽量多的人跳过面试这一关，直接进入试用期，在相对漫长的试用实践中，去发现真正的好苗子。

这也是某种形式的“海选”，不过必须承认这样做确实会耗费一些公司资源。

但没关系，这些资源绝不会白白浪费掉，只要你能找到货真价实的“最对”的人，这些人绝对能确保你回收更多的资源。

这就好像东西方在大学入学制度方面的差异。

人家西方人是“宽进严出”，所以在实践中培养出了大量过硬的人才；而我们东方人是“严进宽出”，结果只量产了一大堆“应试英雄”和社会废料。

现在，新的竞赛已经开始了。

谁能最先将面试这东西扔进历史的垃圾堆，那家公司一准儿是赢家。

三种人？

记住，做人力资源工作的，永远都不要将人才按等级“分类”。
因为天下只有一种人：和你我一样的人。

在人力资源管理领域有这样一种说法：

人才分三种。

一流人才“培养”他；

二流人才“使用”他；

三流人才“管理”他。

很多人可能会认为这是一个非常靠谱的说法，称得上是人力资源管理方面为数不多的“真理”之一了。

实话实说，我也一度这么认为过。

只是大量的实践经验告诉我，其实这个“真理”并不那么完美，依然有可以完善的空间。

先别急，听我给你讲一个小故事。

我公司的小 A、小 B 和小 C，就分别是这三种人的典型代表。

先来说说小 A。

说实话，小 A 刚来公司面试时，给我留下的第一印象实在是不怎么满意。

刚生完孩子，在家歇了一年的小 A，那天穿了一件特“侉”的灰蓝色夹克，身材肥胖不说，而且还蓬头垢面、素面朝天，更离谱的是，这姐姐当天居然穿了一双旅游鞋！

首先，这形象问题就已经让人皱眉了，偏偏这人还是一话痨，你问一，她能答到十，说出来的话整个儿一天马行空、不着四六，让你听着直闹心。

三下五除二结束了无聊的面试，打发了这位姐姐，我二话没说就将她的简历打入了冷宫。

没承想，几天之后居然还是在公司组织的新员工培训中见到了她。

原来，她那个部门的经理由于实在缺人手，无奈之下把她请回来凑数，并对我说：没事，领导，先训几天试试，实在不靠谱还可以让她走人。

我并没有在意，心想：就她那样的，好歹受几天训，保准会扛不住。到时候不用公司张口，一准儿会自己拍屁股闪人。

事实证明我错了。

小 A 不但坚持跟上了公司培训的节奏，而且居然各科全优，成了新学员中最让人眼前一亮的一个！

自那以后，一切就一发不可收了。

正式上岗后，小 A 只用了两三个月的时间就当上了部门业绩冠军，月收入从最初的几百元钱，一跃到了过万元，成了全公司收入最高的员工，让那些公司的“九朝老臣”看着都眼晕。

我感到非常诧异，开始对这个女孩发生了浓厚的兴趣，于是本能地在日常生活中加强了对她的关注。

很快，我就发现了她迅速崛起的奥秘。

原来，这个女孩最大的一个特点就是主动。她是在我的经历中非常罕见的，不属于那种“抽一鞭子走一步”的人。所有的东西只要她觉得有必要，学会了对她有利，就会不惜一切代价地学到手。

有两个小例子很能说明问题。

她是我生平头一次见到的，边打扫卫生手里还能拿着业务资料背诵数据的员工。这在我们公司可以算是一道奇异的风景。

因为绝大多数员工都是培训课一结束，就会麻利儿地把资料扔进抽屉里绝不再看第二眼的。

有些员工即便你教给他无数次，都很难让他记住“一加一等于二”这么简单的常识。

而小 A，居然能左手拿着笤帚扫地，右手拿着资料学习！

说实在的，即便小 A 这样做仅仅是为了装装样子给人看的，这样子装得也忒夸张，忒“假”了点儿。

很显然，小 A 没有装。她自己用事实证明了这一点。

还有一次，我亲自组织培训考试。

试卷上一共有十二个问题，每个人只需挑选其中的六个作答即可。

时间未过半，大家就纷纷交卷，离座闪人。

但基本功一向扎实的小 A，居然是最后一个交卷的人，甚至超过了考试预定时间。

收上她的卷子，我才知道是怎么回事儿。

原来，小 A 居然将所有题都做了回答，而且全部是正解！

我开玩笑地对她说：你又不是没上过学，怎么连审题都不会！这玩意儿要是正儿八经的考试，你可是零分啊！

她笑着对我说：没关系，得多少分无所谓，我只是想知道我到底掌握了多少东西。

打那以后，我对她更是刮目相看了。

一直到今天，小 A 都是他们部门的绝对顶梁柱、业务骨干，前一阵儿还提了干，当上了部门主管，过年时还被公司送到日本旅游。

正可谓春风得意，顺风顺水，前途无量。

顺便说一句，自打进了公司，小 A 狂甩了二十多斤体重，身材变得巨苗条，人也越来越时尚、漂亮了，现如今已经是本公司一等一的美女，成了人见人爱、花见花开的香饽饽，连走路的姿势都透着一股精神劲儿。

这除了证明她是动真格儿的，确实全身心地投入了以外，还雄辩地证明了“事业的成功可以极大地改变人的外表”这一真理的正确性。

再来说说小 B 的故事。

小 B 天资聪颖，伶俐乖巧，形象出众，从进入公司的那天起就是个人缘不错的女孩子。

但这孩子有一个同龄人共有的毛病：懒。

很多东西都是一瓶子不满、半瓶子晃荡，状态与业绩总是不上不下。

其实，以她的聪明劲儿，学东西还是很快的。问题在于，虽说她总是能够迅速进入状态，找到感觉，但总在上升通道的半截腰上戛然而止，再也不能往前挪动半步。

俗话说，“人有一短，必有一长”。此女依然依靠良好的“处世术”赢得了上至公司领导，下到普通员工的好感，在公司里站稳了脚跟。

凭着这项本事，她还创造了一个公司历史上从未有过的奇迹。

由于业绩实在一般，老板和部门经理都觉得她确实不适合直接搞业务，就干脆给她升了官，提拔她做了主管。

好家伙！由于业绩差被开除的事儿咱见过，因为业绩差“被升职”的事儿还是头回听说！

你说这丫头厉害不厉害！

不过好景不长，升职做了管理者的小 B 依然惰性不改，不能很好地学习管理知识，总结管理经验，甚至连领导要求提交的报表都不能按时完成。

结果也是可想而知的。走马上任区区三个月后，这位员工又做回了她的普通业务员，回到了她曾经熟悉的环境里……

公司领导和一众同人给她的评价是：光靠“会做人”是不能当饭吃的。

最后，再说说小 C。

小 C 是一位不折不扣的帅哥，一米八几的个儿，长着一张绝不逊于发哥的明星脸，人也时尚、倜傥，让男人看了都会有“惊艳”的感觉。

当初他来应聘销售，公司上上下下的头头脑脑几乎是想也没想，第一眼就一致通过了的。

还生怕人家跑了似的，忙不迭地第一时间通知他被录取的好消息。

但是入职三四个月后，大家慢慢地发现这位帅哥好像有些地方不太对劲。

业绩一般般不说，上至部门经理，下到身边同事，没有一个不抱怨他的。

原来，这位帅哥可能因为对自身的外部条件过于自信，似乎打定了主意靠“姿色”吃饭，永远不把业务的学习当事儿，连一些最基本的常识都掌握不了，三天两头遭客户投诉，总是麻烦别人给他擦屁股，弄得部门经理焦头烂额、疲惫不堪。

这还不算完，这位帅哥还有着桀骜不驯的个性，无论是业务上还是生活上，总是和其他同事拧着劲儿，就是不与别人配合，还特不服管，一受到批评就跑到公司高层那里告状，好像只要有公司高层“罩”着他，就能搞定一切似的。

我意识到问题的严重性，找到他做了几次深谈。

我跟他说，男人的外表确实对职场生涯有帮助，在这方面他是占了很大的便宜；但作为一个男人，光靠外表走天涯是行不通的，归根结底还得有真本事，否则，等到他“人老色衰”，却没有“一技之长”护身的时候，就会悔之晚矣。

经过几次这样的谈话，他似乎有一些触动，在实际工作中也渐渐有了一些变化。

但没想到好景不长，不久，他主动提出了辞职。

我对他说：其实我还是坚持认为你是一个好苗子，只是因为太年轻，经历的磨砺太少，所以有些事儿认识上有偏差，还没有真正想明白。

不妨这样，我批准你一个长假，三个月半年都行，你可以出去任意寻找新的工作机会。如果发展得好，你可以回来办离职手续；如果发展得不好，还欢迎你回来。

他毅然决然地选择了离开。

仅仅过了两个月，他又回到了公司。

原来，在这区区两个来月的时间里，他居然连换了三家企业，碰了许多钉子，无奈之下，只好灰头土脸地选择了回归。

我兑现了自己的诺言，又一次接受了他。

但是，天下没有免费的午餐，这一次我把丑话说到了前头：从今往后，没有人会再“罩”着他，他必须靠自己的努力打拼，在公司立足。

否则，公司会毫不留情地让他离开。

这次离开的话，公司将不会再给任何机会。

这一次，看得出来他是动了真格儿的。

整个人都变得稳重、扎实多了。无论是业务方面，还是人际关系处理方面，都有了脱胎换骨般的变化。

其实，他真的是一个极其聪明、非常有天赋的人，好歹在正道上用点劲儿，立马就能见成效。

不出半年，他的业绩就在部门里拔了尖儿，成了一个受欢迎的人物。

可惜，逐渐找到感觉、渐入佳境的小 C，慢慢地表现出了骄傲的情绪，以前的那些老毛病又开始显露端倪……

一年后，他又一次提出辞职。

这一次，我毫不犹豫地予以了批准，没有和他说一句多余的话。

他似乎有些诧异，带着明显的失落情绪，怅然离开了公司。

也许，他本来只是想再耍耍孩子脾气，碰碰运气，以为公司领导又会挽留他。

但结果令他失望。

果不其然，不出一个星期，他就提出了重回公司的请求。

但这一次，没有人再回应他……

故事讲到这儿，相信聪明的你已经可以“对号入座”了。

没错儿，按照本文开头的三种人的说法，小 A 属于可以“培养”的人，小 B 是应该“使用”的人，而小 C，则是典型的需要“管理”的人。

但是，这种说法到底对不对呢？

其实，也对，也不对。

说它对，是因为只有这样做，才能很好地分配公司的资源，做到“量才适用”，把有限的资源最大化地转变成效率。

说它不全对，是因为这种方法还是有一些偏颇，把人的分类过于简单化了。

我始终觉得，一个好的管理者，不应该戴着有色眼镜看人，把人看死了。

人，是这个世界上具有最大不确定性的动物。

所以，人力资源管理方面任何有关将人“分类”的理念和做法，都值得我们高度警惕。

类，可以分，但是不能拘泥于类。因为类不可能是一成不变的，类与类之间的相互转化，也是完全有可能的。

真正称职的管理者，一定要善于发现不同类别人员之间的良性共通点，并将它最大化，以此来促使所有类别人员都能向最积极的方面转化。

从这个意义上来讲，“培养”“使用”与“管理”这三招儿，其实对所有人都适用，哪个也不能偏废。只有这三招儿都使上了，你才能最大限度地促使所有人都向好的方面转化，防止他们向坏的方面转化。

也许这样说抽象了点儿，那么，就让我把上边儿的那个故事讲完，你可能就会真正悟到点儿什么了。

进公司后就一直看似颇为顺利的小 A，其实也不是一点儿挫折都没经受过。

由于“蹿红”速度太快，小 A 也曾遭受过来自同事们“羡慕嫉妒恨”的困扰。

再加上她本人也因过于顺利而变得有点儿飘飘然，一度言行举止颇为出格儿，导致了人际关系紧张，受到了同事的排挤，搞得她心情沮丧，影响到了业绩上升的势头。

俗话说，“相由心生”。这段时间的小 A，似乎已无心捯饬自己，一度变得时尚光鲜的外表，又有了些当初“邋里邋遢”的意思；眼神中也不见了当初的光彩，就连走路的姿势都有些颓废的感觉了。

为了给她打气，我使了一回激将法。

我将她现在的样子偷偷地用手机拍了几张照片，然后又找出了电脑中保存的几张当初她春风得意登台领奖时的照片，把她叫到我的办公室里放给她看，对她说：不知道你现在每天上班前照镜子时觉得现在的自己和以前有没有不同。不过我觉得现在的你与以前的你区别蛮大的。我相信，只要你能把自己捯饬得和以前一样精神，你的境况一定会好转起来，重新找回从前的状态和业绩！

看到了自己前后照片的对比，她自己也吓了一跳，没想到这么短的时间里自己居然会有如此大的变化！

听了我的话，她沉思了一会儿，然后语气坚定地对我说：明天上班时您再看我吧！

第二天上班时，她果真让大家眼前一亮，变回了那个帅气靓丽的上班女郎。

这一回，她采取了“由外及内”的变身方式，每天都极为注重仪容仪表的修饰，哪怕是那些微小的细节也不放过。

外表利索了，精神状态也逐渐跟着好起来。

慢慢地，她重新找回了自信，浑身上下又恢复了以往的光彩，随之而来的是状态与业绩的回升。

境况顺了，心态也就宽了，她明显变得更稳重、更宽容、更谦和了。

人际关系的好转，也就成了水到渠成的事儿。

再说说小 B。

俗话说，“上台阶容易，下台阶难”。我们一度担心，从领导岗位做回普通员工的小B承受不了这种巨大的心理落差。

何况，与自身的心理落差相比，同事揶揄的眼神和意有所指的闲言碎语更是一个巨大的沟坎，别说一个小姑娘，即便是纯爷们儿也未必能扛得住。

所以，每个人都担心小B会因此提出辞职，都尽可能地找她谈心，试图安慰她，让她不至于过分纠结。

令人惊异的是，虽说经历了一段相对失落的时间，但小B很快稳住了阵脚，投入自己熟悉的“新”角色之中，而且，似乎正是因了这段“过山车”般的人生经历，小B明显成熟了很多，好像一夜之间长大了好几岁。

人稳了，状态也就稳了，小B的业绩稳步上升，现在几乎已经和小A不相上下，也成了部门的一根台柱子。

最后，还是要提一下小C。

小C后来又提过几次重回公司的事儿，但每一次都被公司拒绝。

只好死了心，重新找了一个单位。

那之后，就再也没有提过回来的事儿。

一年后，听说小C因为表现出色，成了那家公司的一个部门经理。

后来，一个偶然的机会，我在公车上见到了小C。

我们闲聊了起来。

小C诚恳地对我说，他在进我们公司之前，从来没听说过什么企业文化，也从来没有哪位公司领导找他推心置腹地谈过心。

所有的公司都是一个特点：想干就干，不想干就走，其余的一切都是废话。

所以，进入我们公司后，他对公司领导如此认真地对待企业文化的事儿感到万分惊讶，觉得很新鲜。

公司领导能够推心置腹地与员工交心，也让他印象深刻，感触颇多。

他承认，他曾经利用过公司这种企业文化，通过和公司领导“套近乎”来获得某种特殊的“关照”，甚至想过用辞职的办法要挟公司领导，为自己换取某种特殊的待遇。但最终，他的小聪明还是害了自己。

离开公司后，他万分后悔。但几次请求回归都遭到了公司拒绝，因此只能死了心，在后来找到的单位里安顿了下来。

当然，新公司里依然会有各种风风雨雨，但这一次，他没有选择轻易离开，而是坚持了下来。

于是，他有了今天。

最后，他诚恳地对我说：领导，其实我挺感激咱们公司的。身在公司的时候，总觉得公司的企业文化是一个可以“利用”的道具，但是离开了公司，才知道这种企业文化对人的影响真的很大。

我之所以能在现在的公司里做到今天的位置，要感谢公司两件事儿：

一件是企业文化，我在这家公司里就是通过延续咱们的企业文化走到了今天的；

另一件事是公司后来三番五次拒绝了我重新回归的请求。

说实话，我一点也不嫉恨公司。

相反，如果公司当时轻易允许了我的回归，我可能一直到今天都不会懂得什么叫“珍惜”，估计干不了几个月我还得走。

因为有了公司的拒绝，我才懂得了在一个地方扎下根儿，好好干的意义。

所以才能有今天。

我相信，他说的话是真的。

因为既然已经是路人了，他犯不着讨好我，说好听的。

但是，坦率地说，与其说是我曾经帮助了他，不如说是他现在的话给了我更多的教益，让我感慨良多。

故事讲完了，我想表达的意思也非常明确了。

其实，世界上原本不存在 N 种人这件事儿。

世上只有一种人，我们所有人都是那种人。

人的种类只能有一个，即我们大家都隶属的那个种类，谁也不能例外。

如果把个性比喻为树木，那么，共性就是森林。

相信所有从事过人力资源管理的人，可能都曾不同程度地犯过“只见树木，不见森林”的毛病。

所以，为了让我们的人力资源管理工作更扎实、更全面，请务必牢记这样一句话——“个性”诚可贵，“共性”价更高。

因为毕竟我们所有人，原本都是一种人。

A B C D E F G H
8 7 6 5 4 3 2 1

第六章
懂沟通与会沟通

“懂”沟通与“会”沟通是两码事，不能混为一谈。前者意味着认清沟通的价值，后者意味着掌握沟通的技巧；前者意味着“不能发蛮力”，后者意味着“学会用巧力”。

巧言令色

学会在下属面前“巧言令色”，是做一个好领导的必修课。

巧言令色。

百度词典释义如下——

巧言：花言巧语；令色：讨好的表情。形容花言巧语，虚伪讨好。

请容我稍微“生拉硬拽”地引申一下，我认为，作为一个管理者，其实“巧言令色”不失为一个管理妙招儿。

尤其是和下属的关系处理方面，善用这一招儿的管理者，一定会尝到很大的甜头。

说句不客气的话，我们的管理者，至少有九成其实并不善于和自己的员工打交道。

古人云，“慈不带兵，仁不掌权”。

我们的管理者往往过分信奉这一点，在和员工的关系处理过程当中“失于僵硬”。

又或者，为了改变这种“僵硬”的形象，在某些特殊的场合，如集体联欢、年会或公司饭局等地方，大肆向员工献殷勤、讲荤笑话、套近乎，反而弄得自己威信全无、名誉扫地，那边厢又搞得员工无所适从、尴尬不已，恨不得找个地缝儿钻进去。

这种和员工打交道的方法，只能用“大失态”来形容，充分证明了这些管理者在处理与员工关系方面的弱智和无能。

其实，与员工处关系，太疏远与太近乎都不好。

太疏远，你就会变成孤家寡人，员工大老远看见你就会绕开你走；

太近乎，你的员工就有可能“蹬鼻子上脸”，无视你的权威和“光辉形象”。

所以，最好的办法，就是一方面维护权威，做到“道貌岸然”；另一方面又投其所好，巧用“巧言令色”之计。

具体点儿说，就是你完全没必要找个特殊的场合和特殊的时间，专门地去与你的员工套近乎。你完全可以在你的能力和时间、空间许可范围之内，随心所欲、随时随地、“小打小闹”地取悦你的员工，拉近你们之间的心理距离。

这也是我多年与员工打交道积累下来的经验。

我这个人，书生气较重，不喜欢应酬。所以各种丰富多彩的公司活动，尽管无条件支持，但却不是最活跃的分子。

可我有我自己的一套方法，那就是在日常生活中，对员工随时随地地“巧言令色”。

我这个人，虽说批评起人来有时也会不留情面，可嘴甜起来也跟涂了蜜似的，让人绝对受用。

我总是对员工的一些细节表示关切，不失时机地奉上赞美之词。

哪怕只是上下楼梯时偶与一员工擦肩而过，隐隐感觉他今天换了发型，也会立马“不过大脑”地送上一句“今天头发真帅，真有范儿！”

即便是在批评员工时，在说完了“你在某某方面犯了错误！”的同时，总不忘加上一句“但在某某某方面做得不错，值得鼓励！”

看到哪位员工肚子疼，总不忘叮嘱食堂给他熬一碗大米稀饭，并注意不要太烫或太凉；

如果哪个员工崴了脚或受了伤，也会蹲下身挽起裤脚看看情况，然后再加上两句暖心的话，细心地叮嘱两句……

时间一长，我在员工中的人缘儿巨好，成了员工公认的“贴心人”。

其实你想想，我做的这些事情，到底有多难呢？哪件不是信手拈来、小事一桩？

所以，一直以来，我都十分费解，我们的很多管理者，到底是碍于面子，

拉不下脸来，还是真不知道这“巧言令色”的好处?

说句实在话，无论心眼儿多多的员工，对于领导的“关注”与“关爱”，都是格外“走心”的。

这一点管理者一定要明白，并要予以积极地利用。

有时你做过的一件事，说过的一句话，过了很久，也许早就被你遗忘了，你的员工却都能清晰地记得，并在某一天和你聊天时偶尔提起，且脸上充满感激之意，让你既惊诧又惊喜。

也许多少还夹杂着一些小惭愧……

这种“低成本、高回报”的事儿，对于一介管理者而言，简直可以称得上是一种“福音”，没有不珍惜、不实践的道理。

当然，“巧言令色”，并不意味着鼓励虚伪。

归根结底，你要对员工有一颗真诚的心，否则，时间一长，再灵的招儿也会有失灵的时候。

我只是想说，除了真诚之外，一些“技术性”，或者说“技巧性”的事儿，你完全可以养成习惯，让“巧言令色”帮你除去管理中的许多不必要的磕绊。

效果好，又不难。

何乐而不为?

员工意见箱

和您讨论一下，如何才能让“意见箱”从一件纯摆设真正变身为沟通润滑剂。

我发现了一个有意思的现象。

现在的很多企业虽说都有在公司里设置员工意见箱的习惯，但九成以上都形同虚设，几乎没起到任何作用。

可能刚设立那会儿还会隔三岔五有那么几封意见书，但过上一阵子就会成为“浮云”，再也没了新动静，空留下个“有箱子没意见”的铁皮壳子。

其实，大家之所以这么看重这个意见箱，还是说明了这玩意儿是个好东西，用好了对和谐员工关系、干群关系，树立先进企业文化，鼓舞员工士气，还是大有裨益的。就是说，如果使用得当，员工意见箱原本可以成为企业内畅通无阻的沟通的润滑剂，成为创建企业核心竞争力的一个重要工具。

但为什么在绝大多数企业里，这东西最后总免不了落个“雷声大雨点小”“虎头蛇尾”的下场呢？

这里面恐怕有这么几个原因。

其一，头头儿们不重视。

虽说脑袋里也认可这东西是个“好东西”，但是毕竟不是什么“正经工作”，能弄好固然高兴，弄不好也无伤大雅，妨碍不了公司正常业务的进行。

头头儿们都这么想，员工自然也就没了兴致，知道你就不会玩儿真的，何必真当回事儿，瞎耽误工夫，浪费感情呢？

其二，缺乏反馈。

“意见”这玩意儿，就跟扔进池子里的石子儿一样，好歹得听到声响儿才成。

但在很多企业里，由于头头儿们的不重视，很多意见要不就是躺在箱子里好长时间没人搭理，要不就是稀里马虎地勉强应付一下。这一来二去，就像一盆冷水浇到员工脑袋上，使员工提意见的热情成了贴冷屁股的热脸蛋儿，最后弄到只有那些天真的傻蛋儿才会真把所谓的意见箱当回事儿。

其三，怕招惹是非。

在很多公司里，尤其是那些按部就班、死气沉沉的公司里，提意见的主儿都是不折不扣的“异端”，纯属“有病”——好好的你提什么鸟意见啊，就你事儿多！安安生生干你那点儿活比什么不强？

所以，为了使这个意见箱真正“活”起来，就得在这几个方面下点儿狠功夫才成。

首先，必须给头头儿们彻底“洗脑”。

畅通无阻的沟通渠道的建立，对于一个企业而言，可谓要多重要有多重要。

无论你的制度体系有多完善，执行这些制度的“人”到底是怎么想的、有什么话要说，是最终决定执行力高低的核心信息，做领导的必须要掌握。

否则，无论你的兵们当着你的面儿表现得多坚决，说得多漂亮，一撒出去保准儿走样。

这就是迄今为止令很多老板头痛的，“制度堆积如山，执行形同虚设”现象的病根儿所在。

其实，公平地说，这一点很多头儿是意识到了的，所以他们并不反对设立意见箱，也确实期待过这玩意儿能带来“好运气”。

只不过他们犯了一个根本性的错误，那就是他们普遍认为这东西属于“锦上添花”，而不是“生死攸关”。

这种观念一天不改，局面就绝无改观的可能。

举个我亲身经历过的例子。

我曾经在一家民营食品公司工作过一段时间。

那家公司的老板是个卖肉的出身，对管理的事情不甚了了，但凭借着多年摸爬滚打“泡”出来的经验，实行“铁腕管理”，居然也成了气候，成了独霸一方的行业龙头。

既然企业做大了，这人才方面自然也得上上档次，所以这位老板开始广纳贤才，招揽了不少地方上一等一的人才。

这下就出了新问题。

大量高质量的新鲜血液的注入，使“管人”成了一个大难题，以那位老板的修行，已然拢不住这些人精了，区区几个月就流失了大批人才，于是乎赶忙将我招来应付这个管人难题。

进公司后，我做了一番细致的调查，弄清了病根儿所在。

原来，这个老板即便在企业上了规模、“鸟枪换炮”之后，还是沿用以前的那套老方法，认为这些老方法既然能助他成功走到今天这步，就说明“好使”，理应继续使用。

所以，对于他招来的这些人才成天价挂在嘴上的创新啦、建议啦之类的东西，他是极端不感冒的，认为是典型的“没事儿找事儿”的行为。

这一来二去，总是碰得一鼻子灰的人精们也终于没了兴致，因此纷纷选择闪人。

我将这个情况向老板做了汇报，希望他能够多增加一些与员工沟通、当面倾听意见的机会。

老板显得很不耐烦，以“工作忙，没时间”为借口打发了我。

于是，我想到了一个折中之策，在企业里悬挂意见箱，收集员工的意见，并将这些意见信放到老板的办公桌上——让他可以什么时候有空什么时候看，没法儿再以“忙”为借口推托。

但是，结局依然令人失望。很多信件一进老板的办公室，就泥牛入海，有去无回。

时间长了，连我都有点儿失去了耐心。

但是有一天，老板忽然焦急地找到我，告诉我“出大事儿了”。

原来，有一位老板非常重视的核心技术管理人员居然提出要辞职。

这位员工掌握着企业的核心机密，而且工作能力极强，是老板的“命根子”，他的离去，给企业带来的打击将是致命的。

在老板的委托下，我找到这位员工和他做了一次深谈。

他对我说，其实他早就想辞职了，离职报告也递交了好几回。

因为无论他给老板提多少意见和建议，老板总是当“耳旁风”，不置可否，让他极度失望，看不到企业和自身发展的未来。

可每次一提离职，老板总是千方百计地挽留，回回都给他加薪提待遇，次数多了，连他自己都麻木了。

他对我说：我真的不是为钱。所以这次一定得走，否则会让人觉得好像我是为了逼着老板给自己涨待遇故意拿辞职威胁公司似的。

末了，他又给我透露了一个小秘密：其实，我也知道自己对这家公司很重要，而且干了这么多年，确实也对公司有了感情。我不是忘恩负义，真想在这家公司干下去。因为已经对与老板当面沟通不抱什么希望了，所以你那个意见箱推出来的时候，我真的兴奋过一阵儿，似乎看到了一线生机。

虽说回回递上去的信都成了“打狗的肉包子”，但是你每次都能给我吃个宽心丸，对我说“我再试试”，这话一度给了我很大的信心。

我想，既然老板费劲巴哈地把你招来搞管理，肯定你的话他能听。

可没承想，唉……

…………

我终于没能挽留住他，他最后去了这家公司的死对头——当地排行第二的食品公司供职。

两个月后，我也离开了这家公司，前后供职时间不到半年。

两年后，听说那家公司倒闭了，那位我当初极力挽留的技术人员所在的公司成了当地唯一的龙头。

我讲这个故事的目的，就是想说明一件事儿，员工沟通渠道是否畅通，对于企业，尤其是私营企业来说，绝不仅仅是“锦上添花”的玩意儿，而是“生死攸关”的大问题。

对这个问题的认识，一定不能含糊。

其次，一定要有反馈。

对于员工的意见，你可以拿不出具体解决方案，但是一定要予以反馈。

就是说，这与其说是一个能力问题，不如说是一个态度问题。而且说良心话，员工也并不都像你想象的那样喜欢穷矫情，有多蛮不讲理，其实在很多时候，他们并不一定盼望着事情能够圆满解决，只是希望他们的心声能够有人倾听就成。

有的时候，仅仅是这种倾听的姿态，就足以让他们安心，让他们好好干。

在我现在的公司当中，意见箱的应用算是比较成功的。

其中最重要的原因，就在于我们坚定不移地贯彻了“所有意见信息，无论是否具备价值与可操作性，都必须有反馈”的制度。

我本人也是这个制度的忠实执行者。

举个小例子。

我曾经亲自处理过一个大家公认的“刺儿头”员工对公司提的意见。这位员工提了四个意见，个个儿都有点儿“无厘头”的味道。

身边的人看了都很气愤，一起劝我：甭理他！这人纯属有病，没事儿找事儿！

我说：不行。即便是这种“无厘头”意见，我们也必须做到反馈。

我的反馈步骤是这样的：

首先，我发现这四条意见当中，至少有两条属于那种去粗取精后还能看出点彩儿来的“好意见”。

即便是另外两条“无厘头”味道更浓，有点儿“找事儿”嫌疑的意见，也确实是相当多员工普遍关心的问题。于是，我认真地将那两条“好意见”付诸实施，在取得了一定结果的时候找到了这位员工。

在向他简单地“汇报”了一下事情的进展之后，我针对他的那两条“无厘头”意见详细地阐述了一下自己的见解，并重新解释了一遍公司的政策。

后来，他红着脸向我承认，当初提这几个意见，确实是出于“恶作剧”心理，想借机发泄一下。

我对他说：没事儿，有了郁闷和不满的事儿应该发泄出来，不能憋着。沟通就是为了让大家把心里的不满发泄出来，并争取找到一个相对圆满的解决方法。

打那以后，那个员工成了意见箱的铁杆儿粉丝和忠实用户，他本人的工作激情和状态也得到了极大的提升。

所以说，这意见箱寿命的长短，很大程度上在于“反馈”二字。

无论意见是否有价值，是否“无厘头”，只要大家看到了公司的反馈，就等于看到了公司的决心与诚意，自然会被激起对这个箱子的兴趣。

员工点子

最后，切实出招儿解决“招惹是非”的问题。

其实，常在河边走，哪能不湿鞋。

即便没有这个意见箱，公司里的“是非”也照样不会少。

而且，这个“是非”的源头，往往恰恰是缺乏正常的沟通渠道所造成的。

既然“不知道”，就只能“瞎想”了。想来想去，是非就出来了。

所以，对意见箱的合理、高效使用，反倒有助于从根儿上解决这个“是非多”的问题。

对于这些“招惹是非”的问题的解决，我个人有两个小经验供大家借鉴。

其一，将员工意见分为“共性意见”和“个别意见”，分别进行处理。

其实，很多员工的意见往往是具有“共性”的，这些意见的矛头常常共同指向公司存在的某方面的问题。

因此，针对这些问题，可以采取“大家一块儿说”的方法，既显示了公司解决问题的诚意，又避免了将某个具体员工推向前台可能会带给他的困扰与尴尬。

其二，尽量推行实名制。

但是，对于员工“个别意见”的处理，则需要更多的慎重。

处理得不好，不但不利于事情的解决，相反有可能伤害到员工的积极性，甚至于伤害到员工的隐私与感情。

也许有人说，那采用匿名制不就完了吗？

其实不然。

首先，因为是“个别意见”，所以最好的解决方式是与这些员工进行“一对一”的反馈。

如果不知道对象是谁，这个工作就没法进行。

可是如果你把这个东西拿到台面儿上来“公开”解决的话，即使实行的是匿名制，很多人也能猜得出来主角儿是谁，同样会伤害到那个提意见的员工。

所以，只有实行实名制，才是实现“一对一”反馈唯一的途径。

这就对我们的头头儿们提了一个要求，那就是一定要做到“绝对保密”。如果头头儿们做不到这一点，总是泄密伤害员工的隐私与感情的话，最后只能换回来一大堆“沉默的人”。

我就见到过这样一位老板。

当他看到一位员工告发其上司“搞山头主义，在业务中偏向自己的心腹，欺负新来的员工”的意见信后大为光火，风风火火地赶到公司召开员工大会，将当事人——那位写信的员工和他信中所指的上司叫到前台，让他们当面对质，一定得分出个“子丑寅卯”来。

你想想，那两位员工的处境能有多尴尬！绝对是恨不得找个地缝儿钻进去的感觉。

最后，不得已，那位员工只有硬着头皮当着大家的面儿又做了一次揭发，而被他当众揭发的上司也不得不在重压之下做了检查，接受公司处罚，并保证“下不为例”。

揭批大会“圆满”落幕，这位老板甚是得意，将这次雷厉风行的行动视为自身管理生涯的点睛之笔！

悲哉！晕蛋老板！

那之后，这家公司真正实现了“和平”，意见箱里再也看不到一封意见信。

也许，真的达到了那位老板所期望的，员工“没意见”的理想境界。

所以，保密原则是绝对不能破坏的，做不到这一点，你就别想让员工跟你掏心窝子说真话。

你的任何泄密行为，都只能让事情变得更复杂，“是非”变得更多，因此，纯粹是给公司、员工以及你自己添乱。

最后，在这里再捎带着说上一句题外话。

现如今，随着互联网技术的发达和普及，意见箱这玩意儿似乎显得有点儿过时，很多企业都用电子邮箱取代了这个铁皮壳子。

但是，我依然固执地认为，网络手段固然可取，但这个铁皮壳子还是大有保留的必要。

原因也很简单。

网络最大的优势在于便利，最大的劣势也在于这个便利。

太便利了，人就容易变懒，变得漫不经心。

所以，网络意见箱往往比实体意见箱寿命更短，更容易成为浮云。

从这个意义上来说，还是铁皮壳子这种形式主义的东西更真实，也更有诚意。因此，也就更能持久。

说到底，意见箱不仅仅是个装“意见”的地方，还是个装“心”的地方，既然是装“心”，那还是实打实的铁皮壳子更靠谱、更实在。

总之，意见箱虽小，名堂却很大。

如果我是你，现在就走出办公室，看看墙上的意见箱上边，是否已经布满了蜘蛛网……

公司里的“特区”

巧设“特区”，是与员工高效沟通的一记妙招儿。

如果你是一位公司领导，不知道你是否认真留意过来自员工的电话这件事儿？

你的员工是否经常给你打电话，抑或干脆从来没有主动给你打来电话？

千万别觉得这些都是无聊的问题。这里面其实大有文章，蕴含着太多管理学方面的学问。

开门见山，从区区一通员工电话里，我们就能清晰地看出领导的类型与风格。

“善人型”领导——这种领导过分推崇“人性化”。他们的手机能一天二十四小时响个不停，活活儿成了员工的垃圾桶，有点儿什么破事儿都捅到你这儿来，能活活烦死你！

我就碰到过不少这种类型的领导。

他们表面看起来颇有人缘儿，但管理效率却奇低，什么事儿都得亲力亲为，却往往并不能很好地控制住局面。

和他们待在一起，想好好地说上两句话简直比登天还难。因为你们的对话会被频繁响起的手机铃声彻底割裂，弄得支离破碎。

这还算轻的。

我还见过更离谱的员工电话。

那个员工直接将电话打到了老板的手机上，以相当严厉的口吻质问老板：我和张三闹翻了，现在要你一个话，你是要张三还是要我？有他没我！有我没他！

接到这种电话的领导，还能有什么脾气！

“恶人型”领导——这种领导过分信奉“铁腕儿”。可员工对他们却敬而远之，一万年都不可能接到一个员工打来的电话。

我认识一个老板，管理风格十分彪悍。天天埋怨他的下属不懂沟通，消极怠工，因为他们永远不会主动给自己打一个电话，永远都是他自己打给对方。

就是说，他将是否主动打来电话作为评价下属、员工工作是否尽心尽责的一个标准，而得到的，全都是令其失望至极的结果。

可他却从来没有认真反思过，正是他的这种“铁腕儿”，决定了员工“无事不登三宝殿”的态度——你想，哪个傻蛋会闲着没事儿整天价上赶着找骂呢？

所以，如何让员工既不至于“蹬鼻子上脸”，过分放肆，拿自个儿当垃圾桶，又能够很好地与自己保持正常而畅通的沟通，这是每一个领导者都不得不认真思考的现实问题。

有人说：这其实还是一个分寸问题。

此话确实有理，但也有个很现实的缺陷，那就是你根本不可能在现实世界中分分钟把握好你的所谓分寸。

你会发现，事情总是有偏差，跟你别着劲儿——要不就会多，要不就会少，“刚刚好”几乎是不可能完成的任务。

所以，很明显，“分寸感”这玩意儿其实是一个永远都正确，但却永远都没用的大道理，想搞定这件事儿，还得另想招儿。

那么，我就在这里给大家支上一招儿。

你可以设计一种独特的形式框架，框里一个样，框外又一个样，绝不重复，绝不交叉，你就能很好地把握住分寸这东西了。

具体地说，你可以人为地规定某种沟通方式为一个“特区”，承诺在这个特区里固守某种特殊的行为方式。

打个比方，这个“特区”可以是电话沟通这种方式：只要是员工打来的电话，无论什么内容，无论多离谱，也绝不光火，绝不骂人。

也就是说，即使有情绪，也绝不在电话里发作，顶天了，咱见面儿再说。

只要你能恪守这个承诺，绝不犯戒，慢慢地让员工信了你，有了安全感之后，就不愁找不到一条可以畅通无阻地与员工沟通的渠道了。

如果你不这样做，而是打电话时训人，见面时照样训，那么你就等于亲手堵死了自己所有的路，员工就会彻底远离你、孤立你，使你成为名副其实的孤家寡人。

所以，无论你有多“铁腕”，管理风格有多彪悍，也要切记这点，一定要给自己打开一扇例外的窗，在那扇窗户里，做一个“完全不同的自己”。

对于我个人来说，我的方式是这样的：

我向员工正式承诺，甭管是谁，是什么事儿，以何种方式说，只要到了我的办公室里，我就绝对确保耐心倾听，和气待人，不做任何形式的情绪宣泄。

就是说，我的办公室就是一个“特区”，只要员工主动走进我的办公室，我就绝对确保他们的“安全感”——既不发火，也不泄密。

当然，开始的时候，员工是将信将疑，效果并不明显。

于是，我就开始主动出击，在公司里四处煽风点火，做“广告”，搞“宣传”，鼓吹自己的这个“特区”能够成为员工的“心灵港湾”和“最后一根救命稻草”，大家不妨尝试一下。

在我的三寸不烂之舌不停的鼓噪之下，终于开始有员工战战兢兢地叩开了我的门……

我信守了自己的承诺，不但当了一个忠实的听众、称职的“心理医生”，还确保了员工隐私的安全。

逐渐地，我打开了局面。

我的办公室真的成了员工的“心灵港湾”，但却并没有出现门庭若市的场面。

因为员工们说，领导的这个“特区”的存在本身就让我们安心，当我们想到“只要有需要，我们就有地方去”的时候，反倒能心平气和，把很多事情想开了。

我很满意这种结果。

当然，需要重申一点的是，“完全没脾气”只限于在我的办公室这个特定的场所，走到办公室外边儿，我还是会偶尔端一下“官架子”，让员工也能有所忌惮，不敢胡来。

总之，没有人会否认“沟通是管理的灵魂”这个道理。

问题是，沟通这玩意儿其实很复杂，绝不是“上大课”“照葫芦画瓢”或

沟通

“骂街”这类土得掉渣的招儿能轻松搞定的事儿。

所以，如何做到良好的沟通，其实是一门大学问，值得你付出巨大的精力去思考、去尝试。

希望在公司里设立沟通“特区”这招儿，能成为一块“引玉”的砖，把你脑子里那些奇思妙想都勾出来。

A B C D E F G H
8 7 6 5 4 3 2 1

第七章

文化制胜的奥秘

文化的要害在于：既能不战而屈人之兵，亦能不战而屈己之兵。所有管理上的功过得失，都会被“文化”二字无限放大。因此，重视文化的伟力，你将事半功倍、所向披靡；忽视文化的伟力，则无异于缘木求鱼、自取灭亡。

“工装”是个什么玩意儿?

说句不怕冒犯您的话，这“工装”到底是个什么玩意儿，您还真未必知道了。

说起工装，很多人也许会认为是一个很无聊的话题。

这玩意儿谁不知道啊，有什么好说的?

哎，不怕你不信，这玩意儿还是真有的说。

其实，工装这玩意儿没什么好说的这种想法本身，就大有说头。

对于我们现在的公司，尤其是民营中小企业而言，对于工装的认识，确实远远不够。

如果你现在能抽出几分钟时间，“当成事儿”地好好回忆一下你去过的公司，你见过的工装（注意，这里不能包括你在各种媒体上见过的外国公司的工装，也不能包括你从影视剧中看到过的某些工装，只能是你在现实世界中亲眼见过的工装），相信你一定不会有什么鲜明的印象。

这不难理解，因为你见过的工装十有八九都是那种典型的应付差事——一般情况下，它们都有一个共同的特点：邋里邋遢，皱皱巴巴，脏不拉唧；既不光鲜亮丽，也绝无合身儿、精神可言。

反正就是达到大家都把身子塞进了一种衣裳里的目的就成。至于这种衣裳的其他内涵，则是一件无足轻重的事儿。

其实，对于工装所具有的真实意义，我们的绝大多数管理者未必不清楚，只不过是没有发自内心地理解，或没有发自内心地“当事儿”而已。

那就让我们再简单地捋一遍穿工装的意义。

其一，工装是企业形象的一个代表性符号。

个性鲜明的工装，能够让一家公司的企业形象迅速树立起来，并且能够深入人心。

换个简单点儿的说法，好工装、有特点的工装能让企业变得有范儿，能让人记得住你，而且还能保持较长久的记忆。

其二，工装是企业文化的重要组成部分。

工装传递了一种信息，能让人感受到你的公司到底信仰一种什么文化，具有怎样的精神面貌。

其三，工装能让你的员工在穿上它的时候迅速进入状态，完成“角色转换”。

穿工装是一种“仪式”，一种心理暗示。只要工装一上身儿，就意味着我现在要开始工作了，其他一切都可以暂时抛在一边。

反之，如果穿着便装上班儿，估计你就很难从昨天晚上玩儿得不亦乐乎的电玩中回过神儿来了。

其四，整齐划一的工装，能够增强员工的团队意识以及纪律意识。

甭管在家里多任性、多霸道、多调皮捣蛋，只要工装上身儿，就得服从命令听指挥，一切照规矩来。

其五，工装能让你的员工增加企业归属感、忠诚度与自豪感，为自己是这个团队的一分子感到骄傲。

其实，想起足球队的队服，尤其是那些超级球队的队服，这件事儿就应该很好理解了。那些队服何止让队员们骄傲，就连广大球迷也是趋之若鹜，各大球队都靠卖这个扎钱。

其六，也是我最想强调的一点，漂亮、精神的工装，可以最大限度地激发员工的自信，有效地刺激员工的工作积极性。

你想想，如果你的工装比便装都时尚、都金贵，员工穿在身上肯定自我感觉特良好，觉得自己特有范儿，特是回事儿，那一旦上了战场，还不得跟打了鸡血似的玩儿命?

但现实中的景象又是如何呢?

相信闭着眼睛你都能想象得出来。

甭管工装穿在身上多脏、多邋遢的员工，下班换上便装后，保准儿立马一个个地都会变成时尚帅哥、靓丽美女。

单位拿来存放工装的衣裳架，永远都会留给便装，而且挂衣服时还是轻拿轻放、特小心翼翼的那种架势，好像生怕动作粗鲁了，会把自己心爱的衣服弄皱了似的。

但你再看看这工装享受的待遇：下班时基本上每个人都恨不得一分钟内换完衣服，飞也似的逃离公司。时间实在是舍不得浪费，所以一般情况下工装都会被三下五除二地扒下来，揉吧揉吧随便塞进哪个抽屉里……

遭到这待遇的工装第二天上午会是什么状态，不用我说，你也能猜出来。

不过没关系，我们的帅哥美女们不觉得丢人，照样抖吧抖吧毫不犹豫地套到身上，大大方方地该干啥干啥。

反正丢人是丢在了公司里，又没丢到大街上。

不过你这公司丢的人，可是结结实实地丢在了“大街上”。

工装穿成这样的公司，企业形象、公司文化、员工精神状态神马的，估计也只能变成浮云飘走了。

但话又说回来，工装穿成这熊样，也不能全怪员工。

其实，根儿还在管理者的身上。一般情况下，对于我们的企业，尤其是中小民营企业的管理者或老板们来说，工装这玩意儿，属于那种好歹意思意思就成，犯不着花大钱的物件儿。

节约成本嘛！

就是说，如果你现在列出十项可以被删减或节约的成本，估计百分之九十以上的可能，工装会位列其中。

所以，如果我们的管理者都是这样一种心态的话，你的员工会善待他们的工装的可能性，就微乎其微了。

这还不算完。

既然我们的管理者和老板们认为工装这玩意儿越便宜越好，那这工装的质量，比如说布料的质地、款式的设计、尺寸的标准性等，就更是无关痛痒的事儿了。

我就曾经不止一次地在不同的公司里见到过穿着剪裁极不合体的工装的员工。这工装套在他们身上，那叫一个给力——要不就勒得屁股疼，要不就松垮得跟袍子有一拼。

细问之下才知道，原来由于公司人员流动频繁，为了节约成本，把一套工装尽可能套在更多的人身上，定制工装时，尺寸的“富余度”一般都很大。即便这样，有时身材差别极大的员工的工装之间，尺寸还是差得不是一星半点儿。实在没辙时，和做新的相比，显然换穿更划算。

于是我们就见到了公司里那些工装穿得奇形怪状的员工。

所以，如果我们的管理者，尤其是老板们的意识不来个一百八十度的大转弯儿，看来我们的工装将一万年这样“猥琐”下去。

在这一点上，我公司的老板可谓开明，他巧妙地利用工装这个一般人特别容易忽视的小细节，为企业赢得了大把的竞争力。

首先，他认为在企业经营中，什么钱都能省，唯独这工装费用省不得。

俗话说，“人靠衣装，马靠鞍”。

尤其是我们中国人，面子比命都重要。好的工装穿在身上，就是最大的面子。有了面子的员工，不可能不给力。

所以他要求：

一年四季都要有不同的工装，每个人必须有两套以备换洗；

工装的料子，必须是那种中高档的，摆在商场里卖都不掉价的料子；

工装的设计，老板亲自找他的铁哥们儿，京城一流的设计师义务操刀……

这一通折腾下来，我公司员工的工装几乎和国航的空姐有一拼，走哪儿都拿得出手。

我们老板又顺势出招儿，真就请来了国航空姐培训礼仪，美装上身的女员工们听得巨仔细、巨入神，培训完后一招一式还真是那么回事儿。

这在公司开业之初曾经在当地引起了小轰动，成了一个颇具话题性的新闻。

当地民众听说来了家汽车销售店，销售员都跟空姐儿似的，纷纷跑来看热闹，让我们公司一下子打开了知名度，比砸下几十万做的报纸广告效果不知要好多少倍！

当然，从帅哥、美女那儿买东西，本身就是一件挺吸引人的事儿。

我们的销售业绩，在极短的时间内，就奇迹般地超越了另外一家老店，让他们直犯傻。

所以说，这工装上的投入，绝对是省不得的。

你想想，还有什么能比人的体面更重要？

体面有了，大把大把的票子自然是随之而来的事儿。

也许你会说，你说的这些道理我都懂，但我的员工根本就不知道爱惜东西，甭管给他们弄多好的工装，不出一个月，一准儿变成旧货摊儿上淘回来的货。

给你支俩招儿。

其一，你的工装尽可能不要让员工“买”，而要采取“租”的办法。

先交一部分押金，然后再根据磨损程度扣除一定的“磨损费”，磨损程度越大，费用越高。而且这笔钱最好每月扣，千万不能等到员工离职时“一把清”，因为要是那样做的话，员工根本就不知道从日常生活中去珍惜。

当然，这要求评价的人相当专业才成，但是对企业来说，无论是培训自己人还是从外边儿请高手，为这事儿花俩钱儿绝对值。

其二，尽量把工装弄得高级点儿，使其不亚于员工自己的便装。

如果员工穿起来确实感觉奇好，觉得自己倍儿有范儿，倍儿精神，那他们必然会善待自己的工装的。

总而言之，这工装上的投入，绝对是合算的，不会让你吃了亏。

希望天下的管理者和老板们在看完我的这篇文章后，能起身走出门去再仔细地审视一下自己公司员工的工装。

相信你会有所感悟的。

用“工装”和“麦当劳”搞定竞争对手

俗话说，“工夫在诗外”。
真正的高手，在出场之前就已经将对手击败了。

俗话说，“商场如战场”。

既然是战场，就得有战略和战术。

对于管理者，包括高层管理者而言，战略固然重要，但这玩意儿不能拿来当饭吃，不是天天要办的事儿。

所以，战术，只有战术，才是我们所有管理者在日常管理工作中应该分分钟关心的“大事儿”。

在我来公司三年多的时间里，公司同仁上下一心，迸发出了无数智慧的火花，创造了无数经典“战例”，第一年业绩就超过了竞争对手，两年内就让曾经信誓旦旦要“吃掉我们”的竞争对手几乎退出了当地市场，可谓“初生牛犊吞了虎”，在当地汽车销售业界传为美谈。

下面，就举一个最典型的“战术案例”，和大家分享一下。

公司开业是在三月份，两个月后就将面临当地规模最大、一年一度的“五一车展”。这次车展上的表现，将直接决定我们店能否在当地立稳脚跟、打出名号，因此绝对不能小觑。

公司上下都对这次车展寄予了极大的期望，全力以赴地投入了准备工作当中，力求做到完美，不出纰漏。

我们的竞争对手——当地唯一一家同品牌老店，也早早地放出话来：一定要在车展的气势上压过他们，让他们尝点苦头，认清楚谁才是真正的老大！

但这些狠话与其说激励了他们的员工，不如说反倒激发了我们的斗志：是骡子是马，拉出来遛遛，看看到底谁怕谁！

结果自然不用我多说，我们可以说是完胜，一下子压住了他们的气势，成功地在当地市场打响了第一枪，闯出了点儿名头。

不过，和我们周密的准备工作相比，最后真正帮助我们获胜的法宝却有些出乎意料——工装和麦当劳。

原来，为了参加车展，一般情况下各店都会为参展的员工定制一套特殊的工装，就是尽量高级点儿、时尚点儿，在汹涌的人潮和众目睽睽之下不跌份儿的那种。

这套工装一般要和普通工装，即日常工作中的工装区别对待，只能在场面上穿，平时得收藏起来，好生保养。

可能那家老店认为自己为了弄这套工装花了不少血本，导致成本过高、不划算，所以没有将这套工装发给参加车展的员工，而是“租”给了公司的员工，而且租金还倍儿贵，大约是千把块钱。

这下参展员工心里就有了怨气：照理说，我是去为公司工作，怎么反而让我倒贴钱？

更要命的是，他们在车展上见到了我们参展员工的工装。

因为我公司的工装是不分所谓“场合”的，或者换一个说法，我们认为工装这东西，在任何场合都应该一视同仁、光鲜亮丽，而不应该按场合分着穿，所以，我们的员工一出场，就把对手给镇住了。

看着个个儿穿得跟空姐有一拼的我公司参展人员，那家老店的员工个个啧啧称奇，就跟看时装模特似的围将上来，上下打量，问这问那。

当他们知道我们员工的参展工装和日常工作中的完全一样，尤其是得知我们的工装都是几乎无偿提供的之后，他们的心理平衡被打破了，纷纷当着我们参展员工的面大骂自己的公司领导“不是东西”，让我们备感吃惊。

我们惊讶地发现，车展开始后，对方员工精神状态极差，似乎心事重重，完全没有了“老大哥”的派头，成交的速度和质量也远远落在了我们之后。

当然，他们展台的人气和我们也完全没法儿比。

我们这些“空姐”员工的身边儿，总是围着一大群人，恨不得一个人长八张嘴，真可谓“人气爆棚”。

但你再看那边，对手展台上明明放着一模一样的展车，但却是一番门可罗雀的样子，而且就算偶尔围过来几个人，他们的员工似乎也是无心恋战，没精打采地随意敷衍。

还不仅仅是这些，故事的高潮发生在午饭后。

我们参展员工的午餐，可谓是“有质有量”。

总务室按照人头，以一个人近四十元的标准，足量供应麦当劳最好的套餐和饮料。

而对方员工则是按照一人两元左右的标准，从不知哪家街道小饭店里“定制”的盒饭。

我的天！

如今这年头，居然还能找到“两元”一份的盒饭！

这下，对方员工坐不住了，纷纷跑到我们的后台休息室。我们的女孩子饭量小，立马热情地拿汉堡和可乐招待他们，和他们聊了起来。

这一聊可不得了，他们发现了更多的“新大陆”。

我们公司优厚的待遇和先进的企业文化与他们的鲜明对比，令他们艳羡不已，一个个忙着交换名片，拜托我们的员工帮忙找个跳槽的机会。

这可是一举多得，当初想都没想到的意外结果。

通过这次车展，不但强化了我公司员工的优越感，增加了他们对公司的忠诚度，提升了他们的士气，同时还成功地瓦解了对方的军心，令对方的业绩在好长一段时间里陷入一蹶不振的泥潭，从此走上了衰败的不归路。

这个案例给我们的最大经验，其实就在战术的重要性上边。

公司经营与管理是一个很现实的世界，和那些大刀阔斧、气吞山河的战略相比，在很多时候，战术上的小设计，比如一两个绝大多数人都会忽略掉的小细节，一两个出乎所有人意表的“小幺蛾子”，就足以带来“蛇吞象”的致命后果。

毕竟，商场与战场一样，“兵不血刃”才是真正的高手。

一招制胜——竞争的奥秘

竞争的奥秘，往往未必在于“全局”，而是决定于关键的“一招半式”。

很多人都会有个朴素的疑问，竞争的奥秘到底是什么？

回答这个问题很简单，其实就是一句广为人知的话——人无我有，人有我优。

仅凭这八个字，还不能完全覆盖现实世界中的竞争问题。

原因也很简单，在现实世界里，你很难做到面面俱到——别人有的东西你都有，而且还都比别人强。

因为这就几乎意味着，你需要在所有的方面都特优秀，都能特与众不同，都有可以置对手于死地的绝活儿。

这可不是一件容易的事儿，甚至不是一件现实的事儿。

所以，也许对这八个字稍微做一些改动，会更贴近现实一些，那就是“人有我同，人无我有”。

意思就是说，别人有的，我也有，而且至少不比对方差，在这个基础上，再练就那么一两个对方绝对没有的绝招，就足以达到鹤立鸡群的目的了。

简单点儿说，你其实根本无须做到处处比对方强，你只需要在绝大多数场合下做到“贴着对方走”，至少不弱于对方就成。

然后，只要有那么一两个地方能超过对方，对方就“死定了”。

这就是一招制胜的道理。

在上本书中我曾经举过一个例子。说的是如果有两家餐厅，其他方面都一

車
相
炮
卒
马
卒
炮
車
相

样，但一家特干净，一家特脏，谁的竞争力强的问题。

答案是，事实上那家脏的店不仅仅竞争力会弱，而且根本没有存活的可能。

就拿我们公司自己的案例来说，开业短短三年，就几乎把竞争对手，雄霸当地市场多年的那家老店一举逼进了经营的死胡同，用的并不是什么高深的战略战术，就是因为高度重视了一般的经销店都会忽略的一两个细节。

比如说，我们对环境卫生和员工仪容仪表方面的要求，就达到了令许多业界同仁不可思议的程度。

我们的展厅地面，要求百分之百的镜面效果，我们的口号是“零脚印”；

我们的卫生间，要求冲厕所的水可以漱口，并由我本人亲自示范、检查；

我们的店内环境，要求有“城市公园”的绿化效果，各种大中小型绿色盆栽植物，充满灵性地点缀着店内的每个空间；

我们的保洁员，最多时达到了史无前例的六名之多，令那些为了节省成本，一般只配备一两名保洁员的销售店经营者惊诧不已；

我们的员工形象，个个儿都和空姐、空哥或五星级饭店的服务员有一拼，放到哪儿去都能撑得起场面；

…………

这些工作，表面上看似乎哪一项都与业务无关，哪一项都不是我们的竞争对手会真正“放眼角儿”的事儿，但我们公司却配备专人专门负责这些工作，而且还是不惜血本，不惜精力。

效果是惊人的，甚至远远超出了我们自己的预期。

我们高度关注的这几个细节，看似都属“小事儿”一桩，但出来的效果却分外“扎眼”。

顾客只要一走进我们的店门，一种从未体验过的惬意感受就会扑面而来，令顾客颇有“措手不及”之感。

没有人会想到在这样一个三线城市里，竟然会有一家如此风貌的经销店。

那是一种令人惊奇的新鲜感，让初次来访的顾客毫无心理准备。

但是这种毫无心理准备的特殊体验却是令人极为愉悦的，它令我们的每一位顾客都极为受用，基本上只要来过一次，再去我们的竞争对手那里的可能性就很小了。

听说竞争对手在我们初来乍到之时也制订了一整套“打垮”我们的方针政策，并召开了动员大会，一度鼓舞了员工的士气。

但是，他们出的所有招儿的核心都围绕着“业务”和“市场”这几个字儿打转，完全没有料到我们会“虚晃一枪”，在这些令他们毫不在意的小细节上发力，并几乎易如反掌地摧毁了他们自认为坚不可摧的防线。

而且，其实最后算总账，我们在员工仪表和环境卫生方面的总投资，远远低于对手在市场营销和广告宣传方面的投入。

就是说，我们这手的性价比，其实要远远高于对方。

既省了钱，又一举确立了自身在市场中的竞争优势，尤为重要的是，用事实给彼此的员工上了一堂极为宝贵的企业文化课，为公司今后的核心竞争力打下了坚实的基础。

所以说，竞争的奥妙，其实一点都不复杂。

关键看你能否找得到那些被对手长期忽视的，出乎对手意料的制胜绝招。

大鳄们的“死穴”——“终端管理”

您想击败行业大鳄吗？
很简单。
只要您能玩儿了命地和“终端管理”死磕，就能达到这个目的。

前两天为了给家里换台电视，跑了一趟国内著名的某家大型连锁电器店。

说实话，尽管这是一家鼎鼎大名的家电连锁企业，我还是第一次造访，以前只是在铺天盖地的电视广告上见过。

因为这家连锁店实在是名声在外，去之前心里充满了期待。

但一迈进店门，心里就先凉了半截。

这家店脏乱的环境卫生状况实在是让人不敢恭维：商品摆放得乱七八糟不说，上边儿还落满了灰尘，更离谱的是，展示架后边儿居然露着成堆的建筑垃圾！

出于同处服务行业的职业敏感，我一下子预感到这将不会是一次愉快的购物经历。

果然不出我所料，接踵而来的，是服务人员的怠慢和流程的混乱，令我无法招架，总共待了不超过一刻钟，就两手空空地悻悻然离开。

实话实说，作为一个经济学专业出身的人，我必须承认这家大型连锁公司的经营是成功的，因为他们创造的奇迹不计其数：

据说他们现在的扩张速度势不可当，每天都有好几百个新店面在全国各地开张；

现如今他们对厂家拥有绝对的话语权，已然到了“喧宾夺主”“挟天子以令诸侯”的地步；

公司成功上市运作，狂敛了数不清的银两，高层个个儿都是千万富豪；

…………

但是，在这一连串的奇迹背后，他们偏偏忽略掉了一个最要命的细节——终端管理。

虽说只是一面之识，下结论似乎略显仓促，但我还是不得不说，这家公司的终端管理水平实在令人不敢恭维。

很明显，这家公司把绝大部分精力都投入了经营战略和商业模式这些大事儿上，放在终端管理这样的小事儿上的精力连百分之十都没有。

尽管我承认你是业内的“大哥大”，是首屈一指的大鳄级企业，但是你别忘了，你吃的，归根结底还是服务行业这碗饭。

只要这碗饭的性质不变，最后决定你命运的，将永远是“终端管理”这四个金光闪闪的大字儿。

否则，如果你把这四个字儿当作儿戏，那无论你有多牛的战略，多棒的经营模式，多跩的世界级“高参”，哪怕你的智囊就是那个威震世界的麦肯锡，你也迟早得倒霉，绝无可能笑到最后。

就是说，对终端管理的漠视，迟早有一天会成为这些超级大鳄最致命的“死穴”。

这些大鳄之所以现在的日子过得不错，颇有点儿风卷残云的感觉，说白了并不是因为他们的强大，而是因为没有遇到真正的高手，国内的对手基本上都是半斤八两，鲜有出类拔萃的。

但如果有一天，能有那么一家新公司，在诸如战略以及商业模式等方面和这些企业不相上下，但人家能拿出百分之九十的精力认真搞好终端管理的话，一准儿会将这些大鳄打得满地找牙，找不着北。

只要这样的公司出现，还甭管你是多大多牛的“哥斯拉”，也不可能是对手；相反，你的规模越大，可能死得倒会越快，顶多是死的时候动静大点儿而已。

所以，越是大企业，越是迅速扩张的企业，就越应该高度重视基层管理队伍的建设，重视终端管理的质量才对。

这些基层管理人员的年薪，甚至应该高于你集团总部里的某些高管才成。

因为真正掌握你这个庞然大物命门的，是这些人。

其实说起来，我们国家的很多企业，包括大企业，甚至是超级企业，都不乏顶尖儿的业务人才与经营人才，不乏好的业务模式与商业模式。但偏偏这要了亲命的管理人才，实在是比大熊猫还珍贵的稀罕物。

绝大部分的管理岗位都被业务高手占据了。

可遗憾的是，他们中的相当一部分人，都是不折不扣的管理盲，除了照本宣科、“依葫芦画瓢”之外，难有建树，这真是一个巨大的悲哀。

你想打败大鳄吗?

很简单，只要你能从今天起将终端管理玩儿出花来，就等于往这些大鳄的“死穴”上猛击了一拳。

剩下的事儿，就是站在一边儿，看着眼前的庞然大物如何轰然倒下。

玩儿的就是“形式主义”

“形式主义”里面大有文章，万万轻视不得。

问你一个问题：在管理工作中，“形式主义”是不是个好东西？

这个问题似乎问得有些弱智，几乎可以说是找骂，因为估计十个人里有九个会立马给你一个斩钉截铁的回答：“形式主义”当然不是什么好东西！

管理可是个现实的世界，整天玩儿“形式主义”，可怎么得了！

别上火，我当然不会傻到主动找骂的份儿上，之所以这样说，自有我的道理。

其实，管理本身就是通过各种“形式主义”的工具，比如说会议、文件、表格之类的东西，来达到其目的的。

所以，无论你承认与否，喜欢与否，其实管理天生就是和“形式主义”有着千丝万缕的联系的，可谓“剪不断，理还乱”。

但是，除了当初计划经济时代的老国企和现在的某些机关单位之外，对于现如今的私企来说，安于“形式主义”的管理可是活活要了亲命的事儿，当然是断断使不得的。

不过，如果利用得好，利用得巧妙，其实“形式主义”的东西，有的时候也是大有妙处的，反而能收到奇效。

打个比方，我在上一本书中，对于民企干部动辄拿开会说事儿这一现象进行了无情的批判，但是，在实际管理工作当中，有些事儿还是需要“具体问题具体分析”。有时即便看似没必要的事儿，其实通过开会这种“形式主义”的做法，反而能取得更为理想的效果。

比如有的时候，有些事儿明摆着不难处理，一两句话就能说明白，你的下属只要肯付出很小的精力与代价就可以轻松搞定，可偏偏一两天甚至一两周他们都做不出来。每次当你问起，他们总会有看似极为合理的借口给你搪塞过去，让你没脾气。这个时候，明知没必要，你也要事儿事儿地、一本正经地“开个会”，故意搞一个很庄重、很严肃的气氛出来，并很郑重地以“会议”的名义安排他们去做这件事儿，他们按时完成任务的概率就会提高很多。

因为即便你安排的事儿对你的下属而言是件“小小不言”的事儿，但是会议这种形式却赋予了这些事儿某种莫名的神圣感，会让你的员工油然而生一种敬畏感，好像不当成事儿办就对不起谁似的，自然会增加许多主动性与积极性。

另外，在对员工进行奖励（抑或批评）的时候，“形式主义”的东西也是颇具奇效的。

比如说，如果某个员工或某个部门取得了某种成绩，和私底下表扬、发奖金相比，大张旗鼓地安排一场表彰大会，给所有优秀员工戴上大红花，把他们请到前台来，从领导手里接过大奖状和装满奖金的大信封这种“形式”，肯定会给台上台下的员工带来更大的刺激，激励效果会更大。

反之，如果某个员工犯了比较经典的错误，你想“以儆效尤”、教育更多的员工的话，口头批评几句，哪怕是严厉的批评，都不如使个全公司通报批评这种“形式主义”的招儿效果更麻辣、更持久。

我就分别使用过这两种招儿，效果不是一般的好，那是相——当——的好。

一个是单位发奖金，以前都是财务做张表，员工一个个上楼去领，领完了签个名完事儿，一点都不好玩儿。

我给它改了一下。每个员工的奖金都塞进了一个精致的红色信封里，信封上写着对这个员工表示感激的话语，然后一个个亲手送到员工的手里，事儿事儿地和他们握一下手，向他们当面表示公司的谢意，就连公司的保洁大姐和保安兄弟也不例外。

实际上对我而言，这只不过是玩儿了个“形式主义”的小伎俩而已，本身并没费多大劲，但是令我颇感羞愧的一幕发生了：我看到了一张张涨红了、激动莫名的脸，有个保洁大姐居然表现得极为局促，几乎手脚都不知该往哪儿放，眼角隐约泛出了泪花……

这对我可是个不小的震撼，原来当领导的区区一点点小举动，就可以给员工带来如此之大的心灵冲击！

自那以后，这种成本不高，但性价比却极高的“形式主义”的招儿令我乐此不疲。而且，我发现，员工非常领情，非常买账，即便你由于情绪失控偶尔错怪或训斥了他们，他们也不会嫉恨你，因为他们心里一直念着你的好。

还有一次，当我在职工食堂要求为员工盛饭的大师傅搞好食堂卫生时，居然遭到了他的当面拒绝，理由是“太忙没时间”，态度极为嚣张。

因为手艺好，饭菜质量高，这位大师傅在单位可是人缘颇好的主儿，所以很有些有恃无恐的感觉，平常为人处世都很“硬气”。

为了杀杀他的锐气，我一声没吭走出了食堂，回来就让公司总务室给他穿了一双小鞋：公司通报批评，罚款，留用察看，以观后效。

这一套“形式主义”的组合拳杀他了个措手不及，彻底把他打蒙了。自那以后，人老实多了，工作也踏实多了。

当然，我这个人不是死拽着人家小辫子不放的主儿，对事儿不对人，那次之后，对于他的进步和高超的厨艺，照样时不常地夸上几句。

试想想，如果我当时只是不痛不痒地当面批评两句，效果应该远不如这样做理想，估计到现在那位大师傅还狂得没边儿呢！那样的话，反倒会害了他，也许现在早就打铺盖卷儿走人了。

所以说，“形式主义”的东西，其实有时候也可以是个好东西。

最后，再举一个“形式主义”的例子。

总务室主任小王是我手下的一个重量级成员，因为主管后勤工作，所以公司上上下下大大小小的事儿都离不开他，每天忙得屁股上直冒烟儿。

但是，有一天，我发现一度跟上满了发条似的充满激情的小王，忽然变蔫了——整天耷拉个脑袋，无精打采，时不常地还叹两口气，跟个老大爷似的。

我感到有些奇怪，就找了个机会和他谈了回心。

原来，让他一直备感郁闷的事儿是：尽管他的部门工作重，责任大，谁都离不开，但却是个不折不扣的“费力不讨好”的差使，好事儿没人想着他们，好歹一出事儿却得第一个顶雷、挨骂。

这样想似乎不无道理：本来嘛，总务工作就是确保后勤。而后勤这玩意儿就跟空气似的，有空气是件特正常的事儿，没人会为此感恩戴德，但是哪天没了空气，大家就都知道空气的可贵了。

或者换个更形象的说法，比如说员工上厕所，如厕完毕用手纸、拉水箱，有纸有水是正常的事儿，没有哪个员工会因为这个而大发感慨："总务的工作真出色！真到位！厕所里竟然备着手纸！"基本上就是个"完事儿走人"而已。但是如果如厕完毕，赫然发现没有手纸、水箱里没有水的时候，所有的人一准儿会立马骂街："这总务的工作是怎么做的！拿着公司的工资整天都干什么呢？吃干饭啊！"

所以，每当公司有好事儿，如发奖金、提工资、评先进的时候，基本上没人能想到他们，或者只要有人一提他们的名儿，大家嘴里蹦出来的准都是反对和抱怨的话；可回回提到所谓的"问题部门"时，所有人第一个想到的却总是"总务室"仨字儿，愣让人没脾气。

慢慢时间久了，总务室的人也就逐渐成了"蔫茄子"，自暴自弃起来：反正费了力也讨不着好，何必还自己把自己当回事儿，假模假式地瞎忙活呢！

我明白，遇到这种情况，一本正经地板起脸来给他们"上大课"，讲职业素养、职业道德或忍辱负重、苦尽甘来之类的大道理，肯定行不通。

那就不妨干脆换个思路，用逆向思维的招儿给他们"通通脑子"，也许还有一线机会。

结果，经过我循循善诱的点拨，还真就把他们说"通"了，使他们又重新找回了之前生龙活虎的工作状态。

我用的这个招儿，就是"形式主义"的招儿。

我对他们说：对不起，你们的工作性质确实具有这种"好事儿不留名，坏事儿传千里"的特点，这玩意儿我们谁拿它也没办法。所以，如果要和这个死磕，唯一的结果就是别干总务这摊事儿，另找一个活儿。

但是，我们凭什么不能通过我们自身的努力，让我们办的好事儿也能传千里或者让我们办的坏事儿也能得到同事们的谅解，甚至是理解呢？

如果我们能做到这一点，那么我们该得到的利益，不就一个也少不了，工作起来不也就更有干劲儿了吗？

打个比方，我们可以经常性地做一些员工满意度调查，一一列举一下我们的日常工作，看看员工对我们的哪些方面比较满意，哪些方面不太满意。

这样做一举两得。

一是让所有公司同事关注我们每天的工作内容和成果，不至于把我们的工作完全当空气。

二是通过让公司同事给我们提意见和建议的方法，或者虚心接受，认真改进，增加同事们对我们的工作以及我们个人的好感和信赖感；或者对于某些无法接受的东西进行必要的解释和说明工作，适当化解他们心中的怨气，博得他们的谅解和同情。

总之，总务室不能总是闷头做事，而是要善于表演，善于展示自己。一句话，要善于“嘚瑟”，善于通过“形式主义”的东西让所有人都“看到”自己，感受到自己的存在；不能老是藏在后边儿，老是当“冤大头”。

就是说，总务室其实是公司中最得天独厚的部门，我们可以和公司所有部门产生交点，因此就有了大量的机会，可以主动地、经常性地和公司所有同仁进行有建设性的沟通。

所以，只要我们愿意，其实我们这个部门才是最容易“出彩儿”的部门，根本不应该老是吃亏。

听了我的一席话，他们脸上的阴云基本上消失大半，但是小王还是心有不甘似的给我提了一个颇为刁钻的问题：

您说的这个有几分道理。但是我心里还是有点别扭。我信奉那种“做了好事不留名”的价值观。这是从小父母教给我的。在公司也是一样，如果每个员工做工作都是想着如何让人“看见”，都是只做“表面功夫”，那我觉得这个公司的企业文化有问题。

真正靠谱的公司，应该是那种默默无闻、辛辛苦苦地工作的员工受到褒奖，光爱表现、不干实事儿的员工受到批判的公司。如果做不到这点，这家公司就没有希望了，员工干着也寒心啊！

听了小王的话，我由衷地点点头，表示赞许。

但马上话锋一转，又把话头拉回到“形式主义”上。

我对他说：你说得很有道理。理论上当然这样是最好。但是稍微有点过时。

我当然不是说光表现、不干活的员工是好员工，但是这并不意味着光干活、不表现就是好员工。我们为什么不能做那种既能表现，又能干活儿的员工呢？为什么要那么认死理儿呢？而且，从现代管理学的角度来看，我们搞“形式主义”也是合理的。

因为有些工作毕竟不是能够被轻易“量化”的，尤其是一些像总务这样的二线工作。

这个时候，如果你不表现一下，你的成绩就很容易被掩埋，不但同事感觉不到，领导也看不见，就无法对你的工作表现做出正确的评价，也就无法正确地使用公司的资源。这样做是不利于管理的。

只要你不过度表现，只是把你做过的工作客观地表现出来，让领导和同事都能看见，然后合理地动用公司的资源配合你的工作，这不是一件皆大欢喜、公私双赢的好事儿吗？

其实，管理这件事儿，就是对员工的工作表现做出合理的评估。你不肯表现，就是不给大家评估你的根据，这等于是不支持管理工作。

你总不能等着自己都“牺牲”了，才让大家反应过来，如梦方醒，然后流着泪对你的功劳进行“追认”吧？

现在都什么年代了，你又这么年轻，对“表现”这个词儿不应该有这么强的抵触情绪啊！

听老大哥一句话，抛开顾虑，放开了展现自己的风采吧！

听了这番话，笼罩在小王脸上的最后一丝阴霾终于消失殆尽，他的脸上绽放出灿烂的笑容。

从那以后，以小王为首的总务室员工一个个都跟打了兴奋剂似的，工作起来特有激情，不但他们干得带劲儿，旁边的人看着也带劲儿。无论他们走到哪里，那股生龙活虎的劲儿都总是特别有感染力。当然，好运也接踵而来，各种实惠一个个都成了“囊中之物”。

当然，和各部门以及同事之间的矛盾照常会有，只不过由于学会了“形式主义”的招儿，不但基本上都能成功化解，而且在化解的过程中还增进了同事之间的理解，反倒为自己做了“活广告”，给自己加了分。

其实，好好想想，人是需要“形式”这种东西的，这就像就算是结婚十几年乃至几十年的老夫老妻，老婆照样需要老公把“我爱你”这种典型的“形式主义”的东西挂在嘴上，而不仅仅是埋在心里一样。

公司也不例外，没人愿意当无名英雄，每个人都渴望通过某种“形式主义”的东西展示自己，获得应有的承认与利益。

不仅如此，“形式主义”的东西用好了，还能有效地激发出人的激情，让人干劲倍增，浑身上下充满活力。

我们可以通过部队这个“大熔炉”来了解这一点。我们的军队，就是靠各种“大练兵”“大比武”“大竞赛”“大奖状”“大红花”“大授勋”之类的东西，把本应枯燥无比的军旅生活装扮得丰富多彩、麻辣刺激，让人不由自主地沉浸其中，欲罢不能。

这就是“形式主义”的威力。

所以，“形式主义”这玩意儿固然不可歪解滥用，但是真正理解了、用对了，却足以成就一位技艺高超的管理者。

A B C D E F G H
8 7 6 5 4 3 2 1

第八章
好领导 = 好学生

俗话说“艺无止境”“学海无涯”。所以，一个没有“做一辈子学生”意识的人，绝无可能会有“做一辈子领导”的机会。因为那些比你更善学的人，迟早会成为你的上司。

书中自有黄金屋，书中自有颜如玉

一言以蔽之，没有读书的习惯，无论是一座城市、一家公司还是一个人，都不会有任何未来和希望。

古人云："书中自有黄金屋，书中自有颜如玉。"

还有一位大师曾说过："唯一可以确定不属于浪费的时间就是阅读的时间。"

这些话说白了，就是要劝大家多读书。

对于现在的年轻人而言，这些话恐怕早已经是让人家说碎了的"牙慧"，属于典型的老生常谈，即装腔作势的"废话"。

所以，居然有人愣敢在这里拾人家的牙慧，看起来确实像一种不合时宜的奇怪举动。

说句实话，换了年少时的我，要是有谁在我耳旁念叨这些话，给我"上大课"的话，我十有八九是要逃之夭夭或奋起反击的，因为根本就不可能听进去，跟我说这些话的人整个儿就是找骂。

但是，从三十岁左右开始，我逐渐领教了"书到用时方恨少"的厉害。

从那时起，我不但自己养成了一个疯狂阅读的习惯（疯狂到连产品说明书都能津津有味地看一阵儿、想一会儿的程度），而且走哪儿都忘不了诲人不倦，不厌其烦地劝年轻人多读书，读有用的书。

如果我没记错，央视著名主持人崔永元曾经说过一句话，大致的意思是说"不读书的城市是没有希望的城市"。

我把这句话再引申一下，那就是"不读书的企业是没有希望的企业""不读

书店
领导力

书的员工是没有希望的员工”。

跟着老板创业，我的第一个建议就是在公司办公楼建一间阅览室。

在日常接触当中，只要看到哪位员工读书，或者到我这里来借书看，我一定会对这位员工留下极佳的印象，遇到什么“好事儿”，也总是能第一时间想起他。

但让我异常苦闷的是，我所在的这座城市没有读书的习惯。

你即便开着车绕整城市跑一圈，也难得见到几家正规书店。说得稍夸张点儿，马路边儿上的书报亭都少得可怜。

偶尔在公车上见到一位手拿《参考消息》的主儿，能让人惊讶、激动好半天。

城市如此，人就更别说了。

我公司里的员工，基本上百分之九十九的人，你一年也见不到他拿张报纸看，更别说拿本书看了。

结果就是，你累得吐血好不容易整理出来的培训资料，你费了半天劲、熬白了头发才弄出来的各种制度与通知，基本上发给他们就算“到此为止”了——这些东西的下场就是让它们的主人打开抽屉塞进去，然后一万年都不会再看一遍，或者干脆被揉吧揉吧直接扔进垃圾桶。

所以，相同的事儿你给他们说一百遍也不会照办，因为压根儿就没理解；相同的培训你给他们做一千遍也白搭，因为根本就不过大脑。

你那叫一个累啊！

……

有位同仁半开玩笑地说：“我从来没有见过咱们公司的员工哪怕一次也好，把资料晚上拿回家看看。”

所以，管理层只能仰天长叹：“还是人员素质不行啊！”

这真是一件令人郁闷的事儿：一座不读书的城市，一家不读书的企业，一大堆不读书的人。

感觉就是两个字儿：窒息！

当然，最后公司还是靠着强制阅读、考核不合格立马淘汰的常用套路，在表面儿上解决了这个问题，但是我内心的遗憾，依然丝毫没有减弱。

也许我这只是螳臂当车的徒劳，因为仅凭我一己之力，也许根本就无法改变一个城市的传统和气质，更别提在这种城市气质中浸淫已久的人了。

但是，明知无用，我还是不厌其烦地向公司员工讲解着读书的道理。

我固执地认为，哪怕经过我三年的努力，只有一个员工真心爱上了读书，那也是我这辈子的造化，当然，更是对公司的“人才战略”做的一个贡献。

有很多年轻人往往这样反问我——读那么多书有什么用？知识能当饭吃吗？

你看我们家隔壁的张三，小学没毕业，现在人家养着一辆大车跑运输，照样富得流油，小日子过得巨滋润！

反过来你再看看那些大学生，爹妈花光了所有积蓄好不容易毕业了，找不着工作不说，好不容易找着了，月薪还不如个农民工！那些学费真是白花了，爹妈还不得肠子都悔青了！

但是我要说，张三风光不等于没知识的人都能风光。

“张三”毕竟是少数，那些为数更多的，既没知识混得又不怎么样的人你怎么不说呢？

反之，今天的大学生们可能是比较“点儿背”一些，但是十年后，或者二十年后，我们再回头看时，我敢保证，他们出人头地的机会，将远远大于那些没有知识的人。

就是说，知识是生活与生命的营养，它的效果也许不会立竿见影，但是总会在你未来的人生中大大地助你一臂之力，让你将人生的潜力最大限度地释放出来。

所以，我们不要总是盯着那些即便没什么知识也很成功的人。首先，他们其实只是极少数人，总盯着这些人看，就等于选择了“小概率事件”，属于典型的“守株待兔”的傻子；其次，他们中的绝大多数人，其实并不鄙视知识，恰恰相反，他们是一群最最痛感到知识匮乏的人，因而也是一群对知识最尊重、最如饥似渴的人。

就拿华人首富李嘉诚来说，他虽说只是高小文化，但并不以此为荣，否则就难以解释为什么他的子嗣们都有着超高的学历了。

同样的道理，你们家隔壁的张三，如果十年后还想继续享受今天的生活品质，他就必须做两件事：或者让自己变得有知识，或者大力起用有知识的人。

否则，十年后当你再遇见他时，很有可能他已经在百货大楼的停车场上给人家看车了。

另外，下文我们会提到，有人说不能应用的知识是“死知识”。这种说法，尽管有些道理，但是有一个前提，那就是这句话只能说给读书人听。

对于那些不读书或很少读书的人来说，只要读书，就是一件天大的好事。

对于这些人而言，即便是那些不能立刻“应用”的知识，也是“好知识”。之所以这样说，是因为任何知识的摄取，都能提升一个人的综合素质和思维能力；或者再说得具体点儿，能够提升或改变一个人视野的广度、深度与角度。拥有了知识，这个人的见识就会变得不一般，就能想出别人想不出来的“幺蛾子”，鼓捣出超乎一般人想象的、惊天动地的动静来。

同时，在遇到挫折与困难时，与没有知识的人相比，有知识的人往往能够表现得更为镇定，更加胸有成竹，因为知识已经让他们比其他人更快地认清了形势，并想出了应对的高招儿，所以他们才能做到“泰山崩于前而色不变”。

所以，我们会惊诧地发现，那些有经验却没知识的人往往只能在一个行业里发展，离开了这个行业，他们将一无是处，也不会有丝毫安全感。

而那些有知识的人，即便忽然跳进了一个以前从来没干过的行业，或冷不丁接手了一个从来没接触过的活儿，也一准儿能迅速上位，并表现得游刃有余。

这种人，无论你把他放在什么行业里、什么岗位上，都照样能发光发热，走哪儿都能找到饭辙儿，晚上睡觉也倍儿踏实——谁让人脑袋里揣满了知识呢！

记住，知识有一种魔力，它可以“树人”。

只要人被“树”了起来，其他的东西都不在话下了。

“书中自有黄金屋，书中自有颜如玉。”

这句话，我今天再啰唆一遍。

如果你不再有拾板儿砖的冲动，就说明你入门儿了。

“光说不练假把式”——“学习”与“应用”

任何知识，只有学会“应用”才能变为财富。
这句话，尽管是老生常谈，但其实真弄明白的没有几个人。

记得有位高人说过这么一句话：任何不能应用的知识都是“死知识”。

这句话虽说多少有点儿极端，甚至有些“暴力”，但细想之下却也不是全无道理。

本人是个极为推崇“功利主义”之人，依本人的愚见，现如今许多知识分子之所以境遇不太好，很大程度上和他们没有将自己学到的知识有效应用起来有关。

其实，“知识等于财富”这句话是放之四海而皆准的真理，一万年都不会过时。

“二十一世纪是知识的世纪”这句话，全世界也没有几个反对者。

所以，知识这玩意儿，既要善于学，更要善于用。所谓的“带着问题学”，就是这个道理。

我还要再加上一句，“带着功利主义的目的学”。

只要你带着问题学，尤其是带着“目的”学，你就会有强大的动机，就能如饥似渴，自觉地融会贯通，或至少会主动地朝着融会贯通的方向发力。或者也可以反其道而行之，叫“边学边联想问题”或“边学边联想目的”。

就是说，当你在获取知识的时候，比如说看书的时候，每看到一个觉得有亮点的地方，你就要主动地要求自己联想一下这个亮点和灵感与自己现实生活中的哪些事儿能“串”在一起，以及如何“串”。

只要你能养成这个习惯，假以时日，相信必然会大有收获。

举个具体点儿的例子。

比如说你瞄准了公司中的某个职位，立志拿下那个职位。这就是一个非常经典的“功利主义目标”。

道理很简单，拿下那个职位就意味着你的工资水平会飞涨，或意味着你的女朋友会立马下决心嫁给你。这玩意儿绝对“够刺激”，相信足以激起你强大的动机。

那么，你就要去主动地获取能助你一臂之力的知识。

这些知识或者来自书本中，或者来自现实世界里。所以，你就要“带着问题学”。

为了胜任那个职务，你在哪方面的知识还有欠缺，这些东西一目了然，在“功利主义目标”的推动下，你会立马进入状态。

然后问题来了。

你发现横在你面前的是一片知识的汪洋大海，根本不知从何学起，捋不出个头绪来。

没关系，如果说你的“问题意识”在知识的海洋面前实在是太渺小了，根本就让你找不着北，那就干脆甭管三七二十一，随便找个地儿一个猛子扎进去得了。

然后，在你猛呛了几口水，快被淹死的时候，找找感觉。

就是说，至少看看你身边儿的海水里，有什么自己用得着的东西。

相信我，你总能找到这样的东西的。

你总能找到一些和你的现实世界有关联的东西——哪些知识刚好能够解决你现实世界中的某些问题，哪些知识对达成你现实世界中的某些目标有帮助。

这就是“边学边联想问题”“边学边联想目的”的招儿。

总之，千万别被横亘在你面前的知识的海洋吓着了——我的天哪！原来我需要掌握的东西这么多！——百分之九十九的人都过不了这一关，所以只能一辈子安于平庸。

“船到桥头自然直”，只要你下去，就总有办法。

经过最初的惊慌失措和彷徨无助，你会慢慢平静下来，慢慢找到感觉，慢慢进入状态。

然后你会发现，一切都会顺利起来，你会变得越来越游刃有余，越来越胸有成竹。

最后，你一定会达到你的目的。

当然，你不可能做到在每一次获取知识之前都能事先准备好一个目的，所以，即便是“功利主义”的做法，也是有一定限度的。

但是，你还是需要尽可能地做一下这样的训练，好让你的知识与现实世界能有更多的关联性。

看到一个处理人际关系方面的好点子，你可以想一想：这东西对解决我和上司之间紧张的关系能有什么借鉴意义？

看到一个思路新颖的流程图表：可不可以把这玩意儿用到我们部门的流程改进工作里去？

看到一段精彩的励志语言：下回企业文化培训的时候能不能加进去？

…………

只要你能养成一个这样的习惯，随时将你看到的、听到的、有感触的东西和现实结合一下，哪怕是生拉硬拽也好，假以时日，相信你必定会收获颇丰，“修成正果”。

也许有人会说：你这些招儿都是人家玩儿剩下的，一点儿都不新颖。

我承认你说得对。

但是，绝大部分人为什么没有做到呢？

就是因为没有坚持，没有养成习惯。

其实，我们的现实生活里存在着大量的“是个人都知道”的东西，而且还是不折不扣的好东西，却遗憾地被我们大量地浪费掉了。

把它们重新捡起来，就是本人写这本书的目的。

这些东西一旦都归了位，一定会迸发出惊人的能量，创造出惊人的奇迹。

总而言之一句话——光说不练假把式。

百闻不如一见

"闭门造车"不靠谱，只有"自己走一走，看一看"才能真正取到"真经"。

俗话说，"读万卷书不如行万里路""百闻不如一见"。

这两句话，对企业管理者来说尤为适用。

就是说，要想做一个合格的管理者，除了要多读书之外，还要多"走动走动"，到处看看，取取经。

我最烦的管理者，就是那些没经过任何实地调查，张口就来，胡乱教训人的主儿。比如说，根本就没去过你的公司，却在你面前大言不惭地狂赞某家公司"人家做得真不赖，值得你们学习！你们得找找差距啊！"

废话！这话用得着你说？

谁不知道要"找差距"？

谁敢说自己十全十美？

即便是一家管理得巨垃圾的企业，相信也会有几点"值得你学习"的地方。

问题是：

我的差距到底在哪里？人家的长处到底在什么地方？

我们到底应该怎么做才能找到这些差距，弥补这些差距？

你调查过了吗？有什么具体建议？心里有数吗？

没数就闭嘴！少在这儿摆谱！

所以，与其"耍官腔""玩儿太极"，在嘴上夸夸其谈，建议人家"找差距”，不如用脚走走看，亲自去找找这些“差距”，并学习、思考、寻找弥补这些差距的办法来得实际。

是为“取经”。这可是管理者的必修课。

取经，有两种取法：一是向同行业取经，一是向其他行业取经。

同时，无论同行业还是其他行业，这经也分别有两种取法：一是向好企业取经，一是向赖企业取经。

现在，让我们一一探究一下这几种取经之道。

首先，向同行业取经这一条无须多言。

因为行业属性相近，很多东西都是可以直接借鉴的。

关键是这向其他行业取经的招儿，往往容易被我们绝大多数的管理者所忽视。

同行业之间的事儿，由于实在是太熟悉了，往往容易“麻木”。就是说，无论好的地方还是不好的地方，都不太容易给我们的“取经者”以太大的刺激，因为某种“趋同思维倾向”很容易让我们的管理者将对方的长处与自己的短处下意识地淡化掉，或者干脆一笔勾销。

打个比方，就拿我所在的 4S 店行业来说，很容易出现下面这些情况。

看见兄弟店展厅比我们弄得干净：他们店的客户少，生意不如我们好。整天冷冷清清的，卫生状况当然要比我们好维持得多！

看见人家的流程比我们高效：他们也没什么了不起，其实我们的流程比他们要先进多了。问题是现在人员素质不行，做得不到位而已！

看见别人的客户投诉比我们少：我们的员工客户投诉处理能力其实远比他们强，只不过我们的生意太火爆，员工没工夫去处理这些麻烦事儿罢了！

…………

总而言之一句话，因为对这个行业的所有细节实在是太了解了，闭着眼睛都知道每个环节到底是怎么回事儿，所以就容易出现思维“盲点”，看不到，或压根儿不想看到事物的本质，所以更别提认识到问题的存在并主动寻找解决问题的方法了。

这个时候，如果你能跳出同业的框框，到异业里去找找感觉，也许会有新的刺激和启发也说不定。

尤其对于服务行业而言，这种异行业取经的方法，绝对大有裨益。

打个比方，还是以我们的汽车销售行业为例。我们在培训销售顾问的销售技巧时，往往过于注重照本宣科，培训方法中颇有些强人所难、强行推销的意思。但是整个行业都有这个倾向，消费者似乎也逐渐熟悉了这种方式，所以倒也是一片“天下太平”的局面，虽偶有客户投诉发生，但基本上无碍大局。

但是，某日去京城一家高档服装店买西装的经历，给了我一个很大的启发。

那天，本来是想买件正装型西装的我，却鬼使神差地买了件休闲型西装回来。

其中的奥妙，在于销售员高超的技巧和深不可测的心机。

一进店门，销售员居然叫出了我的名字，令我甚感惊讶。因为上次来至少已经是半年前的事儿了，而且我并不记得当初给他留下了名片，肯定是聊天时偶然提过我的姓名，而他居然就记住了！

这首先是个震撼，也是个惊喜——你想，一进门儿就受到这种刺激，你能不对他陡生好感吗？

然后，又一个刺激来临了——他居然记得我的尺寸！

因为我的体型较特殊，肩膀宽胳膊短，所以每次买西装时找合适的尺寸都是一件挺费劲的事儿，时不常地买回来还得拿去改，但这位销售员居然记住了最合适我的尺寸！

而且，他告诉我，他这里现在有的正装尺寸其实并不适合我，有一件休闲装倒蛮合适。不过，如果我想买正装，他可以主动帮我联系进货的事儿，让我再多等一段时间，他会通知我。

我当然爽快应承，感激莫名。

当然，既然有适合我尺寸的衣服，还是决定试一下那件休闲装。

没想到这一试之下，居然感觉良好，再加上他的两句奉承话，基本上就找不着北了，毫不犹豫地掏了腰包。

当然，最后的“大结局”大家也能轻松想到，那就是一个月之后，我收到了这位销售员的电话，又去他的店里拿了那件正装。

这一来一去，一件衣服的预算变成了两件衣服，虽挨了老婆的数落，但这心里还是一番心甘情愿、物有所值的想法。

这件事儿给我的震动不小，从此往后，到异行业取经，为指导店里的各项工作寻找灵感和营养，成了我的一个习惯。我不但自己身体力行，而且还要求我的中层经理，甚至基层员工去“找感觉”“换脑筋”。

这下可是思路大开，一度让我们感到捉襟见肘的管理问题，一下子有了许多解决办法——星级酒店的卫生、高档餐厅的流程、各类卖场的销售技巧……

所有这些都让我们结结实实地体验了一把“取经”的甜头。

说完了行业的事儿，再来聊聊这好企业和赖企业的事儿。

你说这取经，到底是把好企业当成对象好呢，还是把赖企业当成对象好?

不用我说，相信你也会不假思索地告诉我，既然是“取经”，当然还得从好企业那里取，把好企业当成取经的对象好。

这话看似正确，但我还是要对你说：此言差矣。

其实，尽管我承认好企业绝对应该成为学习和取经的对象，但是其效果远远不如赖企业。

原因也不复杂。

好企业的东西其实往往都很经典，就是说，它们往往并不是因为“方法”出众，而是因为“文化”好。

就是说，它们的方法往往并没有什么特别的地方，你也能轻松学会，但是却一万年收不到人家那样的效果，甚至说严重点儿，有时还会起反作用。道理很简单，因为它们达到的高度往往并不是由于方法有多牛×，而纯粹是“文化”使然。

要命的是，人家这种“文化”，可不是你能轻易“取”回来的。

这玩意儿需要沉淀，需要积累，根本不是一天两天的工夫。

赖企业则不然，尽管它们能“赖”到今天这种地步，也是拜了某种“赖文化”之赐，但这种文化当你进入它们公司的大门时就会扑面袭来，让你皱眉掩鼻，所以，绝不至于被这种“赖文化”拖进沟里。

相反，正因为这种“赖文化”的刺激太明显，反倒能激发你的警觉心，你会本能地想办法杜绝自己的企业重蹈覆辙，等于是给自己的企业敲响了一个警钟。

而且，在这种“软件”（文化）方面不足的衬托下，它们在某些“硬件”（如流程设计等）方面的长处也会变得非常突出，更容易让你发现与学习，就是说，反而更容易让你取到“真经”。

尤为重要的是，与好企业带给你的那种惊为天人的不真实感相比，赖企业赤裸裸的真实感会给你带来更大的刺激、留下更鲜明的印象。因此，你就更容易找到感觉，找到方向，找到办法，一句话，找到宝贵的“切入点”。

这才是最要紧的事儿。

这才是取经要达到的目的。

否则，仅仅是出门开了开眼，回来后一个劲儿地发愣，怎么也找不到感觉，到最后干脆“破罐子破摔”“该咋样咋样”，那可就对不住你行万里路跑破的鞋儿们了。

“百闻不如一见”“读万卷书不如行万里路”。

话虽不错，但怎么个“见”法儿，怎么个“行”法儿，还真是值得我们管理者好好琢磨一番。

A B C D E F G H
8
7
6
5
4
3
2
1
8
7
6
5
4
3
2
1
A B C D E F G H

第九章

好领导 = 好老师

许多管理者都会犯一个错误，那就是认为他们的工作只与“用人”有关，而与“育人”无关。这个错误是致命的，因为它搞错了一个无比简单的逻辑关系，那就是：如果你不“育人”，你终将无人可用。

拉着大队人马出国培训——到底谁疯了？

千万要记住，只有在员工培训方面不惜血本的人，才是真正的聪明人。

前两天在一个饭局上认识了一位业内高手，我们相谈甚欢。

三句话不离本行，我们彼此交流着管理心得，大有相见恨晚之意。

其中令我印象最深、收获最大的，是他给我讲的一个案例。

他们店经营的是美国品牌的车。一般来说，美国品牌的生意与德国、日本或韩国品牌比较起来，略处下风，钱并不是很好赚。

何况当地同品牌的经销店已经有两家，作为第三家，又是新店，他们的处境颇为艰难，未来似乎并不乐观。

但他们的老板做出了一个惊世骇俗的决定——在正式开业前，将所有部门的业务骨干拉到美国去培训、实习！

我的个天哪！

这就意味着拉着几十号人的大队人马到大洋彼岸“磨枪”，这玩意儿可不是闹着玩儿的！

这得烧多少钱啊！

何况作为一家新店，老板刚刚“大出血”完成了各种硬软件的建设，方方面面都需要钱。这种没有收入，只有支出的日子可不好过，甭管多少钱，基本上一扔进去就没了影，连声响儿都听不到。

在这种情况下，老板居然还舍得砸下巨资送大部队去美国培训，让谁看都属于“脑袋让门挤坏了”的疯狂行为。

果不其然，当消息传出去之后，各种冷嘲热讽和看热闹的“看客”们立马挤破了门槛，唾沫星子激起的海啸铺天盖地拍来，那架势，整个儿能淹死活人。

尤其是那两家竞争对手，对这种行为大惑不解，直斥这位老板“简直是疯了！”

老板依然不为所动，毅然决然地将计划付诸了实施。

他的人马如期踏上了赴美的征程……

相信我说到这儿，结果你已经猜到了七八成。

没错儿，三个月后，练就一身好武艺、兵强马壮的大部队踌躇满志地从美国挥师回国，只用了区区半年左右的时间，就一举确定了自己在当地市场上的绝对竞争优势，打得那两家竞争对手满地找牙。

曾经嘲笑这家店做法“愚蠢”，无异于“自杀”的这两个竞争对手，到最后一个被迫卖店求生，一个勉强苟延残喘，怎一个“惨”字了得！

事实上，这两个竞争对手一直到最后都没能知道一个真相：这位大手笔送员工出国培训的老板，其实只不过是“小有实力”而已，远远不如自己有钱。

在出大钱完成了经销店的基本建设之后，拉队去美国实习这事儿几乎用光了他所有的家底儿。

从这个意义上讲，这位老板确实有点儿“疯狂”。

不过正应了那句话——人有多大胆，地有多大产。

“疯狂”的人能成“疯狂”的事儿。

这位老板的“疯狂”行为，事实上等于给他的两位竞争对手宣判了“死刑”。

而那两位可怜的竞争对手，其实一直到最后都没能把自己是怎么死的搞清楚。

他们的逻辑也很有代表性——民营企业的钱不是“挣”出来的，而是“省”出来的。

民营企业不比国企，有“皇粮”可吃，所以“能省则省”的道理，确实也能理解。

这问题的关键，不在于“是否省”，而在于“怎么省”“省什么”上边儿。

就是说，有些东西确实要省，但有些东西则是万万省不得的。

这些东西都是事关企业“核心竞争力”的要害，都是要命的地方。

在这种要命的事儿上，不但不能省，相反一定要“大手笔”，甚至做到“铺张”的程度也在所不惜。

因为只要你的“核心竞争力”优势一确立，其他所有的东西都将不在话下。

看过《毛泽东选集》的人，都会对毛主席的一个说话习惯印象深刻，他老人家在对部下行动的所有方面均事无巨细、不厌其烦地布置完毕之后，总不忘再一次强调一个重点：只要你们完成这一目标，即使其他所有目标均未达成，亦可视为胜利。

所谓“打蛇打七寸”，无论在战场还是商场，总会有那么一两个关键点，即我们所说的“七寸”所在，倾注所有的资源，猛攻这个“七寸”，你不可能不在竞争中取胜。

这就解释了一个困扰我们绝大多数民营企业家多年的疑问。

我们的很多民营企业家，因为自身属于那种白手起家、过过真正苦日子的人，所以总是惜钱如命、精打细算、谨小慎微，但一旦碰上一个厉害的竞争对手，往往会将自己苦心经营多年的事业轻易地毁掉。

原因就在这里。

因为他们没有眼光，看不到竞争中的“七寸”所在；或者即便他们有眼光，却没有胆识，舍不得花这“打七寸”的钱。

所以，很多人总是遭遇“辛辛苦苦三十年，一夜回到解放前”的命运，似乎也难说不公平。

这就是命。

花钱让员工去美国培训的老板和在一边儿说风凉话、看热闹的老板。

到底谁疯了？

“全员带入型”培训体制

告诉您一个让您大把的培训费不再打水漂的好方法。

每一位老板都会经历这样的苦恼：

那就是甭管你花了多少钱，费了多大劲，基本上你在员工培训方面付出的成本很难得到回报。

你会发现，就算你的员工也能像模像样地、乖乖地参加你安排的种种培训课，又或者他们也能被那些口才和表演功力过人的老师忽悠得颇为投入，甚至偶尔也能激动得小脸儿通红、眼泛泪光，但是课程结束回到公司后，基本上就会立马“打回原形”，从前咋样现在还咋样，根本不会有什么明显的长进。

老师教的东西，撑死能有一个星期的新鲜劲儿和热乎劲儿就算不赖，那之后就会原封不动地如数“奉还”给老师，让你那大把大把的培训经费活活打了水漂。

这还不算最气人的。

一般情况下，很多公司，尤其是有点实力的公司，都会把员工送到一个山明水秀的地方去培训，甚至于个别优秀员工还有出国培训的机会。如果你的员工仅仅把这种机会当成了“外出旅游”，一个个除了让太阳晒得黑红的小脸儿外，什么都没带回来，看你上火不上火。

又或者，也有那些个没出息的老板，一个人花上几万块钱，送几个“好苗子员工”去某个名牌大学培训俩月，混个EMBA的文凭，回来后给个升职涨薪的待遇，对外面也可以宣扬一番“我公司员工的素质要多牛×有多牛×，全是某某大学的EMBA！”

也算值，花钱买个“面子”。只要手里握着一大堆“文凭人才”，对外也可以号称是公司的核心竞争力，可以拿来忽悠忽悠人。

但是，对绝大多数心疼钱、不甘心自己大把的培训费打水漂的老板来说，员工培训名实不符、一点儿也不给力这事儿，始终是块巨大的心病。

那么，为什么我们的员工很难将培训的内容和自己的真实世界有效地结合在一起呢？

这里的关键，还是在于培训的“带入”程度高低这一点上。

说得简单点儿，无论你费了多大劲，花了多少钱，只要员工不能把自己真正“带入”培训里，同时，不能够将培训的收获真正“带入”自己的实际工作中，那么你的培训费就会毫无疑问地变成用来打狗的肉包子，不可能给你带来任何回报。

那么，如何才能在培训中真正做到“带入”呢？

这里需要注意三个要点。

第一，一定要会教。

这就需要你从现实出发，教真正实在的东西。光讲大道理没用，谁都知道你的那些道理“正确”。

问题是正确的事儿并不一定意味着“有用”，相反，有时候有些表面上看起来也许不那么正确、不那么靠谱、不那么符合理论的事儿，因为对象的不同、条件的不同、环境的不同，也有可能是正确的。

所以，光拿大道理唬人不行，你教的东西必须是实用的、拿来就能创造价值的东西才成，是为“会教”。

第二，不能总是单方面地施教，一定要让员工自己参与一把试试看，帮助员工“带入”。

问你一个问题：每个人都上过学，那么到底是课堂上听讲重要呢，还是课下向老师提问题，与老师和同学互动沟通重要？

相信百分之九十的人会给出一个标准答案：两个都重要。

但是，只要我们够诚实，其实我们每一个人心里都有数，那就是后者远远比前者重要。

道理也很简单。

就算我们暂时抛开那些上课时走神儿溜号，或一边儿假模假式地“装”着听讲，一边儿往笔记本上画机器猫的情况不谈，就算所有人都能真正投入到听课中，自以为将课堂上的知识都结结实实地装进了脑子里，只要你不让自己“参与”一把，扎扎实实地“操练”一下，伸出手去亲自“触摸”一下，我敢保证半天的课程结束后，基本上你就会把你学过的东西还给了老师。

所以说，如果没有课下向老师提问题，与老师或同学互动这个环节，你就等于完全没做“带入”这件事儿，没有了“带入”，脑子里装了多少东西都白搭，最后都会成为浮云。

当然，“带入”的方式还有很多，比如说现场模拟（将课堂模拟成第一现场，或者直接在第一现场进行培训）、角色进入（让受训人扮演现场角色）、分组辩论（把受训人分成若干小组，进行自主辩论）等招数都值得一试。

总之，没有最好的，只有最合适的。

有些东西不应该让别人来教，而且别人也教不来。

你一定要善于观察、善于思考，自己去寻找一套最能让受训人“带入”的招儿来。

但遗憾的是，在现实世界中，我们往往会被“进度”牵绊住了手脚，从而不得不让培训工作变成一件囫囵吞枣、“形式主义”的事儿。

而且我们这样做，似乎也有充分的理由。

一个是，我们总想着快刀斩乱麻，恨不得把天底下的知识与技能一夜之间全部灌输给我们的员工，第二天早上起来，我们的员工个顶个儿都变成了“超人”，或至少变成美国喜剧片中那个戴着面具的神奇小丑，给公司扛来一麻袋一麻袋的钞票。

另一个是，我们确实在资金、时间等资源方面有限制，不可能过度地拉长培训的周期。

但其实，无论你有多心急，我们都不得不承认一件事儿：员工的接受程度是有限的，消化与吸收是需要时间的。

就是说，甭管你曾亲眼见证了多少速成的奇迹，你都不得不面对一个残酷的现实——速成永远都是偶然，只有慢成才是必然。

如果你真想把东西扎扎实实地装进员工的脑子里，你就一定要懂得付出一样东西——耐心。

否则，无论你教了多少东西，员工脑子里根本就什么都没装进去，什么都没真正消化吸收，那么你说多少话都是废话，最后的结果，就是相同的东西翻来覆去地教，这反而是一种时间的浪费。

也许你会说，没关系，教育的重要特点就是反复嘛！但这种反复是有前提的，那就是它必须是有建设性的反复。没有任何建设性的无谓的反复，还是省省为好。

所以，哪怕用那种最原始的“老牛拉破车”的手法，只要教了一个东西，就要让员工彻底搞定，然后一点一点地往前推，这样才能让员工真正投入进来，学得扎实，记得牢靠。

在这种前提下，再来他几个反复，那效果就会瓷实得多了。

第三，也是最重要的一条，就是所有的培训工作必须遵循“PDCA 循环追踪”模式来实行。

任何没有设置、落实“PDCA 循环追踪”体制的培训，都是无效的培训。

记住，任何一种培训，课上仅仅是一个开始（甚至在很多时候恐怕连开始都称不上），课后才是见真章的时候。所以，任何没有课后的课，都是白上的课，纯粹糟蹋钱。

万分遗憾的是，我发现，在现实世界中，接近百分之九十的企业在员工培训结束后的后续文章方面不给力。

这些企业要么就是只要上完课就万事大吉，要么就是简单地让员工写个课程心得或感想之类的东西，然后收上来顺手扔进抽屉里锁上了事儿。

顶了天儿了，课程结束后回到公司，似模似样地弄一次“座谈会”什么的，大家谈谈感想、表表决心，然后宣布散会——各回各家，各找各妈。

明天早上太阳照常升起，而且估计和今天的太阳没什么区别。

这种对待培训的方式，除了糟蹋钱和时间之外，恐怕你也想不出什么更好的形容词儿了。

所以，如果把上课比喻成画逗号，那么，只有认真对待课后才是一种真正为培训工作画句号的应对方式。

而这种画句号的方法，就要用到这个“PDCA 循环追踪”的模式。

具体的操作方法如下：

员工受训的所有课程内容，都要在现实世界中得到“展示”与“验证”，如果员工的“展示”被证明和正确的知识之间有偏差，就需要进行后续的“校正”（比如说，针对员工中比较普遍的问题组织新一轮的校正培训），然后再将这种“校正”的效果拿到现实世界中进行新一轮的“展示”与“验证”……

如此周而复始，一直到所有员工都能够彻底将培训中的知识融会贯通为止。

说得简单点儿，这种“PDCA 循环追踪法”就是要把培训的外延拉长到课程以外，人为地拽到现实世界中来。只要培训的东西没有变成公司和员工自己的东西、自己的财富，就不能停止。

也许有人会说：你说得容易，真正操作起来可不好办啊！

首先，每家公司都有自己的正常业务、日常工作，员工培训后都要立马投入到繁忙的工作中，哪有那么多时间和精力玩儿什么“现场 PDCA”！

而且，大家身上都有一摊做不完的事儿，公司根本就没闲人，谁来负责、督促落实这个“现场 PDCA”呢？

所以说，你说的这玩意儿实在是太理想化了，根本就不现实！

好的，我承认你说得有一定道理。

但我要在这里再次强调一个非常重要的观点。

我一向认为，经营与管理是一个“博弈”的过程。说得简单点儿，就是一个“算计”的过程。怎么做“合算”，怎么做不“合算”，这是每一位管理者每天都要仔细考虑的问题。

我的观点是：

有些事情“宁花勿省”（金钱）；

有些事情“宁慢勿快”（时间）。

这才是真正的会“算计”。

如果你硬要反其道而行之，那么，你的“省”与“快”给你带来的结果很有可能是更严重的“花”与“慢”，让你得不偿失。

这就是“有一种进攻叫撤退”的道理。

这个道理看似自相矛盾，其实大有文章。

就看我们的老板们是喜欢算“表面账”，还是喜欢算“内里账”了。

这笔账怎么合计，全靠老板们自己的魄力了。

以上我们简单地捋了一遍在培训中促使员工“带入”的重要性和具体操作方法。

但是，只要在培训工作中注意了“带入”这件事儿，就一定能保证你大笔的培训经费不打水漂吗？

答案是否定的。

因为我们在培训工作中的另一个病根儿还没有除掉，这就是骨干培训（或好苗子培训）和全员培训的关系我们还没有厘清。

一般来说，一提到培训，大家都会本能地想到“重要员工”“有前途的员工”或“骨干员工”这样的字眼儿。

没错，一般情况下，我们的绝大多数企业采取的都是“少数人培训”即“精英培训”的方法，只送几个业务骨干去参加培训，回来之后，再由这些精英对其他员工进行所谓的“转训”。

但是，这种精英培训的方式却往往效果不佳，让老板们头痛不已。

就是说，甭管你送出去的人有多“精英”，基本上他们回来后就会立马淹没在人海里没了踪影，更别说让他们去起应有的模范带头作用，甚至于去对“人海”施加某种影响了。就是说，精英培训这种做法在企业中是有着巨大的局限性的。

一般来说，只有新建的企业，或具有异常先进的企业文化的企业，才能让精英培训发挥最大的效用。

而对那些老企业，或企业文化相对陈旧、保守的企业而言，精英培训的效果是微乎其微的。

道理也很简单。

新建的企业，由于没有什么既定文化氛围的沉淀，一切都是新的，所以企业上下都会对新生事物有着巨大的包容性和良好的吸收性。

在这种情况下，只要有一两个先进人物站出来带头，往往会达到一呼百应、立竿见影的效果。

这种现象，在那些具有先进企业文化的企业里也会发生，道理是相同的。

但是，在老企业，或企业文化相对陈旧的企业里，由于一切已成定局，就像一潭死水，只靠一两个先进人物带回的先进知识就想澄清这潭死水，只能是一种天真的幻想。

这些先进人物带回来的先进知识，就像一两滴晶莹剔透的水滴，滴进死水潭里，都激不起像样的涟漪。

本人供职的公司，也一度遇到过这样的尴尬，让我们这些公司的“创始人”伤透了脑筋。

我公司采取的就是这种精英培训与转训的方法，但是其效果随着公司营业年月的增长呈现出非常明显的逐渐衰减的态势，浪费了许多宝贵的机会和大把的真金白银。

所以，为了让培训工作真正收到实效，只能从两个方面想办法。

一个是真正建立起先进的企业文化。只有那种具有强大包容力与吸收力的“学习型”企业文化，才能让每一粒火种真正掀起燎原之火。

另一个就是修正精英培训的方法，改用全员培训的方式。这一招儿也许会让企业付出更多的资源，但这种付出绝对是值得的。

具体的操作方法，就是让某个部门或某个团队全体进入培训状态，在这种状态中寻找“带入”的感觉。因为是“全员带入”，所以大家更容易进入状态，更容易消化吸收，更容易相互配合，更容易找到“现场感”。

一句话，当培训结束的那个瞬间，你的团队就已然处于一种焕然一新的状态了。

总而言之，如果你想让自己公司的员工培训工作真正给力起来，就必须做到两个要点：一个是“带入”，一个是“全员”。

只有“全员带入型”培训体制，才能确保你的真金白银不打水漂，帮你打造一支名副其实的生力军，为你的公司带来真正的长远效益。

不厌其烦，因人施教

员工培训这玩意儿是急不来的，越急越浪费资源，所以一定要沉住气，有点儿耐心才成。

其实，员工培训和学校教育一样，主抓培训的管理者都得掌握一些教育心理学方面的知识和技巧，才能让培训工作不至于流于形式，使所有员工都能结结实实地学到东西，并能做到融会贯通。

为达此目的，你必须首先弄明白你的员工到底是属于哪种类型。

一般情况下，从进入状态快慢的角度来说，你的员工无非有以下三种类型：

第一，学得快的人；

第二，一般的人；

第三，学得慢的人。

对于学得快的人来说，任何一种培训方式都会有效，所以可以忽略不计。

对于一般的人来讲，由于自己属于“多数派”，所以也不会有什么明显的心理障碍，也可以暂时忽略不计。

唯独这个学得慢的群体，最让人头疼。

这部分人在任何一家企业里都不在少数，由于他们的“掉链子”行为，不知道让企业蒙受了多少直接或间接的效率与利益损失。

所以，这些人在哪家企业里都可谓是名副其实的“祖宗团”，既令人头痛，又不得不好生伺候着。

其实，学得慢的人，好好解剖一下，也无非是以下三种情况：

一个是懒；

一个是悟性差；

当然，还有一种属于既懒，又悟性差的人。

但是，甭管是哪种情况，这种人往往会有一个共通的特点，就是惧怕学习。

因为他们总是学得比别人慢，因此就会有一种受歧视的心理压抑感，时间长了，就会对学习产生强烈的抵触心理，整个人变得既消极又颓废，越来越赶不上趟，越来越跟不上节奏，最终沦为“职业掉链子者”。

又或者，即便他们在种种压力或“政策棍棒”（如薪金的减少或其他严厉的处罚）的威慑下，费了九牛二虎之力勉强跟上了节奏与进度，完成了整个学习过程，也会因为这个过程给他们留下了太多痛苦的记忆，从而对下一次的学习产生巨大的恐惧心理，丧失了继续向上攀登台阶的勇气和动力。

这就极容易造成“一瓶子不满，半瓶子晃荡”的现象。

现如今，只会程咬金的“三板斧”的员工充斥着绝大多数企业的现象，就是这一点的明证。

为了解决这一培训工作中的“老大难”问题，看来一定要从两个方面出招儿。

其一，摆正心态，调整培训方法。

要事前摸清员工的情况，并尽量以员工容易接受的方式进行培训。

我们的许多培训教员在培训工作中都会犯冒进和不耐烦的毛病。

再说得露骨点儿，就是“恨人蠢”——你怎么这么废物，这么简单的事儿都听不明白，还得让我老人家给你讲第二遍？这种情况的普遍已经达到了近似于“常识”的程度。

但俗话说“难者不会，会者不难”。因为你会，所以才感觉容易；但对方不会，必然会觉得难。

所以，如果只是因为你自己觉得特容易、特常识、特基础，就要求对方也和你产生同样的感觉，产生不了就是“废物”、就是“蠢”，那么，你一辈子都不可能成为真正的好老师。

记住，会的表现方式只有一种，而不会的表现方式则千差万别。

所以，没有任何一种不会的表现方式应该被歧视，没有一个不会的员工应该被冠以“蠢”的称号。

因此，别看很多教员培训时看似“苦口婆心”，好像使出了吃奶的劲儿，其实无论从内容、逻辑还是进度上都完全是按自己的节奏来，受训员工根本就没跟上趟，但又怕被骂“蠢”，所以只能勉强记录一点培训笔记了事。

因此，培训前适当摸摸员工的底儿，看看员工的基础和接受能力到底如何，然后正式培训时按照员工的接受程度及理解逻辑走，才能真正让员工跟上趟、找到感觉，使培训工作起到应得的效果。

其二，采用“一对一”培训方式。

和那种“大家一起来”的形式相比，其实有的时候“一对一”开小灶的方式效果更结实，也更扎实。

尤其是对于那些学得慢的员工来说，“一对一”的方式可谓好处多多。

首先，由于是“一对一”开小灶，因此就没有了横向比较时的尴尬和郁闷，可以大大地降低员工对培训的抵触与恐惧心理。

其次，“一对一”的方法也能够使教员与员工之间的沟通变得更充分、更有效率，反而会加快员工理解和消化吸收的进度。

最后，“一对一”的方法还更加有利于教员近距离地观察员工的实践过程，使员工学到的知识与实际工作之间的连接更加紧密。

这里有一个小秘诀。

就是实行“一对一”培训时，最好给每一个员工单独弄一个培训档案，并在上边详细地记录下员工的特点与学习过程中某些重要的细节，同时针对每个员工的个人特点或遇到的实际问题，为他量身定制一套完整的后续培训方案。

这就类似于医院的大夫给病人记录诊治过程的病历本，只有有了这个病历本，大夫才能持续跟踪观察，并依照实际情况对症下药。

这种“一对一”的培训方法，才是真正实现因人施教这一教育最高原则的最佳办法。

也许有人会说：你这个办法实在是太笨了。我有这么多员工，教员数量却很有限，哪有那么多资源玩儿这个“一对一”！

但是，如果你够诚实，我相信你不得不承认一个现实：你的“大家一块来”的培训方式，其实更是一种资源的浪费。

因为你会发现，无论你投入多少资源，组织多少次培训，那些“掉链团”

等秋天到来

成员照样会“掉链子”，一万年也变不了，并不会因为你组织了多少次培训就有任何明显长进。

所以，与其办这种自欺欺人、费力不讨好的事儿，不如彻底重新捡起“老牛拉破车”的老招式，一个一个地搞定，一点一点地提升来得实在。

归根结底，学习是一个过程，而不是一个结果。

这就意味着你一定要付出巨大的耐心，要肯于，甚至是敢于付出时间。

“懒一世”与“勤一时”

其实“懒惰”这毛病是治不好的，但即便你想“懒一世”，也一定要在人生的某些节骨眼儿上做到“勤一时”。

人的惰性到底能有多厉害？

对于一个企业管理者而言，这可不是个小问题。

不知道人的惰性的严重程度，你就无法正确评估你的员工的自觉性与执行力，因此也就无法准确把握激励手段的效果和监督力度的分寸。

为了测试一下公司员工的惰性，我曾经在员工培训中做过一个这样的小实验。

在给员工上了一堂培训课后，我布置了一个作业：针对该堂课的内容写一篇感想，不少于五百字。

但有个前提：不强制，不限时间。

只是希望他们尽量多写一些字，尽量早一点上交。

就是说，我没有下“死命令”，且没有任何“处罚”的表示，只是提出了希望，希望大家自觉。而且，我的动员力度只能用“一般”来形容。

我的测试对象是十二名员工。

我只想看看员工的自觉度（或惰性的严重程度）到底能有多高。

在动员力度一般的情况下，相信大家已经轻易地猜到结果了。

没错，我失败了。而且，败得很惨。

一周过去了，尽管我每天都向这些员工提醒这件事儿，但是没有一个员工交上这份感想。

于是，我把他们又召集到一起开了一个会，加大了动员力度，甚至说出了“如有人主动交上作业，可以适当考虑予以奖励”的话。

又是一周过去了，结果依然令人失望：只有两名员工交了作业，而且还是那种字迹潦草、不着四六的感觉。其他员工依旧没动静。

于是，我再一次召集这些员工开会，“强力动员”“殷切希望”他们能完成作业，几乎到了言辞激烈、面红耳赤的程度，直说得许多员工看似惭愧不已，一个个低下了头。

看到这种场面，我的感觉终于好一些了，心想这次应该毫无疑问地搞定了。

因为我觉得，人即使没有自觉性，但总会有自尊心，都让人说到这份儿上了，连说的人都觉得臊得慌，脸上挂不住了，再不付诸实打实的行动，实在是说不过去！

这时，公司的另一位高层出来给我泼冷水：我敢拿我所有值钱的东西跟你打赌，你的这个实验根本不可能成功。对付这些人，只能用“铁腕儿”手段，只有下命令，不行就往死里罚。只有这样，他们才能真正给你干事儿！指望他们的自觉性，甭想！

可我不服这个气儿，我始终相信人的自觉性可以被激发出来，关键看你用什么手段。

但结果还是我输了：一周过后，我的手上除了又多出两三份儿明显应付差事的不着四六的 A4 纸，事情没有任何重大进展。

这回我终于绷不住了，开始发飙：限令三天之内，所有人必须上交，违令者重罚一百元！

三天之后，全员准时上交：尽管依然不着四六、应付差事的痕迹极其明显，起码数是凑齐了。

里外里用了一个月的时间，做了个不着四六的小实验，面对令人哭笑不得的结果，我真是感慨万千！

这次小实验的教训给了我三个启发。

第一，在管理工作中绝不能对人的自觉性有过高的奢望，强制性因素一定是必不可少的。

第二，员工自觉性的培养，绝对是一个需要“磨”、需要“熬”的过程，就是说，这种事儿绝无可能一蹴而就，它的实现需要时间，很多的时间。

第三，也是最重要的一个启发，员工的自觉性一定和“文化”有着千丝万缕的联系。

就是说，自觉，一般情况下不大可能是一种个体活动，只能是群体活动，是在某种由群体活动构成的“文化背景”或“文化压力”下实现的东西。

就拿我做的那个小实验来说，如果那十几名被测试的员工中有一半以上的人在第一时间完成了作业，那全员准时完成的概率就会陡增。反之，正是因为大多数人都没有按时完成，剩下的人完成任务的动机也就会显著减少。

再说得简单点儿，这种文化影响力的根基其实还是在所谓的“从众心理”上——大家都这么做，我不这么做就会显得很奇怪、很突兀，而这种感觉会让人不舒服，所以就会激发出“我也做”的强烈动机；反之，大家都不做，“我做”的动机就会大幅降低，甚至说得严重点儿，这种时候“我做”才是一件真正有风险的事儿，反而显得不合群儿、出风头，容易受到身边小团体的挤对。

所以，明白了这三点，你就可以在管理工作中很好地把握强制与自觉性的分寸了。

具体的操作方法是：你可以一边以强制为主轴，一边在事物“被执行”的过程中，一点点地付出艰辛的努力去营造某种“文化氛围”。

只要你肯下苦功夫，不偷懒，相信有个一年半载你就会收到明显的成效。

不过，话说回来，甭管你如何出招儿，这些招儿毕竟只是手段而已，它们一万年都不可能给你的员工真正“洗脑”，彻底抽掉他们的“懒筋”。

所以，为了尽可能地抽掉你的员工的这根“懒筋”，思想教育工作还是不能完全放弃。

其实，换位思考，将心比心，我们的管理者身上又何尝没有惰性，乃至十分严重的惰性呢？

所以，无论是员工，还是管理者，都应该自觉地考虑一下克服惰性的方法。

以我个人的经验（仅供参考），克服惰性最有效的办法，就是首先承认并容忍惰性的存在，然后在这个前提下，去寻找解决问题相对靠谱的招儿。

用六个字概括：懒一世，勤一时。

其实，我这个人是愿意相信在人的本性里，“懒”才是最本质的东西，而

“勤”则是在某个阶段、某个时期“偶尔露峥嵘”的东西。所以，才会有“懒一世”“勤一时”的想法。

你不承认这点，就永远没法走出懒与勤的认识怪圈，别说给别人“上大课”，即便是你自己，恐怕都会觉得不靠谱，没有现实性。

而我们绝大多数人，就是因为没弄懂这个道理，或不愿意面对这个现实，结果弄到最后连“勤一时”也做不到。

不过，只要我们够诚实，记忆力没有太大的问题，我们其实都能够回想起自己人生中曾经有过的“勤一时”的经历。

比如说，上高二之前还一直都不怎么爱学习、表现吊儿郎当、成绩不上不下的学生，到了高三却突然发力，废寝忘食地苦读，天天“挑灯夜战”，想尽一切办法备战高考，最后竟然也能超越许多从小就是父母老师眼里的好孩子和尖子生的同学，一举考上名牌大学。

再比如说，公司公认的某位“问题员工”“备炒族”，整天吃嘛嘛不香、学嘛嘛不会，令领导伤透了脑筋。某天忽然受了某种刺激，比如说女朋友以工作表现不佳为由威胁分手，开始猛烈地钻研业务，不出三个月，居然一跃成为业务骨干。

…………

这种例子还有很多。我本人的经历就是一个典型的案例。

其实，二十啷当岁的我，是曾经大把大把地虚度过年华的。

直到年纪奔了三张，才蓦然发现自己依然学无所长，几乎就是一张白纸，于是乎冷汗直冒，夜不能寐，终于痛下决心出国镀金。

在日本的八年中，由于已属于大龄留学生，再没有偷懒的余地，所以格外珍惜时间，恨不得一天能有三十个小时。

经过八年苦斗，终于“修成正果”，圆满完成了留学的任务。

尽管回国后又一度“懒筋”发作，但是由于有八年艰苦的留学生涯打底儿，我深信只要到了关键时刻，我还是可以再度发力的，因此对自己时隐时现的惰性也就有所释然。

举了这么多的例子，我想说的是，就算人类懒惰的本性是不可以更改的，但是，既然你可以允许自己“懒一世”，也一定要相信自己有能力“勤一时”。

因为只要你想获得一个成功的人生，或者退一万步讲，如果你想获得起码还说得过去的人生，在有些关键点上，你是绝对懒不得的。

这些地方，你一定要使出浑身的力量，无论如何也要硬闯过去。

这些关键点有很多。

比如说，终身大事。那么无论你平时有多懒，多腼腆，多邋遢，真正机会来到的时候，你是绝对懒不得的，一定要勤快起来，先把爱追到手，生米煮成熟饭后再原形毕露不迟。

比如说，刚换一家公司。那么无论你在以前的公司有多懒，作风有多“纨绔”，为了迅速适应新的环境，给自己未来的发展打下一个坚实的基础，你必须让自己勤快起来，迅速进入状态，掌握那些你必须掌握的技能与经验才成。

只要你能成为这家公司的依靠和“大拿”，即便你的“懒筋”依然会“偶尔露峥嵘”，你的同事和上司也一定会对你非常宽容。

总之，有些关卡你是混不过去的，你只能硬闯过去，闯过去以后，才有喘口气儿的资格。

所以，如果我们够诚实，有勇气，我们可以大方地承认懒惰其实也可以是美满人生的一个重要指标。

这就是“懒一世”无可厚非的道理。

但是，为了做到“懒一世”，为了将美满人生变成一种真实的获得，有些关卡是一定要闯的，有些代价是一定要付的。

这一点绝对含糊不得。

一定要明白这个道理。

是为“勤一时”。

“掐点儿族”

“掐点儿”这个毛病一般人都会犯，弄不好也会坏大事。
所以，在这里给您开几个专治“掐点儿症”的方子。

公司里总是有这样一种人，无论做什么事儿老是爱“赶点儿”，一分钟都不带差的，我们称这种人为“掐点儿族”。

这种人上班时总是“踩着点儿”来，赶在上司发怒、训人之前忙不迭地放下东西，套上工装，连头发都顾不得梳理，裤子拉链儿都来不及拉，就狼狈不堪地撞进晨会的队列里。

这种人无论你交代给他什么工作都不能设定时限，因为只要给他“定了时”，那么不到“最后时刻”，你绝无可能见到他有任何实质性的动静。

…………

当然，这种“掐点儿族”的日子过得也是“惊险万分”。

你想想，他们毕竟不是神仙，总能在最后时刻勉强涉险过关。因此，这些人往往是“迟到专业户”和“挨骂受罚重点对象”，整天价活在一种窝窝囊囊与戚戚然的氛围当中。

其实，不只是我们的员工，我们的管理者又何尝不常犯“掐点儿”的毛病?

就拿我本人来说，也曾经因为是个顽固不化的“掐点儿族”而吃尽了苦头。

也许是从小养成的坏习惯在作祟，我这个人身上长期存在着一个令自己都痛恨无比的毛病，就是“屁股沉”，不到最后关头绝不动真格儿。

好处是锻炼出了一个本领：不动则已，一动惊人。

因为往往会把自己逼到最后时间的极限，所以练就了一手绝处逢生的本领，总能在猛然惊觉时间已所剩无几，汗毛倒立、冷汗直流的情况下超水平发挥，出色地完成任务。

因此这“背水一战”的好处，我可是深有体会的。

而且因为我口才还行，总能把这种其实极为狼狈的状态涂脂抹粉儿一番，包装为厚积薄发或随机应变本领强的效果，还真就唬住了不少人，博取了不少羡慕的目光。

当然，本人也不是神仙，和天下所有“掐点儿族”一样，玩儿砸了、办臭了、丢脸了的事儿，也是一箩筐一箩筐地装，所以没少在心里发狠诅咒自己，没少在镜子前立誓“洗心革面，重新做人”。

但无论怎么给自己做思想工作，效果都不明显，令人颇为沮丧。

好在本人基本上属于那种比较爱较真儿的主儿，不轻言放弃，经过一段时间认真的摸索之后，还真就让我总结出了一些实用的经验。

下面，我就将这些经验当中的精华部分（见笑了）拿出来与大家分享一下。

其一，“上闹钟”这个方法固然可行，但切记不要“拨快闹钟”，一定要做到“准点儿”。

很多人都有过这种经验，那就是上闹钟时喜欢把表拨快点儿，一般都会往前拨个十分八分钟，甚至更多，认为这样就会万无一失了。但他们往往惊诧地发现，甭管他们把表往前调多少，第二天常常照样会迟到，或至少时间很紧张。

这是怎么回事儿呢？

原因很简单，就是因为这些人太低估人类惰性的严重程度了。

只要你把表调快了，尤其是大幅度调快的时候，你心里就会油然而生一种安全感，觉得心里特踏实。而这点，绝对是致命的。

因为第二天早晨，即便闹钟响了你也不会在意的。估计十有八九你会把闹铃按掉，然后对自己说：没事儿，时间还有富余，不着急。你就会轻而易举地将你调快的时间再磨蹭回来。

而且更要命的是，你调快的幅度越大，心里的安全感越强，你磨蹭掉的时间就会越多，反而会让你最后更狼狈。

所以，把表调快这招儿在很多时候其实并不可取，你需要做的是调上“准点儿闹铃”，因为只有“准点儿”，才能把你明天早晨的“懒筋”彻底抽掉。

其二，不要把手机或手表时间调快太多。

很多人也喜欢把手机和手表的时间拨快，好像这样就能一举搞定“掐点儿”的毛病。而根据我个人的经验，这种做法在初期也许会有一些效果，时间长了，效果就会变得微乎其微，甚至会有副作用。

道理和上一条一样，就不再赘述了。

其三，努力品尝一下不“掐点儿”带来的好处。

“掐点儿”的毛病之所以不好改，根本原因还是因为习惯的强大。所以，做到这点并不容易。

但是，你可以尝试着偶尔破个例，早到个十分二十分的。然后，在优哉游哉的状态下更衣完毕之后，你不妨站在公司二楼走廊的栏杆旁边儿凭栏远眺，观察一下其他同事的出勤风景。

看着那些随着时间的临近，接二连三、慌慌张张、一路小跑冲进公司大门儿的同事们的“狼狈样”，相信你一定会觉得特爽，特有优越感，心里特踏实。

这种感觉，简直可以用“快感”“享受”来形容！

尝到了这个甜头，相信你的下一次早到就会更靠谱了。

久而久之养成习惯，你就能“修成正果”。

除了出勤，在日常工作中也是一样。与其每次都把自己搞成“背水一战”的架势，承受挨骂受罚的风险，不妨痛下决心，至少偶尔办一两件儿不“掐点儿”，甚至能提前完成的事儿。

当你发现完事儿后竟然还能有大把的“富余时间”的时候，相信那种惊喜的心情不亚于从天上突然掉下了五百美元刚好砸在你的头上，绝对是——赚了的感觉。

总之，“掐点儿”这个毛病绝不是什么小毛病，这玩意儿要是几十年如一日地伴随着你的生活，你付出的代价（包括潜在的代价）将会是非常惊人的，甚至是致命的，绝不可等闲视之。

我们绝大多数人之所以对这毛病持无所谓的态度，就是因为我们虽然认可它是个问题，但觉得绝不至于致命这种心理状态造成的。

所以，说一千道一万，当务之急也许是“当成事儿”地、好好地回忆回忆“掐点儿”这辈子到底让你吃了多少亏，给“掐点儿”列列罪状。

然后看看这个罪状，好好地合计合计：

这些亏，真值得我下半辈子一直吃下去吗？

A B C D E F G H
8 7 6 5 4 3 2 1

第十章
管理者的课题——怎么看？

既然要当管理者，就要有高屋建瓴、与众不同的视角。眼界高远、视角独特，才能始终开风气之先，让自己立于不败之地。

擅思擅行

只有勤思考、擅行动的管理者，才是管理者中的极品。

擅思擅行。

这是我最为推崇的管理者素质之一。

遗憾的是，这种能够做到擅思擅行的极品管理者，现如今是越来越少了。

现在的许多管理者，要不就是不动脑子，只凭经验和感觉走，撞到南墙就回头；要不就是眼高手低，总给自己定一个不切实际的大计划，遇到点儿挫折就歇菜。

总之，给你的感觉就是仨字儿：没脾气！

我公司的总务室主任小周就是这样一个典型。

他对于总务室工作的理解，就是不折不扣的“单线条”：总务室就是管后勤的地儿，只要把大家的“衣食住行吃喝拉撒”的事儿管好就万事 OK 了。

时间一长，他就遇到了烦恼。

首先，总务室的工作实在是太过单调，每天就那么点儿事儿，一点儿新意都没有，一点儿都不刺激。这让他觉得这份工作实在是没前途，看不到上升的空间，看不到未来的希望。

另外，这管后勤实在是个费力不讨好的活儿。干好了是应该的，没人会当事儿，更没人会夸你；可一旦出问题，哪怕是芝麻大点儿的小问题，立马会遭骂，公司上下一片埋怨声。

这玩意儿实在是太闹心了，尤其是对小周这样一个“85后”而言，简直就是一种煎熬。慢慢地，他就有了“打退堂鼓”的念想儿。

看到这种苗头，我找到了小周，与他做了一次深谈。

我跟他说，其实总务室的工作远不像他想象的那样枯燥死板，恰恰相反，这才是一个最富想象力的工作。

你想，什么叫“总务”？

总务就是“天马行空，什么都能玩儿”的意思。

既然可以“天马行空”，怎么可能枯燥呢？怎么可以枯燥呢？

只要你是个有心人，你绝对有一百个机会把总务工作弄得很刺激、很好玩儿，当然，也会很显眼儿、很出风头，绝不至于把你的才华埋没了。

所以，问题的关键，不在于总务这项工作如何如何，而在于你缺乏想象力，不肯开动脑筋好好琢磨事儿。

相信我，人的想象力与创造力是无限的，这种想象力的充分发挥，会给你的工作和生活带来根本的转机、质的变化。

是为“擅思”。

我向你保证，只要你不偷懒，肯思考，勤钻研，总务工作绝对大有可为。

听了我这番话，年轻的小周立马来了精神，号称只要给他一个星期，他绝对能攒一个“总务室再生计划”给我看。

果不其然，这回小周是真动了脑筋，一周后果然炮制出了一个相当靠谱的大作。

真是要料有料，要水平有水平。

我大喜过望，对其猛夸特夸，期待着他能尽快传来捷报。小周本人也是踌躇满志，颇有一番“敢教日月换新天”的架势。

没过几天，这家伙又泄了气，像一辆爆了胎的自行车，再也见不到当初的兴奋劲儿。

原来，他的很多计划，都需要其他部门甚至公司整体在人、财、物等方面进行资源整合与支持才能实行，所以几乎一实施就遇到了一大串问题，瞬间浇灭了这位小伙子的工作热情。

我是又好气又好笑，又一次把他叫到我的办公室，当面支招儿。

我给他讲了一个我亲身经历过的故事。

在我还是一个学生的时候，有一次放暑假，我和一位同学打赌，跟他说我能在两周内将我们的《世界历史》教科书全部背下来。

他平静地对我说：打死我都不信！

我也有同感。

因为别说打死他，即便打死我，自己也不相信自己真能把那本书背下来。

可我这人是 A 型血金牛座，天生犯拧，自尊心极强，又喜欢钻牛角尖。所以“说出去的话，泼出去的水”，让我当面食言认输可是万万做不到的事儿，那还不如真打死我好受点儿。

于是乎，勉强打起精神，我开始了煎熬无比的“背书旅程”。

但翻开书的第一页，我几乎就已经崩溃了。

你想想，历史是个什么玩意儿？是个巨枯燥、巨没劲、巨烦人的玩意儿。

先别说那一个个莫名其妙的朝代、莫名其妙的事件，即便是那一串串莫名其妙的人名和年代，就足以让你头大不已，恨不得脑袋撞墙！

何况是世界历史！

那些乱七八糟的，什么“亚历山大”“二百五十六”之类的名词儿，能活活要了亲命，让你一个劲儿地犯晕，直纳闷儿老外这脑袋到底是怎么长的，怎么能鼓捣出来这么多莫名其妙、叽里咕噜的东西。

于是，在我的内心世界里，展开了一番痛苦的“面子”与“里子”之争。

面子——无论如何得按时背完，绝不能在同学面前露怯。

里子——向同学认错赔罪，尽快结束这种看似遥无止境的痛苦。

最后，当然还是“面子”占了上风。

我又重新投入到那种暗无天日的“背书旅程”当中。

不过，在这种纠结的心理状态下，战果也是可想而知的了。

三天过去，我背了不超过五页书。

这两周内要完成两百来页的背书量，根本就是不可能完成的任务，整个儿一天方夜谭。既然这样，那就干脆破罐子破摔，爱谁谁了。

于是，我打破了按顺序背的自定规矩，专拣好玩儿的、感兴趣的东西背。

心想，能背多少背多少吧！

既然怎么背都难逃一死，那就干脆背一点儿算一点儿。

没承想，这一下效果还真不赖，由于对故事和人物本身有兴趣，背书的效率极高，居然一天背了十来页！

这下我可有了信心，乘胜追击，一点一点地寻求突破。

我背书的进度越来越快，成功背下来的东西也越来越多，这种成功本身又给了我很大的成就感与更足的信心，促使我不断地背下更多的东西。

一来二去，时光如飞，两周过后，我真的将一整本《世界历史》教科书全部背了下来！

这个结果把我自己都吓了一大跳！

我生平第一次完整地背下来一本书！

没错儿，不是“一段书”，是“一本书”！

接下来，如你所料，在我当着那位当初打赌的同学的面儿，轻松自如地将他随机指定的书里的内容流畅地背诵下来时，我看到了一张有着我意料之中的表情的脸。

我给小周讲这个故事，是为了说明一个道理——千里之行，始于足下。

理想很美，计划很大本身不是罪，一点儿也不丢人。

问题是多美的理想，多大的计划，都是从“零”开始的，你不能指望着一举搞定、一蹴而就。

关键是，你要付诸行动。

哪怕是从“零”开始的行动，最终也一定会将你送上成功的彼岸。

当然，我们都是俗人，都有面子，都经不起挫折。

所以，俗人就得有俗招儿才成，活人不能让尿憋死。

让俗人付诸行动的秘诀在于，你可以将宏大的计划本身完全忽略掉，专挑里边相对靠谱的细节、小事儿去做。

这样你做成这件小事的概率就会成倍增加。

这种成就感会促使你去做第二次尝试，第二次的成功又会促成你的第三次尝试……

这就叫“得寸进尺”。

以此类推，不停地积累，你最终就会成功地创造出“蚂蚁绊倒大象”的奇迹。

是为“擅行”。

听了我的话，小周茅塞顿开，立即依计行事，开始埋头寻找他那份宏大计划中的“软柿子”——那些需要资源最少、阻力最小的细节……

几个月过后，虽说那份计划的执行率依然只有五六成，但总务室的工作已经明显有了起色，小周的激情也像上满了发条的闹钟，让人看着都觉得带劲儿。

其实，我在这里所说的“擅思”与“擅行”，都不是什么新鲜玩意儿，哪个都是打小就懂，甚至是耳朵都磨出老茧的东西。

有意思的是，往往越简单的事儿，越常识的事儿，却偏偏又是最难的事儿，能做到的人反而是极少数。

这也许是我们这些成年人的最大悲哀。

所以，重新把常识当作大事儿来对待，重新温习一遍，也许对我们这些成年人，尤其是对我们这些身为管理者的成年人来说，是一个当务之急的大课题、大任务。

给力的“雕虫小技”

不要小看管理中的“雕虫小技”，这玩意儿积攒得多了，将会极其给力。

春节将至，公司公布放年假的政策。总经理要求所有人必须严格执行，否则“军法从事”。

客户服务部的小赵犯难了。

按照政策，他应该和同部门的小黄一直值班到腊月二十八，但偏偏腊月二十八这天他约定好了要去走亲戚，给几位常年不见、住所也比较偏远的长辈亲戚拜年。

他找到了总经理，要求那天请一天假，得到的答复是“谁也不许请假，否则严办不贷！”

因为公司对这次年假值班问题极为重视，并要求各部门经理监督执行，所以这回小赵走亲戚这事儿可以说进了一条“死胡同”，基本上没戏了。

逢年过节走亲戚毕竟是中国人的传统，卡得过死，似乎也有些不近人情。

不忍看小赵那愁眉苦脸的样儿，他的部门经理私底下悄悄给他支了一招儿：你可以腊月二十八那天来公司看看，处理一下日常事务，估计不会太忙。趁人不注意，你偷偷“开溜”就行，这事儿天知地知你知我知，千万别声张！

听闻此计，小赵那布满阴霾的脸一下子豁然开朗。

其后的事儿，不用我多说大家也能猜得出来，那就是“一切正常，皆大欢喜”。

顺便说一句，这位部门经理并不是一个拿公司制度不当事儿，或经常用公司利益做交易的主儿，恰恰相反，他是一位职业素养非常高的职业经理人，他的团队是我们公司最团结、战斗力最强、执行力最高的部门。

正因为这样，他偶尔为之的这一“神来之笔”，才充满了个人魅力与作为管理者的智慧，让人佩服。

也许有人会说：这算什么，太普通了，雕虫小技而已！

哎，你可千万别小看了这个“雕虫小技”！

说句大实话，管理这玩意儿，哪有那么多的大道理、大理论、大系统啊！

天天把这些东西放在脑子里玩儿管理，绝对会活活累死你！

就是说，其实我们的管理者每天要用到的，就是这些“雕虫小技”。

不要小看这些“雕虫小技”，它们可是你在日复一日、看似枯燥无比的管理工作中一点一点积累的精华，是你逐渐生长、壮大的智慧的结晶，而不仅仅是“经验”这么简单的辞藻可以轻易解释得了的。

但是，这些“雕虫小技”需要你有意识地去总结、回味和升华。只有这样，它们才能被有效地积累下来，并最终发生质变。

所以，对于这些“雕虫小技”而言，你绝不能太随意，想起一出是一出。否则，将会在很大程度上拖延你从“量变”到“质变”的过程。

给所有管理者提个小建议，养成一个记录“管理日志”的习惯，将你在日常管理工作中的心得体会、各种琐事尽量记录下来，并不时地翻看、回味一下。

你不用刻意考虑在这些记录中如何合理地穿插各种管理的“章法”与“理论”，你只需对自己做到绝对忠实，将最原始、最纯粹、最自然的事件经过以及你的心路历程，以流水账的方式保留下来就成。

假以时日，一定大有收获。

而且，我敢保证它绝对不会逊于你从任何一位世界级管理大师的著作中得到的收获。

坦率地说，我之所以会写这本书，本来也是为了达到这个目的，为提升自己的管理能力而开始撰写“管理日志”，没承想日复一日地积累，竟可以集结成书。

不但可以自娱，而且还能娱人，真是“善莫大焉”。

我的这本书，其实说白了就是一部各种“雕虫小技”的集锦。

我可以负责任地说，我从这个集锦里收获的东西，超过了我从其他书本中学到的东西的总和。

所以，无论从哪个角度来讲，作为一个管理者，你都应该善待你所有的“雕虫小技”。

因为那才是你真正的财富，是你需要付出真诚珍惜的东西。

“绣花”与“砍柴”

其实，很多人都想错了。
管理这玩意儿，与其说像“砍柴”，不如说更像“绣花”。

问你一个问题：如果用“绣花”与“砍柴”这两个词儿来形容管理，你会挑哪个？

听了这个问题，相信至少有八成以上的管理者会不假思索地立马给出标准答案——当然是“砍柴”了！

你想啊，要想搞好管理，不大刀阔斧、雷厉风行，哪成？

管埋就跟打仗一样，就得严厉，就得大气点儿。

一切都按制度来，适应的就干，不适应滚蛋！

都是出来混的，谁也别那么多废话！

这就叫“该出手时就出手，风风火火闯九州”。

多痛快！

多豪迈！

所以，管理这玩意儿只能是“砍柴”，怎么可能是“绣花”呢？像个小脚女人，那还能有效率？

尽管我承认你说的颇有一些道理，切中了不少管理的要害，但我还是要说，你其实只是一个适合“打江山”的人，完全不适合“坐江山”。

而管理，“打江山”的部分应该只占到两三成，七成以上的部分都属于“坐江山”。

就是说，管理，与其说和“打江山”有一拼，不如说和过日子更相近。

你在“打江山”时体验的那种豪迈劲儿，绝无可能体现到每一天的日子中去，也绝不应该体现进去。

如果您愣是要把“砍柴”当作你的管理原则甚至是管理信仰，那么，尽管我承认你的公司在初期一定会有一股豪气冲天的激情，但是绝对坚持不了多一会儿。

我敢保证，不出两年（这还算好的，快了恐怕连一年都没有），你的公司就会大变样。

上至你自己，下到你的普通员工，都会变蔫儿、变掩沓，公司上下一派颓废之气，再也不见了往日的雄风。

为什么会变成这样？

道理也很简单。

拿电影做比喻的话，“砍柴”是一种要求“无尿点”，分分钟有“高潮戏”的管理方法。所以会让人绷得太紧、太累，状态出得太早、太快，因此偶尔为之固然可以，长期坚持则实在有些强人所难。

不只如此。

管理的核心是什么？

管事儿还是管人？

别的国家不敢说，起码在我们中国，这个问题的答案只可能有一个——管人。

那么，既然是管人，把人当机器管的砍柴式方法，将注定只能是“治标不治本”的招儿。

因为人是复杂的，中国人尤其复杂。

靠那么几个制度，或者喊那么几声“革命口号”就能管好中国人的好日子不是没有过，但自从“文革”结束，中国社会日益趋向于个性化与多元化的今天，这种方法几乎已经丧失了它的生存空间。

说得露骨点儿，尽管现如今中国的绝大多数民企和私企基本上用的都是“砍柴”的招儿，而且它们中的许多也确实取得了非常不错的成绩，但是，只要对这种办法不进行必要的修正与改良，迟早有一天它们都会遭遇巨大的“瓶颈”，走向事业的“滑铁卢”。

当然，这样说并不是对“砍柴”的方式进行全盘否定。

公平地说，对于目前中国劳工普遍相对欠缺的基本职业素养而言，一定程度的“砍柴”之功还是绝对必要的。只不过，如果你想有更长远的发展，就一定要更加注重人性、注重“潜规则”，尤其重要的是，注重文化的威力。

否则，任何否定或轻视这三样东西的企业，都会遭到它们毫不留情的报复。

所以说，人性、“潜规则”、文化这三样东西，是决定企业生死的“三大命门”，它们的厉害会随着岁月的流逝与时代的变迁越发鲜明地体现出来。

那么，如何才能彻底掌握、征服这决定企业命运的“三大命门”呢？

只有“绣花”。它需要技巧，需要耐心，需要时间。

在“绣花”面前，没有什么是不可能的。

只要你肯动脑筋、勤思考，只要你懂得积累，只要你舍得付出耐心与时间，你总能掌握绣成所有花样的技巧。

这才是过日子的态度。

这才是管理的正道。

所以，即便你是个不折不扣的“砍柴派”，而且这辈子都不想改，我还是要劝你先学会“绣花”。

或者，如果你实在讨厌“绣花”这个词儿，觉得有点儿娘，那我就索性换个说法儿：

俗话说，“磨刀不误砍柴工”。

其实，我在这里所说的“绣花”，说白了就是“磨刀”。

如果你想砍好柴，这“刀”不磨可不成。

那样会越砍越钝的。

再强调一遍。管理，归根结底是和人打交道的，是通过控制人来控制事儿的方法。

和人打交道，尤其是打长交道，总是“大刀阔斧”“惊涛拍岸”可不成，一定得“细水长流”，才能长治久安。

砍柴也是一样，九成的时间其实都得拿来“磨刀”，刀磨好了，“砍”只是捎带手的事儿。

总而言之一句话，就算你自认是个“大老粗”，手里使惯了斧头，只要你想玩儿管理，就一定得学会这“绣花”的功夫。

从今天开始，尝试着练练你的绣花针。

能文能武，才是真英雄。

让子弹飞一会儿

管理，是件“慢工出细活”的事儿。
所以不要急，让子弹飞一会儿，迟早会命中目标。

中国有句古话，叫作“好事多磨”。

意思是说，但凡是好事儿，肯定不会来得太快，总得经过九九八十一难的打磨，才肯扭扭捏捏地现身。

管理的世界更是这样，任何一种改革与创新，都需要经历一些曲折与磨难才能在企业里落地生根，“修成正果”，所以一定要有耐心，万万猴急不得。

可现如今这人们，不知从何时起，个顶个儿都变成了急性子的猴哥儿，总惦记着能长出一身猴毛，好歹拔下一根吹口气儿，就能轻易地把结果“吹”出来。

我曾经供职过的一家公司的老板，就是这样一位典型的猴哥儿。

无论你拿出多少改革、创新的招数来，他老人家的耐心撑死只有三个月。

三个月之内，如果见不到明显的效果，一准儿逼着你歇菜。

到后来，连员工都摸清了老板的脾气，能号准老板的脉了，所以只要上边儿的改革措施一妨碍到他们的利益，他们就会铆足了劲儿抵制你，跟你叫板——哥儿几个加把劲儿，咬紧牙关扛住！只要熬过了三个月，老板准会来解救咱们！

愣让你没脾气，多好的招儿都得打水漂。

这还算好的，更离谱的事儿还在后边儿。

如果你的招儿实在招员工烦，也许连三个月的寿命也熬不到。

因为员工会将他们的意见反映到老板那里，狠狠地参你一本。

偏偏这位老板还是个巨亲民、喜欢杀官济民的主儿，耳朵根子比棉花还软，但凡听到员工的意见，准会毅然决然地站出来为民做主，灭你没商量。

久而久之，任你曾有万丈的豪情，也会被浇个透心儿凉，再也没有了斗志。

听我说到这儿，你可能会觉得这位老板应该是个特保守的人，喜欢传统与稳健，不喜欢玩儿什么“幺蛾子”。

那你可就大错特错了。

这位老板其实是个管理创新的骨灰级粉丝，成天价给公司管理层开会，号召大家“解放思想、开动脑筋、积极创新”；

“二十一世纪什么最贵？创新！”“只有善于改变自己的企业才能生存”之类的豪言壮语更是口头禅，是天天必念的经，几乎已经达到了见人就给人家“洗脑”的程度了。

就是说，这位老板在创新方面不但不保守，相反称得上激进，几乎已经到了“走火入魔”的境界。

他的问题，其实根本不在于对创新的态度如何，而在于心太急。

他认为，创新应该是件只争朝夕的事儿，必须得“快”字当头，耽误不得。

所以认定了一万年太久，好事多磨神马的，只不过是“浮云”。

这就犯了冒进的错误，因为事物自有其客观的发展规律，必经的阶段一定省略不得。

“好事多磨”既然是老祖宗总结下来的东西，就自有它的道理。

我记得曾有人说过这样一句话：绝大多数人的失败，都是因为他们在距成功一步之遥的地方选择了放弃。

无独有偶，这与我非常推崇的“打井”理论不谋而合。

理论上说，井这东西，你可以在地球上任意一个地方打出水来。

关键只在于一点：看你能打多深。

只要你有足够的毅力，拿出把地球打穿的劲头儿来，世界上根本不存在绝对打不出水来的地儿。

所以，那些打了三百多个眼儿也没能打出井来的主儿，都是不折不扣的冤大头——他们撅着屁股、使出吃奶的劲儿打出来的那三百多个眼儿中，至少有两百五十个，其实离出水的距离只有那么一两厘米——本来再加一把劲儿，就可以轻易成功的，可他们却选择了放弃。

因此，无论做什么事儿，都得有耐心，都得学会坚持。

要想“修成正果”，就一定要懂得“好事多磨”的道理。

急什么！

让子弹飞一会儿，命中目标只是迟早的事儿！

搞定一切管理问题的“万灵丹”

千万别听那些所谓的“高手”们瞎忽悠，只有“实践”，才是包治百病的“万灵丹”。

这两年，管理类书籍可谓层出不穷，俨然成为出版业的一门大生意。

别说那些攒出了世界五百强、中国五百强、纳斯达克上市什么的那种级别的企业，即便你只攒出了个街道工厂，只要能小有名气，一准儿能出书。

当然，这不是说人们通过出书这种方式互相交流、推广自身的经营管理经验，抑或用这种方式为自己的企业造造声势，做个活广告什么的有何不妥。

只是说，在这个“经验满天飞”的世界里，我们的管理者一定要把持好自己，千万不能被过于丰富的信息、过于眼花缭乱的表象迷住了眼睛。

坦率地说，现如今这世道变化越来越快，人性也变得越来越复杂，管理者感受到了越来越多的困惑，因此渴望取得“真经”，得到高人指点，掌握更先进的管理理念与操作技法的心情可以理解。

但是，甭管别人说得多漂亮，拿出来的东西有多高级，其实，真正能派上用场的，永远只是极少数。

归根结底，世上万事还得靠自己。没有人能彻底代替你，彻底改变你。

所谓“一本书改变了人生”“一句话造就了命运”神马的，永远都是“浮云”，千万别太当真。

某个人人生的改变，事业的开创，其实最终都是源于自己，源于自己的内心世界与实际行为，原本就和别人没什么关系。

外部因素的影响，顶天了只能起一些辅助作用，人的改变，归根结底还是因了内部因素的作用。

那么，具体到我们的管理者的“取经”问题而言，为什么说我们绝大多数人虽说极容易被某种东西打动，但却总是难以将这种东西转化为真正有价值的生产力呢？

原因有两个。

一个是缺乏属于我们自己的，强大的实践。

缺乏属于自己的实践的直接后果是：我们总会惦记着走捷径，希望能找到某种“傻瓜式管理法”，就是那种照搬照抄，拿来就能使，使了就见效的东西。

但由于缺乏自己的实践，这些东西永远都会停留在一种“看上去很美”的状态，一付诸实施保准走样。

另一个是缺乏坚持，没有恒心，违背了“让子弹飞一会儿”的理论。

就是说，试了一段儿发现效果没那么好，就有点丧气，偏偏社会上的高人又多如牛毛，各种流派的理论和高见层出不穷，直搞得你心猿意马，频繁变招儿，最后哪个招儿都不灵，落下个“狗熊掰棒子”的结果。

所以，如果你是一位管理者，你一定不要彻头彻尾地指望某位高人来造就你、改变你，你一定要无限忠于自己，忠于自己的实践。

你一定要拥有并坚持你的实践，只属于你自己的实践，哪怕频频撞墙，也绝不能回头。

任何高人的指点，都只能在这个基础上去接受、消化与吸收，否则，神仙也救不了你。

因为只有你拥有了扎实的实践基础，你才能够清楚地辨别那些你真正需要的东西，对你而言真正有价值的东西。

反之，如果你没有扎实的实践基础，总想着靠高人的指点走捷径的话，就现如今这架势，各路咨询大师比蚂蚁都多，各种咨询机构也是层出不穷，不弄得你彻底找不着北，算我白说。

弄到最后，我敢打包票你会把耳朵塞起来，拒绝再听任何高人指点，回心转意，继续自个儿鼓捣自个儿的那点事儿。

日本南国丰田株式会社的一个培训理念，也许对我们所有人来说都非常有助益。

这家公司有个铁的纪律——不能随便问，也绝不轻易教。

如果你不会，你只能做一件事：站在旁边看，亲自动手摸；自己想，自己试。

这期间没人搭理你。

一直到想无可想、试无可试的程度，你才有资格“问”。

所以，这家公司的员工个个儿都是高手，哪个拉出去都能给人当老师。

其实，一个问题的答案，甚至是极好的答案，都不可能只有一个。

如果你太轻易地从别人那里得到了答案，你的记忆是不会牢靠的，下回遇到相同的问题，还得抓瞎。

更别提你轻易地得到太多不同的答案了。

那样的话，你只能更犯晕、更迷糊。

所以，只有你自己去寻找答案这条路最靠谱。

这就需要你拥有强大的实践——你必须先孤军奋战，做个孤独的人。你得拼命想、往死里想，拼命试、发了疯地试，一直到脑袋都要想破，恨不得头撞墙的程度，再去寻求高手的点拨——这时候，只要有人稍加点拨，你就能豁然开朗。

只有通过这种方法得到的答案，才有可能是真正属于你的、有价值的东西，才会更瓷实、更持久。

总而言之，只有拥有强大的实践，才是解决一切管理问题的“万灵丹”。

只要你能做到这一点，其实你自己就能成为一位绝世高手，任何高人的指点，都只不过是“浮云”。

A B C D E F G H
8 7 6 5 4 3 2 1

第十一章

管理者的课题——怎么办？

既然要当管理者，就要有特立独行、出奇制胜的妙招。别人越想不到、甚至于越不屑想到的地方，就越是你大展拳脚的机会。

灵活时间出勤法

告诉你一个既能治“人浮于事”的毛病，又能提高员工满意度，还能为企业省下大笔银子的好方法。

自从做了管理这个工作，有个课题就始终在我脑海萦绕，从未曾散去，那就是如何让员工的出勤时间更灵活、更有效率。

因为，只要我们够诚实，我们都不得不承认一个现实：

那就是，别看我们所有人天天都来公司上班，但是从绝对值来看，真正拿来工作，而且还是有效率地工作的时间，其实并不多，平均下来能有个五六成就算不错。

更有甚者，有相当一部分人的时间利用效率，恐怕连两三成都没有。

所以，说得露骨点儿，我们绝大多数人其实都有大把在公司混日子的经验，包括那些自认每天都很忙的主儿。

因此，如果有一种特牛×的管理妙招儿，能有效解决这个“混日子”的管理难题，挤掉时间利用效率方面的水分，那么，我们将会迎来一种完全不同的局面。

或者大家可以在相同的时间里完成更多的工作，为公司和自己创造更多的价值；或者大家可以为自己赢得大把的休假时间，让上班儿成为一件更轻松、更惬意的事儿。

也许有人会说：你说的这个问题的答案也忒简单了，不就是所谓的满负荷工作法吗？

告诉你，是个做人力资源管理工作的人都懂这个，都会这招儿。这玩意儿一点儿都不新鲜，没什么可大惊小怪的。

可我要说：不尽然吧？如果事实真像你说的那样，这个世界上为什么直到今天还照样有那么多混日子的人呢？

是我们的人力资源管理方面的人才太缺，还是玩儿这行的人都是废物？

依我看，即便有些这方面的因素，但这病根儿也明显不在这儿，而在于这个“满负荷”属于那种说着容易做着难的事儿，一般情况下，没几个人能真正搞定。

当然，即便远远称不上是专家，这方面的知识本人也还略知一二，也曾经使出吃奶的劲儿尝试过，但都不算成功。因为最后总是逃不脱“负荷满上去，效率降下来”或“效率升上去，负荷降下来”的怪圈，让人颇感丧气。

所以，尽管一直到今天，管理者们依然可以把“满负荷”看作一个需要不断探讨的课题，但是，为了解决眼前的现实问题，还是不得不考虑一些权宜之计，适当地换换脑子，变变招儿。

作为满负荷工作法的一种过渡，我倒是想出了一个相对简单的新招儿，在这里向大家做个介绍。

这招儿，我称之为“灵活时间出勤法”。

操作方法也很简单。

一、所有员工都需在每个工作周期之前，将这个周期内必做的工作项以及可能发生的随机工作项做一个评估与整理，拟订工作计划并上报部门经理。

二、部门经理以本部门整体工作项情况及相应的人员情况为依据，对本部门人员上报的该周期内工作项计划进行评估与调整，合理安排每天的工作内容及出勤上岗人员。

三、所有未被安排人员均不得上岗，但可有两种选择：休假；到公司参加培训或全天打扫环境卫生。

这样做有以下几个好处。

其一，工作强度“量化”的事儿很大程度上委托给了员工自己，避免了管理者强行规定工作负荷时那种“赶鸭子上架”“拉郎配”的尴尬，使员工可以灵活地根据自身的能力和工作特点安排自己的工作节奏。

那位说了：你这样做等于“肉包子打狗——有去无回”。

你想，让员工自己安排“量”，傻子才不把自己的节奏安排得舒舒服服的呢！一天能办妥的事儿，他们绝对能磨蹭上三天！

没错儿，我得承认你说得有点儿道理。

但是别忘了，还有部门经理调整这道关。部门经理对部门整体工作任务及工作量的综合评估，就像一道大铁闸，让员工的小聪明那点儿水不可能轻易溢出去。

另外，如果提高效率的对面，放着的是可以多休假这个糖果，相信员工也不至于那么死性，宁可在公司里耗着，也不愿意回家舒舒服服地待着。

其二，一般的公司里总会有一些挣基本“出勤日数工资”的员工，这些人也许不愿意因为过多的休假而影响到自己的收入水平。

对这些员工的处理，必须掌握两个基本原则。

一个是绝不允许他们进入上岗工作状态，以杜绝那种一个人的工作两个人干、人浮于事的局面。

另一个是，可以允许他们到公司上班并记考勤，但是到公司来只能做两件事儿：参加培训或全天打扫环境卫生。

这就为我们的员工挤出了宝贵的学习、提高的时间，同时等于每天都为公司创造出了好些个保洁员，能使大家的办公环境始终处于一种最佳状态。

可谓一举多得。

其三，可以在一定程度上为公司节省人力资源成本。

上班儿的人少了，不但可以减轻一些工资成本压力，还可以在诸如能源（水电等）、通信器材（电话、传真等）、办公及其他低值易耗品、设备损耗等方面节约成本。

不要小看这些“小小不言”的成本，积少成多也能成为一个惊人的天文数字。规模越大、人员越多的公司，越是如此。

所以，对于公司经营而言，除了“管理无小事儿”之外，“成本无小钱儿”也是一个必须被恪守的铁律。

其四，可以大幅改善员工满意度。

其实，对于现在那些视加班如命的老板，员工们都有点儿烦。我相信，他们中的许多人宁可少挣一点钱，也不愿老是在公司里干耗着，直到熬成“人干儿”。

所以，如果你能用这种方法彻底解放他们的时间，相信一定会极大地增加他们对于公司的满意度与忠诚度，有力地提振公司的士气。

其五，有助于改变企业人浮于事的风气，明显提升工作效率。

其实，说句大实话，即便是两人干一人的事儿，这效率也未必会高。相反，这种人浮于事的局面反而会让大家彼此牵扯，谁都甭想干好，最后干脆大家一起偷懒了事。

这就是“三个和尚没水喝”的道理。

所以，彻底挤掉水分，让每个人都将自身的潜力最大限度地激发出来，反而会让大家都干得痛快，特有成就感，这效率当然也就低不了了。

其六，可以让企业的人员利用空间拥有更大的灵活度。

一般的企业都会遇到这样的尴尬，那就是不敢招人，或者说不知如何招人。

因为市场这玩意儿一天一个变，忙的时候总是人手不够用，可一闲下来立马就会显得人多余。

你又不能总找临时工或小时工凑数，因为有些东西不是一天两天就能会的，需要专业的技能和经验，不经过长时间的训练和实践，根本就玩儿不转。就是说，这些事儿非正式工不能胜任。

可这俗话说“请神容易送神难”，人你一旦招进来，等到市场淡季的时候再想“请出去”，可就难了。总不能老干那种“卸磨杀驴”的买卖吧?

所以，这人到底招还是不招，对很多企业的人事部门来说，都是一个巨头痛的问题。

因此，这种灵活时间出勤法的使用，就能从根本上解决这个“忙的忙死，闲的闲死”的局面，从而为企业的人员利用空间创造出巨大的弹性。

总之，这是一个切实可行的招儿，可谓“好处多多”。

当然，凡事都有两面性，这个方法也会有一定的副作用。

最大的副作用就是，可能会存在一些对突发性事件应对不力的漏洞。

所以，为了应付突发事件，不致措手不及，还可以采取一些必要的配套措施予以补救。

比如说，一定要多培养几个全能型人才，以便尽量防止发生那种一旦某个人来不了，那摊事儿就得黄的局面。而且，相关人员在休假前，必须将手头的工作交接清楚，并承担相应的责任。

又比如说，可以定一个规矩，所有在法定休假日以外的时间休假的员工，必须保证手机畅通，不得去外地，遇到特殊情况时，必须赶回公司应急。

等等。

这些配套措施，可以根据各家公司情况的不同进行灵活的调整，只要能将这个方法的副作用降到最低就成。

我本人曾经在一家润滑油公司短时间地试验过这个灵活时间出勤法，并且收效颇丰。

由于这家公司经营的润滑油业务具有极强的季节性，淡旺季的区分非常明显，所以总是存在着严重的“忙时忙死，闲时闲死”的管理弊病。

而且，更严重的情况还在后边。

这家公司的老板，还是一位“加班万能论”的骨灰级粉丝，对员工的所有评价，都以“是否加班”“加多长时间班”为最重要的判断依据。

这下可要了亲命了。

这家公司的员工，好像被关在笼子里的鸟儿，想飞都飞不出去。

他们旺季时每天加班到深夜（甚至通宵），一个人干三个人的活儿；淡季时也得在公司里无边无际地耗着，三个人干一个人的活儿。

你想想，这员工的士气，还能有的好？

偏偏老板还振振有词：旺季时是让他们受了点儿累，可钱也没少挣啊！你再看这淡季时把他们闲得，估计旺季时受的那点儿累也能补回来了。

闻听此言，我哭笑不得，下定决心为他“洗脑”，扭转这种局面。

经过了长达半年的说服和“推销”工作，再加上员工们的鼎力相助，我终于将这个灵活时间出勤法“卖”给了这位老板。

但老板设了个前提：只是试用，效果不好，立刻“退货”。

不出我所料，员工们对这种办法极为拥护，颇有点儿“久旱逢甘霖”的感觉，让我都有点儿受宠若惊了。

效果也是非常明显的。

不出三个月，不仅这家公司的老大难问题——人浮于事现象得到了显著改善，员工们的工作激情与效率也得到了极大的提升。

这让我踌躇满志，认为这招儿应该可以得到老板的认可，在这家公司“落地生根”了。

没承想，老板的决定却是：取消这种做法，恢复从前的全员上岗、全员加班制。

他的理由也非常简单：从前我一到公司，总是看到公司里到处都是人，心里特踏实；但现在每天来公司，看到每间办公室里顶多坐着那么三两个人，公司里冷冷清清的，心里感到特凄凉。

闻听此言，我无语了……

几个月后，我从那家公司离职。

甭管怎么说，这段经历给了我巨大的鼓舞，使我对这个灵活时间出勤法更有信心了。

盼望着有那么一天，我能在一个更大、更宽松的舞台上进一步实践、打磨、完善它，为我们的管理者朋友开创出一条新路、好路来。

会“开会”

说实话，不怕得罪您，您真的未必会“开会”。

问你一个问题：

如果你是一位公司的管理者，你会“开会”吗？

这句话也许会立马激怒你：你这不是废话吗？“会”谁不会开啊！你当我白痴啊！问这种白痴的问题！

请原谅，我并非有意冒犯你，我这样说，自有我的道理。

即便走出家门儿就会挨板儿砖，有句话我也不得不说。

其实，我们相当一部分管理者，还真不知道这“会”应该怎么开。

否则，就无法解释为什么我们的很多民营企业，开起会来比吃“皇粮”的国企还狠、还频繁，整天价把企业扔进一片“文山会海”之中，却往往很难扎扎实实地办几件实事儿这种情况了。

所以，会“开会”，其实是一门大学问，远远不是我们的很多管理者想象的那样属于“无聊”的话题。

那么，怎样开，这“会”才算是“会开”呢？

以我个人的小小经验，这里面有三个要点。

第一，开会时机的选择。

一般来说，管理者（会议组织者）都不太会选择开会的时机。

这里面有一个很大的误区存在。

就是我们的管理者往往一厢情愿地认为，既然是开会，那肯定是有要紧事儿、正事儿要说，所以，我想什么时候开，就得什么时候开，所谓时机的选择其实是个伪命题，毫无意义。

这种看法实在是有些武断，而且往往会带来很大的副作用，让你的会开得极窝囊、极没效率。

我所经历过的几家公司，都喜欢选择在下班后开会，因为管理者认为上班时间属于天经地义“干工作”的时间，这个时候开会一是影响正常工作，二是影响大家的“投入感”——手头都有一大堆事儿，开会时肯定分心。

但是，下班后开会，这效率就一定会高吗?

绝不尽然。

你想想，正因为大家上班时手头都有一大堆事儿，忙得不可开交，这好不容易下了班儿了，谁不惦记着赶紧离开这该死的公司，插上翅膀飞回家去?

在这种情况下，突然听见“下班儿后别走，开会!”的通知，哪个心里不跟吃了苍蝇一样别扭?哪个不在肚子里结结实实地骂上一分钟街?

因此，通知“下班儿后开会!”的那个人，在此言出口那一瞬间的人气，绝对会跌到负数以下，成为全公司最不受待见、最不合时宜、最“哪壶不开提哪壶”的主儿。

所以你放心，每当你通知大家伙“下班儿后开会!”的时候，一准儿会有人以“晚上有急事儿”为由脱身，让你一万年都凑不齐人手。

在这种情况下勉强开的会，效果会有多大，不用我说你也能猜得出来。

你放心，我敢跟你打赌，所有与会者的魂儿都不可能留在会议室里，早就飞到了外边儿。

所有人的眼神儿，也绝不会在你的脸上，更不会在你的嘴上，全在人家的表上——都几点了，这孙子怎么还在讲，什么时候才能完事儿啊!

尤其要命的是，好不容易熬到了一个领导讲话完毕，以为这会终于要完，却偏偏还有其他的某位领导插上来想“补充两句”的时候，大家伙的眼里一准儿会冒出火星，脑袋里立马幻想出一挺机关枪，喷射出愤怒的子弹，把那个不合时宜的家伙崩到天上去。

所以，开得如此煎熬的会，如果能开出具体的成效，那石猴子都会笑出声来。

很明显，下班后不是一个很好的开会时机，除非万不得已，应尽量避开为好。

那么，什么时候才是开会的好时机呢？

以我的愚见，开会的最好时机只能有两个。

其一，上班之前的时间。

很多公司都有晨会。

一般来说，晨会都是在公司大厅或者公司外面开：大家列好队列，听领导训话，然后喊几句口号，或者做做操，跳个奇形怪状的集体舞什么的，把队伍弄得神清气爽、干劲儿勃发之后，再让大家正式进入一天的日常工作中去。

这种晨会的形式我是非常推崇的，没有必要更改。

只是说，我们可以把开会的时机，放在晨会之后。

因为大家在晨会时都“精神”了一把，这个时候开会，肯定会特投入、特有感觉，因此，也就会更有效率。

但是，这里一定要注意三点。

一、会议时间不能过长。太长了，大家会感到疲倦，如果一天的工作是在疲惫状态下开始的，那么你就得不偿失了。

二、会上尽量避免批评，尤其是严厉的批评。

中国人对批评的反应可能是全世界最强烈的，所以如果你的员工在新的一天开始时就受到了猛烈的抨击，那他这一整天的状态就可想而知了。

三、要注意这样的会议不要天天开，最好只是偶尔为之。

公司，尤其是民营公司，不应该走那种“文山会海”的形式，大量的问题还是应该在私底下解决，在现场解决，而且最好是一对一地解决。

别和晨会叫板，晨会是不一样的。

它是需要每天开的，因为晨会与其说是“会”，不如说是开始一天工作的某种仪式。

这里顺便说一句，很多公司除了有晨会外，对应的还有“夕会”，就是说，这是一种每天下班后对当天工作进行总结的仪式。

我的意见是，除了有特殊的必要，夕会最好取消为妙。

道理我前边讲过了——即便你不取消，它也只能沦为没有任何效果的、令人煎熬的会。

既没有什么实际意义，又极大地伤害了员工满意度，得不偿失。

所以，当天的总结，第二天早晨做也许效果会更好，更会对新的一天的工作起到某种指导、参考或警示的作用。

其二，上班的时间。

除了晨会之后的时间之外，上班的时间也可以是开会的好时机。

这样说可能会出乎很多人的意料——上班时大家手里都有一摊子事儿，这个时候开会怎么行？

别急，听我慢慢跟你说。

首先，我并不认为上班时开会一定会影响工作。我敢保证，在百分之九十九的情况下，你的员工手头上那“一大摊子事儿”都能错开时间办，而且一点儿都不会耽误。

说得不客气点儿，在绝大多数情况下，对你的员工而言，一天上八小时班儿干的事儿，一天上他个十六小时的班儿也基本上不会有什么变化，照样还是那点事儿。

这就是我们常说的效率和方法的问题。

所以，甭管他找出多少个借口，完全挤不出这点儿开会的时间，绝对是说瞎话，你可千万别信。

真把他逼急了，让他拿出打了鸡血一样的拼劲儿，多短的时间也能把事儿漂亮地办了。

当然，如果你是个喜欢开长会的主儿，一个会开他个三五个小时，这性质就变了。

所以，不是万不得已的情况，会一定要短，以不超过半小时为宜。

另外，说上班时间开会会影响与会者的“投入感”与状态，避免不了员工会“分心”这一条，我也不能完全认可。

员工为什么会分心？

像上面说的那样，真把时间安排的效率问题解决了，其实根本不会有耽误事儿的可能。

而且，这里还有一个技术性的问题，那就是手机问题。

你想想，如果你正开着会，员工却一个劲儿地瞄着自己的手机，或者手机铃声跟蛐蛐儿似的不停地叫，别说员工，连你自己都会分心了。

所以，只要你在开会，一定要恪守一个铁的原则，那就是“全员关机”。

但凡有人胆敢违反，一定重罚不贷。

也许有人会说：“我真有急事儿，正在等一个特要命的电话。”

没事儿，我们这个会不长，半小时后再打回去不失礼！

而且如果真是急事儿，对方也会再给你打过来。

顶了天儿了，你可以给对方事先打个电话或发个短信，告知对方你正在开会，半小时后会准时联络他。

总之，令我特郁闷的一件事儿是，甭管你的员工平时工作作风多拖沓，效率有多低，责任心有多差，只要一开会，保准儿一个个儿都会立马变得特有责任感，特珍惜时间、珍惜信誉、珍惜效率，个顶个儿地表现出一种特高的职业素养，真是活见鬼了！

退一万步讲，为了开一个真正有效率、见效益的“好会”，就算牺牲一点儿“正事儿”，也在所不惜！

“芝麻”与“西瓜”的关系哲学，是亘古不变的。

千万别算不清这笔账。

第二，开会方式的选择。

掌握了开会的时机，还得学会选择开会的方式。

说白了，这里包含着以下几个方面的问题。

其一，开“大会”，还是开“小会”。

一般来说，管理者都喜欢开“大会”，就是说人尽可能全点儿，场面和架势尽可能大点儿。这样做，一可以取得一劳永逸、尽可能彻底搞定的效果，二可以展示一把会议组织者的风采和大手笔，可谓一举两得。

但是，我要告诉你，这“大会”的效果，在百分之九十的情况下，要远远小于“小会”。

原因也很简单。

开“大会”一个是滥竽充数者太多，一个是你很难与每个与会者进行充分的沟通。

人太多，嘴太杂，其实到最后谁都不能充分发表意见，或者在这种乱糟糟的局面下，许多人也许会失去发言的意愿。

又或者，碍于人太多，场面太大，反倒没有人敢于发言，更别说畅所欲言，说真话了。这样就会造成冷场，搞得大家都很尴尬。

而且，人多眼杂，很多人都会注意说话“悠着点儿”，省得得罪人，因此你也不可能听到他的真心话。

在这种“大会”上，满耳都是官腔和场面话，也势必都是空话和废话。

所以，如果有可能，你要尽量学会开“小会”，场面越小越好，人数越少越好，内容越有针对性越好。

只有这样的“小会”，大家才能真正放开顾忌，畅所欲言，会开得才能更有针对性、更实在，你也才能真正得到你想要的结果。

其二，都是谁参加。

那么，为什么一般管理者总容易把会开“大”呢？

除了想摆摆谱之外，还有一个很大的原因，就是弄不清到底该让谁参加。

我们的管理者为了达到“一举搞定”的效果，往往容易做这样的决定：好歹和这次会的内容沾点儿边的人，通通都得叫过来。好像参加的人越多，会后的执行力就会越强似的。

其实大可不必。

因为这样做，除了会有我上边儿说的滥竽充数等弊端之外，还有一个更要命的问题等着你，那就是你一万年都凑不齐人。总会有人以这样那样的借口晚来或不来，让你的会开得极窝囊。

所以，不妨换一个思路。

我们可以尝试使用一下排除法，倒着“筛”。

具体地说，就是根据与会必要性的大小，一层一层地排除、筛选，直到锁定那几个无论如何不能缺席的人为止。

相信我，用这种排除法锁定的人，永远都会是极少数。锁定了这几个人，你的会就会好开得多了。

因为只要这几个人到会，其他的人来不来两可，会可以照开不误。

反之，只要这几个最核心的人物中有一个人不到场，那么甭管其他的人凑得多齐，你这会还是以取消为妙。

其三，站着开还是坐着开。

只要一提开会，我们就会理所当然地想到坐着开。

其实不然。

有的时候，只要不是长会，站着开效果会更好。

因为和坐着的状态相比，人在站着的时候注意力会更集中，大脑会更兴奋，思维也会更敏捷。

所以，偶尔尝试一下站姿开会，尤其是那种现场会，其效果要比坐着开强得多。

其四，在哪儿开。

一说开会，大家脑子里肯定第一时间会想到会议室。

其实不然，这开会的地点绝对可以灵活多样。

首先，在问题发生的现场开，会增加会议的临场感与紧迫感，一定会取得绝佳的效果。

另外，比如说休息室的沙发区，比如说你自己的办公室，都可以成为很好的会议场所。

我还尝试过把与会人员领到公司里的草坪上，坐着围成一圈儿，一人发瓶矿泉水，大家畅所欲言，可谓效果奇佳。

很多一进会议室就立马变得沉默寡言的员工都会打开话匣子，令我受益匪浅。

除此之外，我还听说我们公司的某位部门经理喜欢把他的团队拉到某个员工家里开会，效果据说也不赖。他那个团队是全公司最团结、战斗力最强的团队，这一点就是一个强有力的证明。

总之，会议室这东西，利用得太频繁了，就会给人一种特压抑、特形式主义的感觉，就会让与会人员失去灵感，失去积极性。

所以，灵活变换会议地点，往往能给员工带来新鲜感，使他们感到兴奋，让他们觉得很刺激；同时，也会给他们带来某种莫名的安全感，使他们能够放弃戒心，不至于绷得过死，恰恰能收到意想不到的奇效。

第三，开会的技巧。

谈了开会的时机和方式，下面我们再来聊聊开会的技巧。

坦白说，开会的技巧不是一个能够充分论述的问题，因为它是一个外延极大的话题，不可能三言两语说得清楚。所以在这里，只介绍几个我个人的小小心得，仅供参考。

其一，阶段式开会法。

我们很多管理者在对待会议的态度上，总是过分心急，总惦记着“一举搞定”的效果。

但是，我必须说：心急吃不了热豆腐。有时候，你越是着急“要结果”，结果越是偏偏不肯出来和你见面儿，反倒容易落下个“不了了之”的局面，让你在会议这件事儿上不停地“画逗号”，始终看不到真正的“句号”。

所以，有的时候，越是面对棘手的问题、棘手的会议，越是要有耐心，一定要尽量避免过快拿出“最后结果”，一定要尝试着去接受“阶段性结果”，为下一次会议留下足够的悬念和议题。

“欲知后事如何，且听下回分解”，也许倒是一个有效率的招儿。

话说到这儿，我要向大家介绍一个在国外被广泛使用的开会技巧，那就是“巧用白板”。

一般来说，许多公司的办公室和会议室里都会挂着白板。

但凭我的观察，绝大多数公司对白板的使用都过于程式化，过于僵硬了。

所以，我们往往只能在白板上看到一些诸如业务数据或企业和部门的政策信息、各种动态等宣传性的内容，这就等于我们的白板在绝大多数公司里沦为了社会人的“黑板报”。

其实，除了“黑板报”的功效之外，白板的使用方法完全可以更加灵活多样，可以为我们创造更大的价值。

一般情况下，我们开会时总喜欢用说的方式，很少用到写的方式。

顶天儿了，就是每个与会者拿个笔记本做做所谓的记录。

我敢拿我所有值钱的东西跟你打赌，这种“记录”在绝大多数时候都是与会者拿来给领导做做样子看的，估计你在会上说得唾沫星子横飞的时候，他的笔记本上写的都是一大堆类似于“安红，我想你”之类的不着四六的东西；又或者，也许真有人当成事儿地把你说的话原封不动地记录了下来，但里面绝对不会有一丝一毫他本人的思考在，而且，基本上散会之后，那份“会议记录”他都可能没翻开看一遍。

就是说，这唯一的写，还是做做样子给你看的，那么会议的进行，就完全得靠说了。

可是有些事儿，尤其是特棘手的事儿，光靠说是没用的。

因为我们会沮丧地发现，光说往往会让人觉得“条条大路皆死路”，最后总是令会议走入一条死胡同。

所以，这个时候，你就可以把白板搬出来，开始写。

甭管多么棘手的问题，哪怕让人觉得那整个儿就是一死棋；

甭管多么沮丧的场面，哪怕让人觉得这会场的气氛能使人窒息。

没关系，只要你现在就开始在白板上写。

首先，你要用最简短、最精练的语言把你们的问题写出来。

然后，再写出你们具备哪些条件，面临哪些挑战。

接下来，针对这些内容，让大家自主发言，怎么说都行。

哪怕有人说“这事儿绝对没戏，趁早歇菜算了”都成。

把它作为一个意见，写在白板上。

总会有人发表一些哪怕只有一点建设性的意见。

立刻写在白板上，把它作为一条线索，紧紧扭住不放，再往下继续发挥。

…………

这样做的结果是：到最后，大家往往会惊奇地发现，明明刚才讨论时都以为是一步死棋的东西，怎么还真就有了一线生机呢？

所以，白板就像一根线，可以帮助人理清逻辑、开拓思路，将会议从一片阴郁的气氛中带出来，带向隧道尽头的那一线光亮。

当然，就像我在前面说的那样，白板不一定每次都可以将会议带到一个“最终结果”面前，但总可以将会议带到某个具有建设性和可操作性的落脚点处，你可以在这里终止会议，将这个在落脚点处得到的“中间答案”付诸实践。

相信我，有很多事，答案会在实践中逐渐呈现出来，你一定会得到很多灵感、很多收获，然后你就可以组织下一次会议，再搬出你的白板……

如此周而复始，相信你一定会成功找到那条真正通往罗马的大路的。

这就是巧用白板的阶段式开会法。它往往比试图“一举搞定”的开会法更实际，更有效率。

尤其是不善言谈的日本人，非常擅使这招儿。

这块小小的白板，成为了日本企业实现良好沟通与执行力，夯实企业核心竞争力，最终得以称霸世界的一个秘密武器。

其二，事先通知会议内容，使预定与会人员提前做功课、动脑筋，做到“有备而来”。

我们往往会对会议有个误解，就是认为“会”这玩意儿是具有突发性的，很难提前预知，感觉到有问题了，就得赶紧开会。

其实不然，就算确实有一些会议具有明显的突发性，但这种情况绝无可能超过百分之十。

就是说，在百分之九十的情况下，会议的召开是可以提前预知的，因此，绝对有时间进行准备。

任何没有充分时间准备的会，都有可能成为“拍脑门儿会议”，纯粹是瞎耽误工夫。

但是，这里所说的准备，不是单指会议组织者的准备。要想组织一个成功的会议，所有与会者都应该进行充分的会前准备。

这里尤其要注意一个重点，就是找问题。

这个环节的找问题并不消极，因为问题找得越多、越准，拿到会上讨论时就越容易做到有的放矢，使会议开得更有效率。

其三，尽量安插“小组讨论”环节。

如有可能，要尽量减少会议组织者占用会议的时间，优先安排“小组讨论”环节。

有些事儿，与其大家伙一起七嘴八舌地说，不如将与会人员拆成一个个小组，让他们分头讨论，等各小组都能形成相对成熟的意见后，再拿出来给大家一起探讨。

这种方式，由于与会者每个人的意见都能得到最充分的体现，可以大幅提高会议的效率，扩大会议的成果。

其四，一定要有会后“PDCA 追踪”环节。

一句话说死：一切没有这个环节的会，都属于白开的会，没有任何实际意义。

具体点儿说，这其实是一个落实会议精神的过程。或者说，是一个最能集中体现企业执行力高低的过程。

会上交代的事儿，谁负责、需要什么条件、什么时候完成、完不成如何办等，都要在这个“PDCA 追踪”环节中体现出来。

依我个人的经验来看，中国的私营企业中，都存在不同程度执行力低下的问题，这在很大程度上都是因为这些企业没有倾注最大的资源和精力死磕会议的“PDCA 追踪”环节。

这就致使我们的很多会议，基本上都逃不脱“散会就完事儿”的厄运。所以，企业的执行力一万年都不会有起色。

也许有人会说：你说得不对，执行力的高低是由员工素质决定的，执行力差，归根结底还是说明员工素质不行，所以，最根本的应对方法还是加强教育，强化培训工作。

首先，我赞成你的观点。因为我也承认员工的培训工作永远都是企业文化建设工作的重中之重。

但是，你要冒一个极大的风险。

估计等你把你的员工都培养成“雷锋”的时候，应该已经离破产不远了。

时间不等人。教育、培训工作固然重要，但组织和制度方面的保障更为重要。

所以，真正聪明的老板，真正渴望执行力的老板，一定不要太天真，总把提升执行力的希望寄托在提升员工素质上面。

一定要肯付出血本，设立专门的组织机构与这个“PDCA 追踪”环节死磕才成。

但在这里要澄清一点，很多企业都设有类似于“行政部”的部门，这个部门的一项任务就是抓各项会议的落实工作。

但是，这种部门往往还要同时负责其他各种杂七杂八的事儿，每天忙得跟无头苍蝇似的，根本没有精力去高效率地完成这项工作。

所以，我这里说的“专门机构”，指的是除了这项工作，别的活儿什么都不用干的意思。

就是说，这个部门的人可以“闲”一些。

没关系，不“闲”就很难“专”。而这件事儿，非“专”不能办成。

你放心，你这点钱绝对不会白花，因为这个机构为你挽回的潜在效率和利益的损失，将会是一个惊人的天文数字。

你会“开会”吗？

先别急着回答，好好想一想。

财富，是“睡”出来的

信不信由你，你公司一半儿的效率都和员工的“午睡”有关。
所以，安排好员工的午睡事宜，也是管理者的本职工作。

现在的很多企业，在对待员工午睡的问题上，都显得有些尴尬。

禁止吧，自己心里都没底儿。不信你就看看，无论你怎么严惩不贷，一到食堂开饭完毕的晌午时分，一眼望去，准是一大片眼皮子打架、脑袋瓜子一垂一垂地打盹的主儿。

但咬咬牙放开吧，又实在是不甘心。

毕竟这是单位，是上班的地儿，就算是中午休息时间，要是满眼东倒西歪的场面，也实在是说不过去，对企业形象的损害太大。

所以，很多公司的头头儿，在这件事儿上都采取“睁一眼闭一眼”的态度，表面上严格要求，私底下暗放一马。

实在太过分的时候，顶多杀他两只“鸡”，震慑一下“猴儿”了事。

唉，区区一个午睡问题，居然这么纠结！

其实，要想解决这个问题，还得从午睡的原理说起。

人在用餐完毕之后，身体中的血液会大量集中于消化系统，这就会造成大脑缺血的现象，使人必然地犯困。

而且，辛苦工作了半天之后，终于等到了午休时间，绷紧了一上午的弦一下子放松了下来，也会令人的状态松弛，招来瞌睡虫。

就是说，午睡是一件要多正常有多正常的事儿，适当地午睡，不但不会影响员工的工作状态，相反会使员工下午的精力更加充沛，拥有更高的工作效率。

在这种时候，如果你还硬逼着员工强打精神的话，那就是不合时宜，摆明了要跟员工下午的工作精力与工作效率作对，因此实在是件自欺欺人、得不偿失的蠢事儿。

那么，针对午睡这事儿，怎么做才是正确的呢？

首先，高明的管理者，不但不应该禁止午睡，相反应该大张旗鼓地、公开地鼓励午睡。

因为，在被人禁止的前提下打盹儿，是一件极其痛苦的事儿。

明明大脑想休息，却偏偏老得惦记着“千万别让领导看见，否则又得倒霉”，这能休息得好才是活见了鬼。

在这种“枕着定时炸弹”的状态下午睡或打盹儿，只能让人更累，大脑更疲劳，导致下午的精神更萎靡、状态更低下。

所以，与其这样，不如大大方方地允许甚至是鼓励大家午睡，让大家既然休息，就舒舒服服、心无旁骛地休息个痛快。

但有一个前提，午睡的时间不宜过长，以十五至二十分钟为宜。

日本的科学家做过一个小实验，在公司上班期间的午睡时间不宜过长，过长的睡眠会让人感觉慵懒，很难打起精神，反倒影响效率。所以，十五至二十分钟的睡眠，才是质量最好、效率最高的睡眠。

但是，正如我们绝大多数管理者担心的那样，办公室里大家都睡得东倒西歪，确实有点儿不太像话，会影响企业形象。而且，由于瞌睡虫这玩意儿有着极强的传染性，只要第一个哈欠声响起，有一个人开始打盹儿，过不了多一会儿，一准儿会带趴下周围一大片人，这样也会妨碍到那些手头还有工作的同事。

那怎么办才好呢？

给你支几招儿。

其一，在公司里专门设置一个可以午睡的地点。

一般情况下，是个公司都会有那么一两间相对闲置的场所，如会议室、VIP室、图书阅览室等，把这些地方活用起来，让员工中午到那儿歇着就成了。当然，如果条件允许，专门攒一个员工休息室之类的地儿最好。这种场所的有无，直接关系着员工满意度和对公司的忠诚度，建上一个吃不了亏。

总之，这个场所指定了之后，你就可以严格规定：所有人等必须到规定场所午休，如果再发现“就地打盹儿”，趴在办公桌上午睡的主儿，绝对“要你好看！”

其二，严格限定午睡时间，实行轮换午睡制。

规定午睡时间不得超过二十分钟。每人必须上好闹钟，到时必须归位工作，超时处罚。

实行轮换、交替午睡的制度，合理安排中午的值班人员与值班时间。

当然，执行这招儿的时候没必要太死性，有些东西可以适当地赋予一些灵活性。

毕竟，这是一件和休息有关的事儿，不能太僵硬。

最后，再说一个小秘诀。

员工午睡结束，走出休息室时，应该鼓励他们到室外走走，看看满眼绿色，晒晒太阳，抻抻筋骨，做做深呼吸。

回来后，我敢保证他们个个儿都能跟打了鸡血似的投入工作中，效率绝对没说的！

据说，在日本就有很多用这招儿对付员工午睡问题的公司，效果都奇好。

通过这种办法，这些公司的业绩都发生了显著的提高，个别公司的业绩甚至提升了一倍！

可见，管理无小事。

区区一个午睡问题的圆满解决，就会为企业带来如此之多的真金白银的收获！

今天，你的员工午睡了吗？

“端”与“不端”

可能您从来没有想到过，对于一个管理者来说，原来这“端架子”里面也大有学问。

身为一个领导，可不可以“端”着点儿，有点儿“架子”？

实话实说，可以。

自古以来，似乎所有对好领导的评价，都是对“端”和“架子”的一种否定：平易近人、不耻下问、微服私访什么的，都是脱掉“架子”这件马甲后的状态。

反之，大量对坏领导的评价，都是对“端”和“架子”的一种渲染：盛气凌人、颐指气使、官僚主义什么的，都是穿上“架子”这件马甲后的状态。

所以，“端”和“架子”这种词儿，几乎已经同“官僚主义”“僵硬”“腐朽”之类的负面词汇同义，越“不端”越“没架子”的领导才是好领导这种观念，可谓深入人心。

但是，只要你够诚实，相信你就不得不承认一个现实：无论你喜欢与否，做领导的，不可能完全不“端”，完全没“架子”。

这倒不是说只要当了领导，就会不可避免地自我膨胀，开始玩儿官僚主义。其实，即便你天生与官僚主义绝缘，为了更好地达到“有效领导”的目的，有的时候你也不得不“端”，不得不摆点儿“架子”。

因为你要维持一种高执行力，就必须服众，而为了服众，就必须有一定的气势与威慑力。

而这种气势与威慑力，要求你必须在适当的时候穿上“架子”这件马甲。

我公司新近提拔了一位女孩子做销售主管。这个女孩儿哪方面都挺好，都挺称职，就是有一个地方让人特郁闷。那就是她在和员工说话时，总是看不出一点儿“领导”的样子。

无论是组织会议（哪怕是部门的晨会），还是给员工交代或指导工作，甚至是在批评员工的时候，她的声音都跟蚊子似的，得竖起耳朵才能听得清，显得特别小心翼翼、底气不足，好像是自己在做什么见不得人的事儿，必须遮遮掩掩似的，颇有点儿做贼心虚般的感觉。

这还不算完，你再看看她说话时的姿势——每次都双腿并拢，脚跟闭紧，脚尖微开，双手自然垂于两腿外侧——整个儿一标准站姿，给人一种特毕恭毕敬的感觉。和姿态相对放松得多的员工相比，倒好像是她在向员工汇报请示工作似的。

照理，以她这做派，可算得上是超级平易近人了，堪称“好领导”。

可是，别提这个“好”字，即便是“领导”的感觉，她也始终没有找到。

员工也用实际行动回应了她。

只要是她开的会，布置的事儿，强调的要点，员工基本上鲜有“当事儿”的，无论怎么使劲儿都白搭，这执行力就是提不上去。

我发现了问题的严重性，把她找来深谈了一次，并做了几个具体的细节方面的建议：

第一，开会，尤其是开晨会时，一定要保持相对放松的姿态，可以将双手背到身后，甚至可以在列好队的员工面前适当地来回走动。

第二，甭管是开会抑或是个别谈话，可以有些“官腔”，而且声音一定要高八度，不能太温和，只要不至于盛气凌人就行。

第三，杀鸡给猴看。哪怕是“鸡蛋里头挑骨头”也在所不惜，必须于一周内严肃处理几个执行力不佳的问题员工，由此产生的任何投诉，由我本人出面替她解决。

指示完毕，她将信将疑地得令而去。

由于性格使然，那之后的她并没有完全做到我要求的几个要点。

但仅仅是牛刀小试，也已经取得了不俗的效果。

她使出浑身解数才好不容易“端”起来的那点儿“官架子”，并没有压倒她那天生的平易近人的性格，相反，倒使这“端”与“不端”之间达到了一种良好的平衡，反而增加了她“领导”的魅力。

渐渐地，她成为了员工心目中的一位标准的好领导。

人气高了，有威信了，说话也就更有底气了，再也没有了从前那种做贼心虚般的戚戚然之感。

所以说，当领导的，固然不可盛气凌人、颐指气使，但这也未必意味着将自己“混同为一般老百姓”就是唯一做好领导的正道。

这“架子”的“端”与“不端”之间，其实大有文章可做。

一件小事儿

从一些小事儿当中，可以管窥到管理方面的许多大道理。

办公室的小张负责展厅音乐音量的调节。

某天总经理坐在办公室，忽觉屋外展厅音乐音量太小，便打电话给总务室的小李，让其转告小张“把音量调大点儿”。

小张闻言颇有些委屈，连忙告诉小李“刚才展厅有客户嫌音乐太吵，所以我才把音量调下来了”。

小李回曰：“我只是转告领导的意思，有情况你跟领导结合一下吧！”

旁边立马有同事起哄：“这玩意儿不好‘结合’啊！”

因为这位领导是一位公认的铁面无私、说一不二的主儿，任何“结合”，都会被视为“找借口”“执行力差”“抗旨不遵”的表现，基本上“结合”了也没用。

就是说，小张明明是一番好意，却发现自己顷刻间陷入“两头挨打”的局面。这对于“90后”、依然涉世未深的小张来说，可是一个大难题，是不小的打击，那份委屈劲儿，几乎眼泪都快掉下来了。

这件事儿，其实只是在任何一家公司都会随处可见的“日常风景”，甚至是根本不值一提的日常琐事，但我之所以把它当成事儿来絮叨一下，是因为这里面其实暗藏了许多中小企业日常管理中的玄机，而且颇为典型。

首先，作为领导，如果一味地追求执行力，一味地追求铁面无私，一味地惦记着把自己的下属、员工都变成那个把信送给了加西亚的罗文，那一定会出问题，而且还是大问题。

记住，罗文只是传说中的人物，西点军校全世界也只此一家。如果你总想揠苗助长，让你的员工都成为“罗文”，或个顶个儿都和西点军校里的铁血学员有一拼，那你最后得到的将除了假象还是假象。

道理也很简单。因为你的下属根本做不到，而你偏偏又假设他们能做到，他们当然也就只能假装做到给你看了。

所以，甭管员工有什么借口，哪怕就是为自己的懒惰找的“纯”借口，做领导的，也是要经常洗耳恭听的，除非你想天天生活在“假象”里。

只有听取了这些借口，找到与下属、员工沟通的方向、方法，做出必要的安排与指示，你才能确保你能在一定程度上看到“真相”。

打个比方，在公司里，我是最费心与员工沟通的管理者，同时也是一个看到“真相”最多、执行力最扎实的管理者。

和其他的管理者相比，也许人家都做了十件事儿，而我可能只做了一两件事儿，但是我敢保证，我做成的事儿里，保准“水分”最少，“成色”最高。

在沟通中对付员工的借口，无非是两招儿。

一是你要用你更高人一筹的口才和智慧，把他说得没词儿了。这样，即便他心里可能依然有些不服气，但也只能沿着你指的道路前进了。

二是能把他的真心话全鼓捣出来，你就可以更准确地掌握他的心理状态，事后的跟进和监督什么的，也就能更有的放矢，更见效。

记住，我们中国人和西方人不一样，心里的疙瘩解不开，你甭想让他动真格儿。所以，那些强调“机械化管理”的管理者，天天惦记着从西方管理大师那里取真经的老板，千万别搞错了一个关键的事实：咱中国人和老外真的不一样。

如果你手底下都是“洋兵洋将”，可能这些东西还真管点儿用，否则，甭管多好的招儿，只要水土不服，一切都白搭。

所以，在沟通这件事儿上，管理者一定不能偷懒，认为这是浪费时间。因为对于我们中国人而言，最好的管理就是拿出百分之九十的时间和精力沟通，拿出百分之十的时间和精力执行。只要沟通到位，其实我们中国人的才华和执行力绝对够牛×，简直可以说是“举世无匹”！我们中国人之所以会经常掉进执行力差的坑里，百分之九十九的原因，都是因为没有做好沟通。

何况，这还只是针对员工有意偷懒、故意找借口以求逃避责任的情况，如果你的员工找借口的行为确实是在遇到问题真没辙的情况下发生的，你的这种“铁板一块”的表现就更要了命了。这时候，摆明了倾听、帮助与指导才是唯一靠谱的招儿。否则，你不但会得到更多的“假象”，而且还会伤了员工的心，让员工干脆以“蒙事儿”（或者说“蒙你”）为己任，天天靠贩卖假象过轻松日子。

那时候，也许你的公司真的会达到你所期望的那种“令行禁止”“天下太平”的局面，你也许也会陶醉在自己超强的权威和团队超强的执行力里。但，这真是你想要的吗？

其次，对于办公室的小张来说，毕竟由于年轻，有些事儿处理起来未免有些死性，远远不够灵活。

其实，在任何一家公司里，甭管是管理者还是普通员工，要想完全在一个畅通无阻的条件下做事儿是非常难的。基本上无论你做什么，总是会遇到这样或那样的阻力和羁绊，很难让所有人都满意、都高兴。

就是说，你发现你总是会陷入一种四面楚歌的局面，张三满意了就会开罪李四，李四高兴了就会招惹张三，而且，最要命的是，“什么都不干，干待着”都不成，张三李四会合起来数落你，让你两头不是人，只有跳楼的份儿。

遇到这种情况，绝大多数人都抓瞎，任由自己嗟叹自哀，当个无助的牢骚狂。

又或者，很多人干脆自暴自弃——老子不受这窝囊气了，不伺候了！辞职走人，跳槽还不成？

对不起，只要你还在中国这地界儿上，其实无论你走到哪儿都照样会碰到相同的事儿，因为有些事儿是文化，是普遍现象，你逃到天边儿都逃不脱。

其实，只要我们别那么死性，能稍微玩儿一点逆向思维之类的招儿，跳出框框来想问题，这些事儿都不难处理，甚至有时几乎是小菜一碟。

很简单，我们只要找一个“最大公约数”就完了。

就是说，如果张三要 A，李四要 B，你的选择就应该是：A 加 B 除以 2。

拿上边小张的例子来讲，如果领导对音量的期望值是 10，而客户的期望值是 6，你把音量调到 8 就 OK 了。

你也许会说，那岂不是领导和客户都没有达到最满意的状态吗？

对了，你找到窍门了。这才是问题的关键所在。

我们之所以总是把自己逼到四面楚歌的绝境里，就是因为我们太死性，老想着让所有人都满意，结果折腾来折腾去，总是把事情搞砸，让所有人都不满意，最后自己累个半死，还落了一身的埋怨。

所以，只要我们学会点变通，把标准从让大家都满意变成让大家都不太满意，就一切搞定了。在这里，满意和不满意的最大公约数就是“不太满意”，这才是你应该去追求的，能让你迅速脱离险境的招儿。

就是说，你应该追求这样一种结果：大家虽然都谈不上很满意，但至少还说得过去，不至于不满意，能让这件事儿顺顺当当地过关，你不至于脑袋上挨雷，招致领导批评和客户投诉，就算成功。

至于你非常在意和重视的让大家都满意、能让你出彩的事儿，你还可以另寻机会。

只要你头脑够灵活，手脚够麻利，这种机会将来还会有一大把，实在犯不着在这种坎儿上穷较劲，自己和自己死磕。

其实，“和谐社会”的理念，即便在公司这个小天地里，依然适用。

最后，对于总务室的小李来说，这件小事儿，也充分暴露了自身的失职。

总务室是干什么工作的？后勤是也。

就是说，这是一个为大家提供服务的部门，因为他们的存在，大家才能够心无旁骛地做工作。

但很多人都过于片面地解读了这种“服务”的含义，总认为只要搞好环境卫生、安排好食堂工作什么的，总务室就算尽了职，起到了其应有的作用。

这实在是对总务工作的一个天大的误解。

其实，我一向认为，充当部门间的沟通润滑油是总务工作的一个重大内容，也是总务部门人员责无旁贷的责任。

道理很简单。

一、既然你是一个大家公认的服务部门，而协助沟通又是一个大家公认且充满渴望，却往往容易缺失的服务项目，那么，无法或不能很好地提供这项服务本身，就是你的失职。

二、由于工作性质，总务部门是最容易也最频繁地游走于各部门之间的综合性部门，因此也就有最大的资源与机会为各部门之间形成良好的沟通提供有力的协助与斡旋。

既然如此，遇事儿“一推三六五”可不是总务人员应有的风范，总务人员应该时刻准备着冲到最前边，主动为大家创造各种各样方便的沟通条件，搭建沟通的桥梁。

其实好好想想，总务人员对这种事儿唯恐避之不及也情有可原。因为毕竟在咱中国，扮演好“沟通润滑油”的角色谈何容易！我们中国人之间最难办的事儿就是沟通，所以很多事儿往往都是拖到几乎无路可走的时候才勉强去沟通，要搁平时，躲都来不及，只有脑袋让门挤坏的主儿才会闲着没事儿主动蹚这摊浑水呢！

即便如此，总务人员也要拿出勇气，主动蹚这个浑水才好。

道理也很简单，其实平时大家越“躲”的东西，往往才是越有“价值”的东西。事儿来的时候，别看每个人都不自觉地往后退，但是心里其实特渴望能有个人勇敢地站出来替大家出头。就是说，这种时候才最容易出彩儿，就算你把事儿办砸了，表面上受了点委屈，其实大家也会发自内心地感谢你，买你的账，在心里为你的人气加分。

在单位工作，给自己的人气加分可是一件巨重要的事儿，它决定着你的“前途”和“钱途”，每一分都是货真价实的真金白银。

所以，怎么做才对自己的利益最大化真正有利，你就应该心知肚明了。

就拿上边的小李来说，她不愿意充当小张和领导之间的“沟通润滑剂”，只甘于做个“传话筒”的动机其实再明白不过了：都知道领导是个铁面无私的主儿，好歹哪句话没说对就会挨顿骂，这事儿又和自己无关，那为什么要主动蹚这个浑水，给自己找这份儿闲事儿呢？

小李的心思固然可以理解，但不妨换一个思维方式想想：替小张挨顿骂，真的就是一件那么倒霉的事儿吗？

不尽然吧？

起码让小张欠了你一份儿人情，这就是个不小的收获。

先别说你晚上很有可能搞定一顿饭（而且估计小张会表现得巨大方），未来的一段时间里小张也会对你恭敬、殷勤有加，就拿小张和你周围的同事来说，你的“够意思”的表现也会令他们赞赏不已，给你大大地加分，将来单位有个什么好事儿，估计弟兄们绝对忘不了你。

另外，即便拿那位铁面无私的领导来说，别看他嘴上骂了你，心里可是买你的账的。

记住，全世界的领导，都会对自己常骂的员工留下好印象，有什么加薪升职的好事儿第一个就会想到这些人。

相反，他从来没有骂过的员工，估计就已经快“活到头”了，说明领导对他已经完全没信心，离死不远了。

总之，都是出来混的，“怕事儿”可怎么得了！

在职场里，未必默默无闻就是好样的，有的时候，“事儿”多点儿，甚至“是非”多点儿（当然，这种“事儿”和“是非”，不是通过歪门邪道，而是通过努力工作得来的），其实都是一件好事儿，这是你人气旺、人“红”的表现，你应该感恩才对，怎么还抱怨呢？

羡慕嫉妒恨

妙用“羡慕嫉妒恨”情结。

众所周知，“面子”文化和“灭人”文化是我们的两个国粹。

这两个国粹最直接的产物，就是那句现如今已然火得一塌糊涂的流行语——羡慕嫉妒恨。

而且，不只是在社会生活方面，即便在企业管理的领域里，这个流行语也分外给力，没少折腾我们的管理者。

包括本人在内，所有的管理者心中都会有一个心照不宣的“苦衷”，那就是无论你怎么考核、评比，玩儿各种各样“形式主义”的东西，哪怕让你玩儿出花儿来，你都始终无法跳出一个怪圈，那就是你费了半天劲好不容易拿出来的结果或评出来的先进人物，永远无法服众，总是起不到应有的作用。

这还算好的，更让你郁闷的事儿是，你的那些先进人物还往往不买你的账，甚至会找上门来央告着你把他的“先进帽子”摘掉，否则就会在同事中“没法儿混了”。

就是说，你的那些“花花肠子”，各种各样激励员工工作积极性的招儿，往往收效甚微，弄不好还会有反作用，不但激励不了员工的士气，反而会挑起“内讧”“内耗”的事端，大家都不能安心做工作，令你得不偿失，徒呼奈何！

唉，没办法，又是“羡慕嫉妒恨”惹的祸！

谁让我们中国人天生骨子里只觉得自己好，谁也不服谁呢！

你也许会不以为然：你说的这种情况也太极端了！哪有那么严重啊！而且，你的员工之所以会不服气，归根结底还是你的招儿公平性、合理性不够，根本怪不得员工不领你的情！

我承认你说得有道理。其实，在管理工作中，我们的管理者经常要面对一个既现实又冷酷的问题——如何做到公平。

确实，从管理学的纯理论角度讲，管理的公平性至关重要，公平性把握不好，往往会让一个好好的东西功亏一篑，使结果出现冰火两重天的局面。

但是，我敢负责任地讲，尽管我承认公平的重要性，但至少在我们中国这地界儿上，如果你过分纠缠于“公平”二字，就有陷入死胡同的危险。

甚至于说得极端点儿，有的时候“公平”二字就意味着：你干脆什么都别干。

道理也很简单，因为在我们中国人的字典里，其实是不存在一个客观的“公平”的概念的，基本上全都是主观，那就是只有自己好才是真正的公平，别人比自己好，甚至别人和自己一样好都是不折不扣的不公平。

所以，如果你想在管理工作中搞绝对的公平，唯一的办法就是不做事，也只能是不做事。

当然，不做事是绝对不能接受的，可这“羡慕嫉妒恨”的国粹你又改变不了，无能为力，这可如何是好？

别急，根据我多年的小小经验，有一个招儿可以解决这个问题。

就是说，这招儿不但可以使你做事，而且还能有效地回避掉甚至巧妙地利用上我们这个“羡慕嫉妒恨”的国粹。

其实，我们中国人的“羡慕嫉妒恨”也有一个挺可爱的地方，那就是基本上针对个体的情况比较多，而针对群体的情况相对少。

再说得简单点儿，如果一个“先进”的名头落在了某个个人的头上，在我们中国，十有八九这个人会倒霉。

但是，如果一个“先进”的名头落在了某个团体的头上，这个团体倒霉的系数就会大幅降低。或者换一个说法，即便这个团体也倒霉了，团体里的个人受到的冲击就会小很多。

理由很简单，团体就像一把保护伞，会形成一个强大的“缓冲带”，给里面的成员一定的支撑，甚至是强有力的支撑。

从个人的角度来讲，身边好歹有几个难兄难弟做伴儿，也可以在受到冲击时相对容易地变得释怀，可以有效地缓解过大的压力和郁闷的心理。

同样的道理，如果一定要对某个个人进行激励，把其置于一个小团体中之后再这么做，效果也会好得多。

打个形象点的比方，“现在宣布某某某是先进！”其效果肯定远远不如“现在宣布某某小组的某某某是先进！”

这样做，一是可以对那个“不幸”当上了先进人物的人提供一点儿保护，使其少受点“羡慕嫉妒恨”的冲击；二是不显山不露水地给了他所属的小团体一个面子，使更多的人获得了某种心理上的平衡，也等于从侧面给了这个幸运的“倒霉蛋儿”一点支撑；更重要的是，还给这个先进人物提了个醒——别忘了，你的军功章里也有弟兄们的一半儿——从而让其保持一个清醒、冷静的头脑，不至于把自己太当事儿。

可谓一举多得。

从另外一个角度来说，我们中国人之所以会有“羡慕嫉妒恨”的毛病，其实还是源于对自己强大的自信，认为自己比对方强，对方只不过是沾了幸运或不公平的光。正因为如此，才会对对方产生极强的醋意乃至敌意。

这种情绪往往是有害的，很大程度上并不能激发出自身追赶对方的强烈动机。

但是，一旦一个人归属给了某个小团体，性质就变了。因为这就涉及了团队的荣誉。

我们中国人有个特可爱的地方，那就是甭管是多自私的人，一般来说，团队荣誉要远远大于个人荣誉。

所以，所有和团队荣誉有关的事儿，个人都会在乎，都会为了这个荣誉而动真格儿的。反之，如果一个团队对自己的荣誉不珍惜，是个“窝囊”的团队，那团队里的个体也会变得很沮丧，而且会激发出强大的脱离这个团队的动机。

所以，如果我们能把所有的激励都或多或少地和团体挂上钩，贴上边儿，就有很大的可能把“羡慕嫉妒恨”催化成一股强大的追赶的动力。

还是拿前边儿的那个例子做比方。

听到了“现在宣布某某某是先进！”

很多人的反应：就这熊样还能当先进？我的一根脚指头都比他强！这孙子

肯定是私底下贿赂领导了！找个机会灭丫的！

但是，如果听到了“现在宣布某某小组的某某某是先进！”

也许他们中的某些人的反应就会变成这样：他们小组有什么了不起！哥们儿几个努把力，下回一定把他们小组比下去，让他们见识一下咱们小组的厉害！

这就是团队，或者说团队荣誉的威力。

说到这儿，我们可以再做一个形象点儿的比喻。

这就好比是一种“糖纸效应”。

大小团队，就像一层层的糖纸，而个人则是包在里面的糖块。因为有糖纸包裹，糖块就很安全，可以踏踏实实待着；同时，因为糖纸很薄，也遮掩不住糖块的风采。

所以，糖纸的存在，是有效遏制“羡慕嫉妒恨”对糖块进行侵害的妙招儿。因为要想穿透一层层的糖纸波及糖块，是件颇费周折的事儿。

反之，糖块若想踏踏实实待着，也得竭尽全力维护糖纸，尽量让它变得更结实点儿，不能轻易破了。

总之，先进人物、奖勤罚懒这些东西还是绝对必要的。

不能因为有“羡慕嫉妒恨”这条绊马索，就不敢对大家进行大胆的激励，使大家都甘于平庸。

反过来说，如果大家都“平庸”了，其实大家也就“不快乐”了，那个时候就会“人心思变”，甚至是“人心思走”，表面太平，水面下暗流涌动。

没有办法，人性就是这么奇怪，这么矛盾，这么“难伺候”。

所以说，对于企业管理来讲，在“公平的贫穷”和“不公平的富裕”之间做抉择，答案是显而易见的。

只不过，只要我们别太认死理儿，和一些僵硬的、无谓的原则死磕，其实我们本可以拥有许多更为灵活的方法和手段。

顺势而为，用灵活多变的方法去解决某些看似无解的难题，这才是一个管理者真正的大智慧。

“墙头草，随风倒”

给你支上几个对付身边儿那些无处不在的“墙头草”的招儿。

有人说：在公司这个江湖里混，最恨的就是那种“墙头草，随风倒”的人。这种人是谁有权贴着谁，一转脸就可以“翻脸不认人”。

难怪招人烦。

但我有不同的看法。

尽管我也没少吃这种人的亏，也曾经动过气，骂过这种人“白眼儿狼”、忘恩负义，可是，却从来没有发自内心地真正嫉恨过这种人，更别提报复了。

原因有两个。

其一，其实，“墙头草”这种事儿，是个人都有可能做。

明摆着呢，和上司搞好关系，和那些能给你带来利益的人搞好关系，这种事儿要多正常有多正常，乃人之常情，不值得大惊小怪。

唯一不同的是，太过则成了问题，尤其是人品问题。所以，还是适当悠着点儿，别太露骨比较靠谱。

其二，对付不了“墙头草”这种人，归根结底还是你自己本事不济。

只要你有智慧，够聪明，“墙头草”这种人一样会有利用价值。而且，只要你的方法够巧妙，能够掐住他的“命门”，其实“墙头草”这种人比其他人更好使。

原因也很简单，因为这种人是典型的唯利是图的人，你只要能让他感觉到他的某种利握在你的手里，不愁他不会乖乖地为你做事。

我公司曾经有个中层经理，在我实权在握的时候对我分外殷勤，几乎所有的事儿都是“言必信，行必果”，颇有一番唯我马首是瞻的感觉。

当时我就觉得有点不太对劲儿，因为他的执行力实在是过于好了，几乎有点儿强人所难的事儿，也能毫不犹豫地付诸实施。

而且重要的是，他对公司其他级别较低的经理与同仁似乎态度总是有那么点儿不冷不热，闹得这些同事三天两头到我这里告状。

后来，由于人事变动，公司新任总经理逐渐把权力集中到了自己的手里。

我这里倒很坦然，积极支持和配合公司新老总的工作。

但是那位曾经对我马首是瞻的中层经理终于露出了狐狸尾巴：他对我的态度逐渐趋于冷淡，对我交代下去的工作也失去了往日的热情与高度的执行力，颇有一番敷衍了事的意味。

有人为我鸣不平：这人也太势利了，整个儿一“墙头草”啊！

我淡然一笑，没有过多理睬。

因为我手里还有一撒手锏：公司的加薪权不在总经理那里，属于老板“直辖”的范畴，而我对老板这方面的决策有着重要的影响力。

只不过因为开始时对那位中层的行为并没有太介意，所以一直没使这招儿。

后来当他越来越变本加厉时，我觉得让他适当收敛一下的时机到了。

我找他谈了一次，对他进行了强烈的暗示——如果你想加薪，最好悠着点儿，差不多的时候就收手。

果不其然，他的态度立马变得严肃认真了很多。

然后，我语气和缓了下来，详细地给他分析了一下他目前在公司所处的境况，向他建议如何更好地在公司这个江湖中混下去的做人之道。

看得出他听得很认真，那以后果然收敛了许多，为人处世也谨慎了许多。

当然，我也并没有在其后的工作中给他任何小鞋穿，还是一如既往地把他当作一个普通的同事真诚相待。

总而言之，对“墙头草”这种人要按照程度的不同，分三种情况对待。

其一，“墙头草”的程度较弱或一般。

这种员工的心理完全可以理解，你应该表示宽容，没必要大惊小怪，过于神经质，放他一马就成了。

其二，“墙头草”的程度较重。

这种员工需要你灵活利用他的重利之心为你做事，但也要小心提防。

当然，这种员工还不至于放弃，思想教育以及威慑等晓以利害的招儿，还是必要的。

其三，“墙头草”的程度极重。

这种人极端危险，而且已经病入膏肓、不可救药，无论你费多大劲儿都不可能把他扳过来。所以，还是找个机会斩草除根为妙。

当然，“除掉”这种人有一些难度，因为这种人往往很得公司某个具有实权的高层的欣赏，有这层防弹衣护着，一般人很难动得了他。

不过没关系，告诉你一个绝招儿。

你只要把他是如何对待这些高层的前任的历史典故讲给这些高层听，或通过其他渠道间接地散布到这些高层的耳朵里就行。

你放心，你的话绝对会奏效。

因为这些高层对这种话题不可能不敏感，就算他不能立马下斩草除根的决心，起码会让他觉得跟吃了个苍蝇一样别扭。

这就足以使这些顽固不化的“墙头草”失宠，最终势必会自食恶果的。

三国时的吕布就是典型的例子。

此人英俊骁勇，本是《三国演义》中的第一勇士。可惜，此人又同时是一个超级“墙头草”，见人就认干爹，但凡翻脸就杀干爹，不知有多少干爹成为了他的刀下之鬼。所以，人送雅号“三姓家奴”。

在白门楼被曹操设计擒获之后，吕布忙不迭地向曹操下跪讨饶，想再演一次“认爹脱身”的好戏。由于此人超绝的武艺，曹操还真就动了心。

关键时刻，一向仁厚的刘备的一句话，却要了吕布的命。

刘备对曹操说道：你脑袋让门挤坏了吗？怎么这么不长记性，敢收这种人？你忘了他那几个干爹是怎么死的了吗？

一语说得曹操如梦方醒，赶紧让人将吕布推出去斩了。

所以，“墙头草”们的致命弱点，就在于他们那“媚上”与“弃上”，甚至是“害上”伎俩的反复操弄。

因此，用这招儿对付他们，绝对一用一个准儿。

当然，这招儿只对“恶人”有效，对“好人”是无效的。

如果有人想用这招儿陷害“好人”，那是不可能得逞的。

因为好人和恶人最大的区别，就在于好人的群众基础更深、更结实，远远不是让一两个人进一两句谗言就能轻易动摇的。

相反，这样做，反而会让那些进谗言的恶人陷入群众的口诛笔伐当中，置身不利的局面，可谓“偷鸡不成反蚀把米”，得不偿失。

总之，金庸大侠教导我们：有人的地方就有江湖，有江湖的地方就有争斗。

争斗全在人心，因此人心就是江湖。

要想在公司这个江湖中混得好，就一定得学会“看人心”“用人心”。

而那些“墙头草”，就是你锻炼这种本事的绝佳对象。

A B C D E F G H
8 7 6 5 4 3 2 1

第十二章

学会实用的职场生存术

掌握“职场生存术”，不是为了溜奸耍滑，而是为了更好地做事。从这个意义上讲，在“职场生存术”上耗费的时间与精力，绝对是有价值的，而不是一种浪费。

成全，是一种美德——“代人受过”的智慧

成全别人，也是一种让人欠你人情的好办法。

我们都知道，人在江湖走，抬头不见低头见。

所以，能让别人欠你人情，这是你的本事。

因为“吃人嘴短，拿人手软”，即便你不刻意追求对方回报，对方也必然会在某个对你十分重要的节骨眼儿上对你投桃报李。

所以，别人欠你的人情，就等于是你的银行存款，欠得越多，你的财富（或潜在财富）就越大。

但既然是如此好事，肯定会对所有人都有极大的吸引力，让大家趋之若鹜，个个儿惦记着削尖脑袋，变着法儿地“当雷锋”，让别人欠足自己的人情。

所以，如今这年头，连上赶着“当雷锋”“被欠人情”这种事儿都变得十分不易，需要面对激烈的竞争。

既然如此，我们又何必过于死性，死抱着那些老套、过时的念头不放呢？

给你支一招儿，可以让你更为轻松地达到目的。

说白了，你完全可以通过主动“欠人情”的方式，达到“被欠人情”的目的。

如果你觉得这话太拗口，那就换一个更通俗点儿的说法：

就是你可以通过把“当雷锋”的机会主动让给那些更渴望做这件事儿的人，用这种方法来达到你“发扬雷锋风格”的目的。

举一个李小龙的例子。

话说李小龙在香港功成名就之后，有一次应邀去吃饭。

饭局结束之后，有一位影坛新人抢着结账，叫来了餐厅服务员。

可当这位爷打开自己的钱包后，立马傻了眼。

原来，出来仓促，居然没有带够钱！

这下可把这位新人惊得不轻，你想啊，在这么多巨星大腕儿面前露丑跌份儿，将来还怎么在影视圈儿里混啊！如果因为一顿饭局毁了大半辈子的事业，这下半生的后悔药还能吃得清吗？

想着想着，豆大的汗珠就沁出了脑门儿。

没承想，这个时候有人在桌子底下拍了拍他的大腿。

原来，是坐在旁边的李小龙从桌子底下悄悄地给他递过来了大把的钞票。

顺利度过一劫的这位新人对李小龙投去了感激的目光，但李小龙却假装没看见，继续若无其事地和饭桌上的人谈笑着……

从这个小细节里，已然身为巨星的李小龙的人格魅力显露无遗。

首先，一般情况下，既然自己已经是巨星，由自己埋单理所当然——大把的票子随手甩在桌上，豪迈地添上一句：不用找了，剩下的当小费！——多爽，多有巨星范儿！

可是，当那位影坛新人提出埋单的要求时，李小龙却没有拒绝——因为他知道，这个小细节对于这位新人在圈子里头立足很重要，所以成全了他。

另外，尤其难能可贵的是，为了将这种成全彻底完美，在那位新人遇到了钱不够的尴尬突发局面时，李小龙不动声色地帮了他，替他解除了危局，还通过自己若无其事的表现，使他的尴尬不致穿帮。

俗话说，“好人做到底，送佛送到西”。

在这整个事件中，到底谁欠了谁的人情，欠了多大的人情，不用我说，相信你也明白。

所以，成全是一种美德。

成全带来的人情债往往价值更高，更持久。

再讲一个发生在我的一个铁哥们儿身上的真实故事。

我的这位哥们儿所在的公司有两个股东，双方股份五五开。

大家都知道，这种公司是最难办的公司，因为股东之间最喜欢掐架，整天价明争暗斗、尔虞我诈，搞得底下的人“做人难，做工作更难”。

有一次，老板（其中的一位股东）让他去出几天差，为自己干点儿“私活儿”。

既然是私活儿，他只能以请假的方式抽身。

没承想这一去，人就回不来了——这位老板不停地给身在外地的他加码，增任务，结果这一去，就去了溜溜儿一整月。

终于完事儿回到公司，这位哥们儿却接到了一个来自老板的电话。而且，电话的内容大大出乎他的意料。

老板说：你这次请假时间可不短啊！有一个月了吧？这哪成啊，员工们对你意见很大，王总（另一位股东）那里也很有意见。

本来说要扣发你这个月的工资，后来在我的再三说情下才勉强同意发给你。

你知道我为你承受了多大压力吗？

虽说你是我的心腹，我很看重你，但正因为这样，我才应该更加严格要求你，否则，总是偏袒你，为你开后门，我在公司员工和王总那里很难交代啊！

这次是我为你摆平了这件事儿，下次可就不一定了，希望你今后一定要注意自己的言行，要好自为之，不要总给我添麻烦，老是让我给你擦屁股！

我这位哥们儿闻听此言，竟一时语塞，不知如何作答。

怎么回事儿？难道我不是给你办私活儿去了吗？怎么反而“猪八戒倒打一耙”，怪罪起我来了，还装作一副局外人的样子！

好在我这位哥们儿也是一老江湖，大风大浪没少经历。沉默了几秒钟后，他冷静地回答道：谢谢您的帮忙！这次多亏了您给我解围，以后我一定多加注意，争取少给您添麻烦！

大家一定会觉得奇怪，我的哥们儿为什么要这么委屈自己，是不是太“孬”了点儿？

其实不然，他的这种应对方法只能用一句话来形容：高，实在是高！

因为，他们二位这一来一去，看似简单的对话里，其实暗藏了太多的玄机。

照理说，以那位老板的精明，不可能不知道他这种“恩将仇报”“倒打一耙”的伎俩不合适、不够义气、不靠谱，但他之所以会这样做，肯定有他的苦衷。

你想，他既然安排我这位哥们儿干私活儿，自然属于那种不可告人的事儿，绝无可能让公司其他人，尤其是另一位股东知道真相。

所以，既然真相不为人知，当大家知道我这位哥们儿请了一个月的假却还能照常领工资时，自然会产生不公平之感，因此，为了好歹给大家一个交代，那位老板不得已之下只能委屈一下我的哥们儿，借他“过一下桥”。

但是，老板毕竟是老板，有老板的面子在，所以，让老板把自己那点儿心理活动原封不动地向我这位哥们儿和盘托出，那是绝无可能的。

所以，估摸着那位老板在给我的哥们儿打这个电话时，心里一定在不停地祈祷：哥们儿，拜托了！千万别揭穿我，给点儿面子！

因此，如果你在这种时候还没点儿眼力见儿，惦记着义愤填膺地与老板理论一番，为自己据理力争的话，就只能送你三个字“没前途”了。

好在我的这位哥们儿身经百战，功力过人，在经历了短暂的错愕之后，立刻反应了过来，迅速给他的老板搭了一个台阶儿，让这位爷舒舒服服地走了下来。

我都能想象得出来，当那位老板下了台阶后长吁了一口气的样子，以及在心里说的那句话：这小子有前途，将来不能亏待了他！

事实也证明了我的这个想法：我的那位哥们儿一直到今天都是老板眼里的大红人，有点儿好事儿总忘不了他，走哪儿都带在身边，见足了世面，开尽了眼界。

所以说，有的时候善于成全的人，才是真正的高人。

用主动欠别人一个人情的技法，往往能成功地让别人欠自己一个更大的人情。而且，用这招儿积累的“人情债”，往往更有价值，含金量更高。

总之，在公司江湖里混，人不能太死性，必须得有点儿逆向思维的本事才成。

有些事儿，调个过儿想，也许收获会更大。

当“观众”，不当“演员”

只有擅于当观众的人，才能在握着一大把别人“小辫子”的同时，确保自己的“小辫子”不会攥在别人手里。

这样就能保证自己在办公室政治中立于不败之地。

公司就是江湖。

既是江湖，就必有险恶之处，处处须加小心。

所有有过职场经历的人都会发现，无论你到哪家公司谋职，跳槽过多少次，你总会碰到一些阴险小人，憋着劲儿地要算计你，处处和你作对，好像是上辈子命中注定的冤家，来到这个世界上就是为了和你死磕，让你吃尽了苦头。

尤其要命的是，这种人的附着力还特别强，简直可以说是如影随形，天天“贴”着你，走哪儿都有他，想躲都躲不掉，想避都避不开，令你不胜其扰，头痛不已。

如果在你的世界中出现了这种人，就可以肯定你遇到了“克星”，总少不了要倒霉，甚至断送掉自己的职场生涯。

而这种“克星”，有可能来自方方面面，既有可能是你的上级，也有可能是你的平级，甚至有可能是你的下级。

下面，我们就针对这几种可能性一一做一下分析。

“克星”甲——你的上级。

如果你的顶头上司是你的“克星”的话，你基本上已经可以认真地考虑一下跳槽的问题了。

“克星”乙——你的平级。

如果你的“克星”是平级，你虽无必要过分紧张，但也堪称十分棘手。

你们在公司的发言权是一样的，所以他即便无法迅速带给你致命的一击，但却足以对你造成无尽的骚扰。

“克星”丙——你的下级。

其实，你的下级“克星”也许才是最可怕的“克星”。

正因为和你相比，他们属于公开的弱势群体，所以更容易博得别人的同情，更容易在挑起事端的时候做得很隐蔽，让你疏忽警惕，防不胜防。

所以，你最后受到的伤害也是最大、最深的。

因此，对于下级“克星”，你反而要付出百分之二百的警惕性，时刻睁大眼睛，千万大意不得。

当然，这些人之所以会成为你的“克星”，总有这样那样的理由，比如说对你的言行举止看不惯，比如说你曾经做过某件事儿或说过某句话得罪过他，又比如说干脆就是对你的出色外表、过人才能或其他某种他所不具备的优势的“羡慕嫉妒恨”使然。

甭管怎么说，如果这些“克星”的存在是你职场中的一颗定时炸弹，那么，主动想办法拆除这些炸弹的“引信”，永远是你的第一要务。

就是说，你可以通过自己的观察与反省，抑或干脆主动往他的枪口上撞，为双方创造一次面对面沟通的机会，来寻找这颗炸弹的“引信”，并通过真诚而高超的沟通技巧巧妙地拆掉它。

这才是长治久安、化敌为友的招儿。

一般情况下，九成以上的“克星”都能通过这种办法成功地被改造，从而成为你的朋友，或至少能成为你的普通同事，可以使他们刀枪入库、铸剑为犁，不再与你为敌。

但是，永远还会有那么极少数人“蒸不熟煮不烂”，无论你怎么做工作都无济于事，就是誓与你死磕到底。

这种人，已经超出了“人民内部矛盾”的范畴，多少有点儿“敌我矛盾”的意思了。

所以，往往这种人都属于“人品”有问题的人，也就是我们常说的所谓

“小人”。

遇到这种人，你就必须得出招了。

在这里给你支上一招儿。

俗话说，“人在河边儿走，哪有不湿鞋”。

那些喜欢搬弄是非、热衷于整人的主儿，往往都会有一个共通的缺点——喜欢表现（表演）。

这就是他们的“死穴”。

你要学会七个字：当观众，不当演员。

你可以放任他们在台上表演，你只需坐在台下不动声色地“欣赏”就成。

你放心，越是“好演员”，“小辫子”就越多，“料”就越猛。

这就是你的机会。

你一定要在日常生活中不停地“欣赏”他们的表演，同时不停地搜集他们的“小辫子”和“猛料”并偷偷地攒起来。

与此同时，因为你只是观众，而且不动声色，对方又无法攥住你的“小辫子”，掌握你的“料儿”。

所以，就算他们要犯坏，也会苦于无凭无据，顶天了，只能祭出编造事实、嫁祸于人的招儿，但这些东西往往会因为逻辑性太差而缺乏真正的杀伤力，因此对你来说并无大碍。

这样经过一定的时间，你们之间的实力对比就会明显地此消彼长。

你手里握着的“料”越多、越猛，你就越主动。

当然，对方是小人，而你不是。

他是为了整你，所以分分钟针对你；而你是为了做事，所以没有必要过分针对他。

因此，你不需要分分钟都做出抛出“猛料”干掉对方的姿态，你的出发点依然只是“防身”。

所以，你需要做的事，只是偶尔不着痕迹地暗示一下对方：别惹我，我手里有你的“料”！就可以了。

与此同时，你还需要在日常工作中不停地向他释放出一种信号，传递一种安心感：没事，我无心害你；只要你也别害我，我们就可以相安无事。

然后，只要你在现实世界中做一两件放他一马的事儿，这种信息就会有效地传递给他，使他放松警惕感。

这样，你就能最终拆除一颗危险的定时炸弹，成功地摆平一个“克星”了。

所以，越是阴险小人，你越要让他适当地知道你攥着他的“小辫子”，这样他就会小心点儿，想害你的时候就会掂量掂量。

但是，俗话说，“得罪君子，也不能得罪小人”。

因此，使用这招儿对付小人的时候，一定要注意谨慎地把握分寸。

否则，如果你的这种暗示过于给力的话，反而会让对方惶惶不可终日，倒会逼着对方“狗急跳墙”，加快害你甚至是除掉你的步伐。

所以，尽量做到既能掌握对方的“案底”，让对方对你产生一定的恐惧感；又能不动声色，巧妙释放信息，适当地缓解对方的恐惧感，才是真正的高人。

这样做，关键时刻，才能起到“兵不血刃”的效果。

但是，在这里有必要特别强调一点——这个东西虽说属于办公室政治领域的一种处世、生存技巧，但绝不可以走火入魔。

如果你的全部精力都投入这个领域中，变成一个彻头彻尾的醉心于尔虞我诈、钩心斗角的人，最后一定得不到“善终”。

所以，我们说“政治归根结底是为理想服务的工具”。

你的终极目标一定得是做事，而且还是做好事、做大事。只有这样，你所掌握的政治技巧，才会为你扫清前进道路上的种种障碍。

反之，如果你居心不良、目的不纯，为了政治而政治，那么你的所有政治技巧本身就会成为你前进道路上的障碍。

在此声明一点，本人在此书中所有有关办公室政治技巧的描述，都是基于人品端正这个前提。

做不好人的人，越高超的技巧，反而越是一种毒药。

先做人，后做事。此乃亘古不变的真理。

任何一种小聪明，都不可能真正战胜这条真理。

切记！切记！

“九顺一逆”——胡萝卜加大棒的反击

上司，也是需要“管”的。
而“管上司”最好的办法，就是“九顺一逆”。

问个问题：管理这玩意儿，对象到底是谁？

你可能会觉得这是一个巨弱智的问题：这还用说？管理的对象当然是员工与下属了！

没错，这确实是世俗一般的概念。

我今天偏要稍稍颠覆一下这个概念，给你的管理对象再加上一个新成员——上司。

就是说，尽管有点儿离经叛道、惊世骇俗，我还是认为管理这玩意儿，不仅仅是对下属而言的概念，你的上司同样需要你管理，而且这管上司比管下属的意义更为重大。

管不好你的上司，你的上司就会像个调皮捣蛋的小屁孩儿，天天折腾你，给你添乱，让你根本没法儿安心干活。所以，管好你的上司，让他们尽量安生点儿，不给你找麻烦，是确保革命工作正常进行的绝对前提。

坦率地说，由于其特殊的敏感性，这“管上司”的难度确实比“管下属”大得多，需要耗费你更多的脑细胞。

下面，我就根据个人多年的小小经验，给你支上一招儿。

名字就叫“九顺一逆——胡萝卜加大棒的反击”。

地球人都知道，管人的秘诀之一就是：胡萝卜加大棒。也有人把它叫作

“给个糖豆，再打一棍子”。

意思就是说，管人，需要你软硬兼施，而且是“两手都要抓，两手都得硬”。

一般来说，这都是上司冲下属使的招儿。在这里，把它调个过儿就成。

对管上司而言，胡萝卜加大棒这招儿照样有效。所以，我把它称为“反击”。

一般人都会有这样一种根深蒂固的意识，那就是做上司的，都喜欢顺从的下属，你越顺着他，他越待见你。

于是乎，职场中“和珅”盛行，甭管心里多不情愿，对上司的态度也只能有一个——领导永远正确！

这其实是一个天大的误解。

尽管我承认，“顺”着领导来是管上司的一个基本理念，但百依百顺则万万使不得。

如果你真做到了让上司全称心，那你可就危险了。

因为这百依百顺有两个致命的弊端。

首先，天下的领导尽管都喜欢顺着自己的人，但他们毕竟不是傻子，是让别人忽悠大的，恰恰相反，人家能当上领导，说明这种人个个儿都是人精。

所以，他们虽然都喜欢听好听的，喜欢那种一呼百应、前呼后拥的感觉，但那只是他们 EQ 方面的需要，丝毫不妨碍这些人同时具备极高的 IQ。

因此，如果你在他面前完全表现出一副“我没想法，都听您的！”的嘴脸的话，尽管他们的 EQ 会很受用、很爽，但 IQ 方面很有可能已经给你画上了一个大大的问号——这孙子甭看嘴甜，肯定别有用心！——反倒会提防你，不会给你重用的机会。

这就叫“马屁拍到了马蹄子上”，最终让你“偷鸡不成反蚀把米”，费了力都讨不着好。

另外，由他们所处的特殊立场使然，天底下九成以上的领导都是任性的。就是说，他们往往非常善变，想起一出是一出，完全没有规律可循，缺乏我们这些俗人所谓的“常性”。

所以，你如果对他们过于依顺的话，就会被他们天马行空的行事风格完全打乱自己的节奏，从而容易变得无所适从，导致做不好事，也根本无心做事。

因此，对于管上司这事儿而言，百依百顺实不可取，你至少要做到“九顺一逆”，就是说，必须学会在适当的时候断然“亮剑”，逆着上司来，在某些关键问题上决不妥协，用这种方法倒逼你的上司让步，给自己创造一个相对宽松的做事环境。

当然，这“剑”也不能乱“亮”，绝不可草率行事，这里面也有一个技巧问题。否则，把场面搞得过于尴尬，让大家都下不来台，你就会弄巧成拙。

所以，如果你的上司是个容易沟通的主儿，“当面锣对面鼓”地把话说明白固然是一个好办法，但如果你的上司是个奉行家长制的“刺儿头”，以我个人的小小经验而言，最好的招儿就是一个“拖”字诀。

简单点儿说，对付这种难缠的“刺儿头”上司，你可以采用“虚心接受，屡教不改”的办法——永远都是他对，但就是不按他说的做。

通过这种办法，让他感觉到你的死硬本质，知道你在这方面真的很在乎，真的不愿让步，他就会慢慢地怕了你，从而败下阵来，最终放你一条生路。

但这样做也有一个前提——这招儿必须是在你已经十分明确地知道了自己想要的东西到底是什么之后才能慎重使用，千万滥用不得。

因为“虚心接受，屡教不改”本是管理之大忌，因此极为敏感，如果滥用，后果会很严重，令你得不偿失。

所以，你必须确保自己在绝大多数场合下都是一个言行一致的人，这偶尔为之的“虚心接受，屡教不改”的招儿才会真有意义，真见成效。

总之，这上司满意度也和员工满意度一样，绝不能是一百分。

退一万步讲，即便你能得到上司无条件的喜爱与百分之百的信任，你也要刻意给你的上司添点儿恶心，故意制造出一点儿“间隙”来才成。

因为这过度亲密无间实在是有百害而无一利的，等于人为地消灭了你与上司之间的回旋空间。这样的话，如果哪天你和上司之间的关系发生了问题，哪怕是芝麻绿豆点儿的小摩擦、小磕绊，都会带来极大的后坐力，把你生生震个跟头，让你吃不了兜着走。

所以，这“九顺一逆”的原则，遇到什么样的上司都适用，千万不能因为一时感觉良好，就得意忘形，把它忘到了爪哇国去。

古人云："君子之交淡如水。"意思是说，只有稍微"淡"点儿的关系，回旋余地才会大，所以才真正靠谱，真正安全，真正长久。

当然，你与上司的关系，没必要达到"淡如水"那么夸张的程度。

但最起码，也得有个"淡如掺了水的酱油"的程度才好。

总之不能太稠了，里边儿得掺点什么。

让老板有“安全感”

如果你想让老板消停点儿，不会整天给你添乱，就一定要记住一个铁的原则：永远让老板相信你不会飞出他的手掌心儿。

我在上文说到，只有坚守“九顺一逆”的原则，才是管上司最靠谱的招儿。

但为了避免大家的误解，必须再强调一个前提：这招儿只对那些在上司面前“完全没想法”，对上司百依百顺的人才好使，绝不是鼓励大家毫无原则地跟上司作对、死磕。

尽管是少数，我们这个世界上还是存在着那种自我感觉过于良好、恃才傲物的主儿，对这些人而言，这招儿万万使不得，否则会死得很难看。

我有一个朋友，拥有极为出众的才华，几乎是个天生当管理者的料。

这家公司的老板对他十分欣赏，不但任命其为集团公司的副总裁，还将集团里最重要的几家子公司交付他亲自管理。

这位朋友也是不负老板重托，将这几家公司经营得有声有色、风生水起，年年都是集团里的赢利大户，有力地支撑了集团的业务发展。

但是，随着在集团公司管理层中迅速蹿红，他也逐渐开始自我膨胀了起来，后来甚至公开放话：这家公司没我玩不转，我一个人就能撑起整个公司！

老板爱才心切，认为能力强的人都有个性，没什么大不了的，所以并没有在意，一如既往地对其倾注了绝对的信任。

可时间一长，老板慢慢地发现了问题，觉得有些不对劲儿了。

原来，我的这位朋友仅仅是口无遮拦倒也罢了，他开始变得越来越独断专行，公司大小事务一个人说了算，很少向老板请示汇报。

渐渐地，这位老板开始对他起了疑心，疑心又慢慢发展成了戒心，对其无条件信任的高墙开始坍塌、崩溃……

不久，在一次摊牌式的激烈争执之后，这位朋友离开了那家公司，结束了他的传奇经历。

一直到今天，他与那位老板都形同陌路，从不往来。

平心而论，我的这位朋友确实是位一等一的人才，甚至在某些方面用“天才”二字形容都不为过，是我平生当中极少遇见的、可以发自内心佩服的人。

他之所以走到这步，最大的问题其实还不在于他的恃才傲物，而是他犯了一个公司江湖中的“兵家大忌”——没有给予老板安全感。

其实，并不是天底下所有的老板都不能做到放权，但放权可以，你一定要给他们绝对的安全感才成。

没有安全感，他们就会对你产生戒心，处处提防你，给你使绊子、找麻烦，令你根本无法安心做事。

就拿我的那位朋友来说。

他之所以凡事独断专行，很少向老板请示汇报，其实也并不是因为想玩儿什么猫腻，或做点儿什么见不得人的事儿。

他之所以这样做，纯粹是想提高办事效率，不想因为与老板的意见不合影响自己正常的做事节奏。

但他犯了一个错误——你不请示汇报，老板这屁股在凳子上就坐不安稳，会怀疑你有什么事儿瞒着他，跟他玩儿暗箱操作的把戏。

那就别怪老板不客气了——他必然会出手整治你。

其实，给老板带来安全感一点儿都不难，你只要做到一点——始终让老板觉得他才是真正的“主子”，让他觉得你“可控”，根本不可能飞出他的手掌心，也完全没有这样的企图，就成。

就是说，只要老板觉得你依然在他的控制范围之内，他就会对你放心，任凭你怎么嘚瑟，也不会给你添堵了。

还是说回刚才我那位朋友的例子。

其实，就凭当初老板对他的喜爱与信任，只要他好歹向老板汇报汇报思想，

权

原本老板也未必会拿他怎样。

退一万步讲，就算他觉得和老板发生意见不合是一个麻烦，会影响自己的做事效率与节奏，他也完全可以采取声东击西、避重就轻的招儿——尽量挑些无关痛痒的事儿，把这些事儿简单包装、渲染一下，摆出一个煞有介事的架势，再向老板汇报不迟。

这样做，既能避免他与老板在真正关键的问题上发生严重的意见冲突，又能确保老板对他的信任不褪色，可谓一举两得，何乐而不为？

为什么偏偏要死磕呢？

老板的要求其实并不高，仅仅是一点安全感和可控感而已。

这点要求真的不算过分，况且这些东西对于他而言也并非难事，所以一定要想开点儿，别总是钻牛角尖儿，真把无知当个性。

别那么矫情，死抱着自己那点儿才华的自信不放，认准了老板不敢怎么样。

这是玩火，迟早有一天会引火上身。

“锋芒”的露法儿

年轻人有些“锋芒”是好事儿，但这“锋芒”的“露法儿”绝不是简单的事儿，也需要高超的技巧。

媳妇参加了一个人力资源大师的培训课，回来后对我说了一席话：

“老公，今天我们老师讲了很多适合当领袖的人物所应具有的素质，好多我都觉得你也具备，只是欠缺了一项，就是缺少锋芒。

“老师说了，要想当大人物必须得有锋芒才行，而我觉得这是你的一个弱项，你的‘妇人之仁’有点儿严重，显得‘女人气’了点儿，这会妨碍你的事业发展的。”

媳妇出此言，自然是出于一片“恨夫不成钢”的苦心。

本人虽自恃还有些所谓的“素质”，但实在是不配充当任何和“领袖”二字有关的议论中的主角。

不过，这有关职场中锋芒的露法儿的话题，还是激起了我的很多联想。

问个简单的问题：在职场之中，是否锋芒越露之人，越有前途，或越有“伟人相”？

答案很简单：非也。

在职场中，锋芒的露法实在是一门大学问。

不会露或露得不合时宜的人，恐怕一万年都没有当“领袖”、做“伟人”的机会，恰恰相反，他们将有很大的机会当上一代“萎人”。

俗话说，“职场如战场”。

既然是“战场”，就必然是各种利害关系盘根错节、激烈碰撞的地方。在这样的地方，傻干、蛮干绝对行不通，无论你有多大的本事，是多大的天才，都不例外。

所以，在职场里，所有人都必须面对一个非常现实，乃至于非常残酷的课题——如何生存，如何为自己创造做事的环境。

古人们用自己几千年血与火的教训，为我们提供了唯一正确的答案，那就是八个字——低调做人，高调做事。

说得露骨点儿，如果你想真正发挥自己的才华，做出点儿真正的事业出来，就必须善于把自己藏起来，尽量“躲”在别人后边儿，至少在事业完全成功，你自个儿当了“皇上”，可以彻底“君临天下”、一个人说了算之前，要这样做。

这方面的案例和智慧，可以说贯穿了整个中华五千年文化的基本脉络。

早在汉高祖刘邦时代，锋芒毕露者的下场就很清楚了。助刘邦打下天下的大功臣，韩信和萧何的命运就十分值得玩味。

刘邦成事儿之后，绝世将才韩信有些膨胀了，自恃功高，向主子要名要权，最后把自己送上了绝路。

萧何则聪明得多，天天在家种地，一派“好汉不提当年勇”、与世无争的模样，这才让刘邦放了心，得以颐享天年。

不只汉朝，其实中国历史上的历朝历代，都有大量相同的案例可供参考。

风头足、锋芒劲的人，即便主子们在打天下时可以对他们的锋芒暂时忍耐，一旦得了天下之后，基本上都会卸磨杀驴，而且很多还属于那种斩草除根、诛九族的情况。

历史如是，国家如是，小小公司亦如是。

在公司里混，一定要谨慎拿捏锋芒的分寸。

是为“护身之法”，亦为“成事之法”。

所以，你可以仔细观察并学习一下马拉松赛冠军的做法：要想得第一，就一定得跟在那个领跑的傻蛋后边儿跑，一直到最后阶段再实行超越。这才是真正的高人，真正有冠军相的人的做法。

寻常看不见，偶尔露峥嵘。

其实，锋芒这东西只能是看准时机后偶尔露之的事儿，不能一直露，从头露到尾。

那些为了露锋芒，一上赛场就拼命狂奔的人，不是EQ有问题，就是IQ有问题。

也许有人会说：你说的这种做法也太消极了！天天这么干，活得不累吗？我明明有一身的本事，一腔的热血，为什么不能彻底让它们喷发出来，过一个轰轰烈烈的人生多爽！

可我还是要告诉你：我承认，我说的这种做法确实有可能会带来一些效率方面的衰减。但如果这是一个不可回避的现实的话，我建议你拿出勇气来，勇敢地去面对并承担起这种衰减。

因为只有这样，你才能有一线生机去追求更大的效率。

反之，如果你因为不愿意承担这种衰减的后果而拒绝这种做法，你最后很有可能将不得不面对更大、更残酷的衰减，甚至于一事无成。

就是说，这种“消极”，恰恰是为了让最终的“积极”最大化，只有经历了这种“消极”，你才能有迎接更大的“积极”的可能性。

所以，不客气地说，在公司这个江湖里，从头到尾锋芒毕露的人的下场几乎只有一个——死路一条。

其死法主要有三种。

死法一：让天子（老板）干掉——这人比我风头都大，留着迟早是个祸害！

死法二：让臣子们（同事们）干掉——这人迟早要抢了大家的饭碗儿，用唾沫星子淹死他！

死法三：自杀——这是什么鬼地方？整个儿一嫉贤妒能、打压人才！算了，此处不留爷，自有留爷处，老子不伺候了！

总之，这种人难得善终。

如果连生存都难做到，还有什么资格去炫耀你那绝世才华和一腔热血呢？

如果你的一腔热血都洒进了阴沟里，又有什么意义呢？

而且，我还要特别强调一点，以上所有这些，还是在这个锋芒毕露的人真有“两把刷子”的前提下说的话。

但讽刺的是，在现实世界中，至少有八成以上喜欢露锋芒的人都属于“银样镴枪头”，即那种喜欢卖弄、“金玉其外败絮其中”、高调做人低调做事的主儿。

这种人更是几乎走到哪儿都属于“找死”（或“早死”）的那类人，因此不提也罢。

俗话说，“初生牛犊不怕虎”。

年轻人，一腔热血，浑身是胆。人在年轻的时候有点露锋芒、出风头的念想，要多正常有多正常。

这种热血，这种激情，完全没必要彻底打压，大可以保留与发扬。

只不过，正因为血气方刚，年轻人的气势往往来得快，去得也快。

好歹栽个跟头，遇到点儿挫折，就容易打退堂鼓，像只瘪了的气球。

因此，为了让自己少栽两个跟头，保护那点儿珍贵的热血与激情，露锋芒固然不怕，但这锋芒的露法却大有思考与研究的必要。

跟人说人话，跟鬼说鬼话

从另外一个角度，跟您解释一下什么叫“跟人说人话，跟鬼说鬼话”。

跟人说人话，跟鬼说鬼话。

这似乎是我们每个中国人都会在人生的某个阶段要接受的“人际关系教育”。

但是，我相信依然有很多人未必真正理解了这句话的真实含义。

大部分人对这句话的理解恐怕都会停留在“对什么人说什么话”的水平上，其实，这只是表面上的意思，这句话真正高深的地方根本不在于此，而在于“有些话，根据对象不同，别人能说，你却未必能说”，或者再引申一下，在于“有些事儿，根据对象不同，别人能做，你却未必能做”上面。

不了解这层意思，你就很难把握住这句话的精髓，会在生活中不停地吃亏碰钉子。

举几个我公司的小例子。

李娟娟是我公司销售部的“一枝花”，不但人漂亮，业绩棒，而且会处事儿，人缘儿好，是部门里的“香饽饽”、人气王。

但是，自从销售部新来的销售主管老王上任后，娟娟的人气似乎渐渐低落了下来。她慢慢开始感觉到了大家与她相处时的提防与敌意，而且这种情况越来越明显，最后几乎到了令她无法再在部门里容身的地步。

她很苦恼，也很困惑。

因为她自认自己个性善良，平时与大家相处时也都能做到坦诚相待，从来不要鬼心眼，因此对于今天局面突然发展到这种地步感到百思不得其解，甚至萌生了辞职走人的念头。

其实，善良的娟娟还是涉世未深，把公司里的人际关系想得太单纯了。

原来，娟娟的为人处世原则是甭管对象是谁，都要一视同仁。这本来是个美德，是好事儿，也确实是让她能长期在部门里顺风顺水的重要原因。

自从老王来后，一切都不同了。

老王上任后，由于急于融入团队之中，因此非常看重娟娟的人气；同时，由于娟娟一向与人为善、雪中送炭的个性，她也并没有忌讳老王的主管头衔，对老王非常热情，经常主动辅佐他的工作。

在娟娟的热情帮助下，老王的工作很快上了轨道，但娟娟的"霉运"刚刚开始。

俗话说，"现官不如现管"，别看老王只是主管，但在进行具体业务处理时，往往权力比部门经理都大。

因为和娟娟过从甚密，很快，大家就开始怀疑娟娟从老王那里得到了政策上的"特殊照顾"，于是，猜忌就发生了，然后就是进一步的怀疑和疏远……

其实，娟娟不是没有意识到这一点，而且本来也应该是有充分的挽回机会的，但是倔强的娟娟认为自己光明正大，"没做亏心事，不怕鬼叫门"，所以根本就不以为意，一如既往地和老王交往。这就使大家的疑心变得更重，甚至逐渐到了开始怀疑娟娟人品的地步。

事情就这样一步步恶化，直至变得几乎无法挽回了……

在这里，娟娟没有意识到她犯了一个严重的错误。

没错儿，对所有人都一视同仁确实是美德，"没做亏心事，不怕鬼叫门"也是一个为人处世的重要原则。

但是，具体问题要具体分析，有些东西，在理论的世界和在现实的世界中的理解与表现方式是完全不同的。

在现实的世界中，游戏规则往往会发生本质的变化，与理论的世界大相径庭：

理论："对所有人都一视同仁"——现实："跟人说人话，跟鬼说鬼话"；

理论："没做亏心事，不怕鬼叫门"——现实："即便没做亏心事，照样要提防鬼叫门"。

不懂这个游戏规则，你就注定要吃大亏。

就拿娟娟的例子来说，她的一视同仁理论确实曾经让她在部门里当过“香饽饽”，但那是有前提的，这个前提就是部门内所有同仁都处在一个相同的立场上。

随着老王的进入，这个前提被打破了。

由于老王的特殊身份和手中的权力，如果还用一视同仁的原则去结交，就必然会置娟娟于非常不利的地位。

就是说，娟娟至少在老工进入的初期，即老工和大家都不太熟的情况下，不应该和老王表现得太近乎，因为这种表现，势必会打破老王和其他员工之间某种微妙的平衡，从而招致自己被同事孤立的下场。

但这并不是说，娟娟不可以帮助老王，要故意表现得很冷漠，见死不救才好。她依然可以用很多方式帮助老王，只不过需要稍微隐蔽点儿，低调点儿而已。

这并不是说娟娟在做什么见不得人的亏心事儿，恰恰相反，这样做，正是保护同事们正常的心理和工作状态，维护部门内氛围平衡的一种善意的举动。就是说，这恰恰是娟娟对同事、对部门，甚至是对老王个人和她自己真正负责任的一种表现。

然后，等老王在部门内真正立稳脚，和大家完全融为一体的时候，娟娟再把自己的热情本性尽情地释放出来。

无独有偶，我公司装具部的小陈也遇到了相同的难题。

小陈为人干练，说一不二，在公司里属于典型的少壮派、行动派。

但是他一直以来都有一块心病，就是怎么也处理不好公司内部的人际关系。

其实，小陈的个性还是不错的，热情，开朗，没什么心眼儿，甚至有时还有点儿缺心眼儿。但要命就要命在了他这个缺心眼儿上。

由于他为人直爽，说话总是直来直去，因此没少得罪人。

久而久之，他发现了一个异常郁闷的现象：同样的事儿，如果别人求，他的同事们总会立马漂亮地办完，但是只要他开口，即便那些同事也能满口答应，但这效率却令人不敢恭维，总是能拖就拖，能偷工减料就偷工减料，让他头大不已。

这还不算完，事后无论他怎么与同事们交涉，甚至反映到领导那里，都无济于事，因为他的同事们总是会找出一大堆特“正当”的理由把事儿搪塞过去。

说白了，他的同事们根本就没把他的事儿当事儿，整个儿就是应付他。

这点他心里也清楚，但就是无计可施。

不仅如此，当终于意识到自己的人际关系有问题，并开始努力纠正这种情况的时候，小陈又遇到了新的尴尬。

他发现，同样的语气，同样的笑话，从别人嘴里说出来能活跃气氛，但只要从他嘴里蹦出来，准让大家冷场；同样的嘘寒问暖、聊家常、套近乎，别人使起来总是顺风顺水，只要他模仿一下，准会弄个“热脸贴冷屁股”的结局收场。

…………

时间一长，一向开朗、自信的小陈就像变了一个人，变得沉默、低调了。

他觉得自己无论做什么都是别别扭扭的，简直手脚都不知道该往哪儿放了；他觉得对这个团队而言，似乎自己已经成了一个多余的人，是应该认真考虑退出的时候了……

其实，小陈犯的错误，和娟娟一样，就是没弄懂“跟人说人话，跟鬼说鬼话”的游戏规则。

这件事儿其实并不难想通，甚至可以说一点就破。

小陈的郁闷：为什么同样都是工作，别人的事儿都能当事儿办，偏偏我的事儿就不能？

答：这是因为你平时的“积累”出了问题。所以在你的同事眼里，你和“别人”是不一样的，因此，不是所有别人能享受的待遇，你也能享受。

小陈的郁闷：为什么同样的话或同样的行为，搁别人身上都“正常”，一放到自己身上准会“变味儿”？

答：这还是因为你平时的“积累”出了问题。所以，不是别人能说的话你就能说，别人能做的事儿你也能做。

就这么简单。

听了这话，你也许会愤愤不平：为什么会这样？这不是太不公平了吗？

先别急，听我慢慢跟你解释。

这种现象其实很常见，远远谈不上不公平。

金庸先生说过“有人的地方就有江湖，有江湖的地方就有争斗”。

公司和家最大的区别，就在于公司是江湖，而家不是。

所以，在公司和在家最大的不同，就是在家你可以完全以自然态的方式存在，想干啥干啥，想说啥说啥；而在公司则不同，你不可能以自然态的状态存在，你必须做好心理准备，戴上个面具或套上件马甲才成。

这就是现实，不以人的意志为转移。

如果你没有做好适应它的准备，或根本不愿意适应它，就只有一个办法可行了——待在家里。

所以，对于小陈来说，无论他心里有多别扭、多委屈，他唯一正确的选择应该是：向现实低头，然后迅速寻找打开局面的办法。

首先，应该意识到以差别化的行为，应对差别化的待遇的重要性。

既然自己已经受到了同事们某种程度的“差别化”对待，甚至是“歧视”，只要不太过分，还是自己承受得了的范围，他就要大胆地承认这一现实，并迅速地付诸实施。

就是说，他需要在日常工作中刻意注意自己的言行方式，主动地和一般同事的言行风格“拉开一点儿距离”，相信这种谨言慎行、识时务的表现，会让他得到同事们的好感，假以时日，局面一定会有所改观的。

其次，还应该意识到“积累”的重要性。

“冰冻三尺非一日之寒”。“积累”这东西不是一朝一夕的事情，要想和其他同事享受同等待遇，必须从今天开始就高度重视“积累”，实践“积累”。

俗话说“时间能解决一切”“日久见人心”，只要他坚持不懈地积累三五个月，他在同事们心中的形象必定会有一个明显的变化，大家会慢慢地把他看成“自己人”，慢慢地接受他的。

当然，在我的耐心讲解和劝导下，娟娟和小陈最后都打开了心结，直到现在依然活跃在公司业务的第一线上。

其实，“跟什么人说什么话”的最本质意义，在于一定要弄清楚对方和自己在形象、位置、立场和心理感受方面的异同，把握不好这些要素，你就会不停地犯“跟人说鬼话，跟鬼说人话”的错误，从而把自己搞得被动、尴尬、狼狈不堪。

俗话说，“人在江湖，身不由己”。

既然已经身不由己，就别死抱着自己那点儿做人原则的大腿不放了。

因为江湖自有江湖的规矩，你的那点儿原则在江湖的规矩面前，是不堪一击的。

“甜口良药”“顺耳忠言”

其实，“良药苦口”“逆耳忠言”都是一种强迫症式的思维方式。
只要你有足够的智慧，“甜口良药”“顺耳忠言”也绝非痴人说梦。

俗话说，“良药苦口”“忠言逆耳”。

大意是说，往往好东西都是“败絮其外，金玉其中”的主儿，所以，要想得到点儿“正面”的东西，就必须承受得住“负面”的东西。

再说得通俗点儿，就是要想得到，就必须承受失去。

这种说法符合“物质恒定”的平衡哲学，因此几乎所有人都深信不疑。

本人不才，甘愿冒挨板儿砖的风险，偏偏要在这里质疑一下这个“物质恒定”理论。

简单地说，依我的愚见，只要人有智慧，肯动脑筋，“良药”未必“苦口”，“忠言”也未必要“逆耳”。

大家都看过《宰相刘罗锅》这部经典电视剧吧？剧中乾隆帝与刘罗锅、和珅的关系，就十分值得我们细细玩味一把。

比如说，和珅是个大奸臣，都“奸”到了那个份儿上，乾隆居然看不出来吗？乾隆是傻子吗？这么多年都看不出和珅是哪种人？

他老人家可是历史上数得着的“明君”。

所以说，就凭乾隆的IQ，居然看不出和珅的人品，实在是件不可思议的事儿。

那么，为什么乾隆还要如此重用此人呢？

也许理由有很多。

起码有一条准没跑——是个人都喜欢听好听的，即便乾隆也不例外。

这是 EQ 的需求。

因为乾隆也是人，不是神仙，有这方面的需要，甚至是比常人更强烈的需要。

和珅，恰恰是这方面的高手。

所以，在 EQ 方面，乾隆和和珅很“合拍”，和珅让乾隆很“受用”。

这是乾隆离不开他，如此重用他的一个重要原因。

刘罗锅则正相反，和皇上之间属于 IQ 合拍、EQ 反着来的主儿，总是“哪壶不开提哪壶”，虽说属于仗义执言，但却总让自己的主子难堪。这就要冒吃大亏的风险。

那就是，从乾隆的角度来说，作为皇上，作为“明君”，理性告诉我你这个人我得用，而且还得重用；但感性告诉我，你这个人我不喜欢，看着就碍眼，想着就闹心。

在这种情况下，刘罗锅就等于人为地炮制了一个毫无意义的定时炸弹放在自己身边儿，在随时有可能被炸的前提下，含辛茹苦地为领导办事儿。

这不是吃饱了撑的没事儿找事儿吗？

何苦呢？

所以，我们没必要太死性，非要去追求一种“苦口”和“逆耳”的效果，好像只有这样做才能显出自己有多正派、多坦荡、多忠诚似的。

相信我，全中国能听得进“逆耳忠言”的人要说一个都没有可能有些夸张，但绝对是稀罕物中的稀罕物，属于不折不扣的“小概率事件”。

因为“逆耳”这两个字已经很能说明问题了。

既然“逆”着耳朵呢，如何能“听得进”？

这不是自相矛盾，自个儿骗自个儿吗？

说句良心话，即便换了你自己，你也未必真会那么喜欢“苦口”和“逆耳”的东西，上赶着找人恶心自己。

所以，将心比心，你也不能全怪领导不喜欢“苦口”和“逆耳”的东西，整天价专拣“好吃”的吃，拣“好听”的听。

这就叫人性。和人性叫板，不会有前途的。

所以说，“良药苦口”“忠言逆耳”这种几乎已成定论、铁律的说法，以我之所见，是典型的患了强迫症的表现。

我始终认为，只要人肯下功夫，动脑筋，至少一半以上的“良药”可以不“苦口”，“忠言”可以不“逆耳”。何止如此，弄好了甚至还会有“甜口良药”“顺耳忠言”的可能。

让人越吃越上瘾，越听越舒服。

我们现在的中成药、西药，外边都裹着一层糖衣，就是一个明证。

所以，如果我是刘罗锅，我就会绞尽脑汁，想尽办法让和珅“失业”。

方法也很简单，事儿我照做，话我照说，一样也不耽误，但是我会把自己的嘴上抹满了蜜，弄得比和珅的嘴还甜，让领导觉得听“批评”的话比听“奉承”的话都动听、都受用。

到时候，IQ、EQ 这两样让我都占全了，估计和珅也就没饭吃了。

这多好！有什么想不开的！

所以，真正聪明的职场中人，其实根本没必要太矫情，总喜欢给自己规定一大堆毫无建设性，却又总能把自个儿都感动得掉眼泪的“原则”和“价值观”。

这实在是一件自欺欺人的事儿。

条条大路通罗马。

只要不卑鄙下流、整天憋着劲儿害别人，你完全可以“不择手段”。

生存

A B C D E F G H
8 7 6 5 4 3 2 1

第十三章
管什么，都不如管好“心态”

管理的终极境界里，没有“技法”，只有“心法”。所以，空有一身好武艺，却唯独欠缺了心法的修炼，你将很难笑到最后。

冲动是魔鬼

在职场中，冲动是魔鬼。
所以必须在日常工作中就构筑好你的“防火墙”。

行走公司江湖，一定要记住一个铁的原则，那就是“冲动是魔鬼”。

我们的许多管理者，当然也包括大量的普通员工，往往容易在这一点上栽跟头。

因为冲动，而得罪同事；

因为冲动，而冲撞上司；

因为冲动，而搞砸事情；

因为冲动，而失去工作；

因为冲动，而丢掉客户；

因为冲动，而影响前途……

在职场里，“冲动”二字，确实是不折不扣的魔鬼！

相信我们每个人都或多或少地吃过冲动的亏，有些事儿现在想起来都心有余悸。

我公司销售部的女员工小潘，本是个实诚人，人老实、勤快，与人为善，在部门里一直属于那种安安生生、从不惹是生非的主儿。

但有一天，惊人的一幕发生了：小潘突然在办公室大喊大叫，和同事老李吵闹了起来，而且那架势也颇为吓人，居然拿杯子里滚烫的开水泼向老李，还好老李躲闪得快，没有受伤。虽经众人一再劝解，这小潘却依然不依不饶，竟然打电话将家人叫到公司来评理，致使场面一度失控，几乎无法维持正常的工作秩序。

事后，冷静下来的小潘懊悔异常，向公司和老李主动认错。但由于这个事件影响极端恶劣，严重违反了公司的规章制度，小潘还是被公司辞退了。

临走之前，我找到小潘做了一次深谈，对事情的前因后果终于有了一个较为深入的了解。

原来，和我们大家一贯的“老实人”印象相反，其实小潘是个个性及虚荣心极强，面子极薄，在家里说一不二的主儿。她在公司里的“老实人”形象，其实是“装”出来的，或者说“演”出来的。

因此，平时部门里有个大事小情的，她一般都采取低调的态度，能忍则忍，能过则过。所以久而久之，就给人留下了一个“老实人”“乖孩子”，甚至“受气包”的印象。

但毕竟这“忍”字儿实在是熬人，时间长了，小潘的心理状态被极度扭曲，终于因为老李一句原本无关痛痒的、不中听的话而被“引爆”，“炸”蒙了老李，也“炸”飞了自己。

小潘的案例，极具代表性。

说实话，职场中人不是不明白“冲动是魔鬼”的道理，也不是不清楚“公司和家不一样”的角色转换原则。恰恰相反，他们之所以会最终引火上身，让冲动引爆自己，将自己多年的累积毁于一旦（而且往往是通过非常轻率的办法，过于轻易地毁掉），正是他们过分在意这两条、过分实践这两条造成的恶果。

就是说，他们往往“忍”得太辛苦，“演”得太劳累、太极端，积累的坏情绪太多，同时又没有好的宣泄方法与渠道，最终常常因为一个根本不起眼、不值一提，甚至是莫名其妙的小契机，就会令他们大肆发作，身不由已地打开“潘多拉的盒子”，将所有毒素统统地释放出来。

其实，事后他们一般都会后悔，甚至连自己都感觉不合逻辑、莫名其妙，可就是到了事儿上控制不住自己，让冲动这个魔鬼“破了金身”。

记得年轻时听过一个当警察的叔叔说过一句话，他说很多罪犯其实并不职业，他们之所以会走上犯罪的道路，往往都是因为冲动。其实很多人在冲动之下犯了大罪后，都会立刻后悔，但是为时已晚，正所谓“一失足成千古恨”。

而且，尤其要命的是，正是因为角色和环境的不同，冲动带来的恶果也是大为不同的。

道理也很简单，如果是你们家，很多冲动的后果是相对好预期的，也是相对好挽回的。

但是公司则不同，因为在公司里大家是同事，角色和环境变了，冲动的后果也会完全不同。在公司这种特殊的环境条件下，冲动的后果是不好预期的，也是不容易挽回的。

也许正因为这样，所有的社会人都会认可“公司和家不一样”这个理念，都能做到只要人在公司，就要能忍则忍。

但万分遗憾的是，正因为是在公司这个特殊的场合里生存，人们彼此之间更容易发生碰撞，也更难容忍这种碰撞带来的结果。

所以，尽管人们会忍，但又往往很难承受这种高强度的负荷，很容易积累“情绪毒素”，并使自己到达一种忍耐的极限，最终导致冲动的发生。

所以，对于公司中冲动这个魔鬼，我们不能一味地用“忍”这个办法，一定得想点儿别的招儿。

首先，我们不能一味地否认自身的个性。

尽管我们应该承认个性这玩意儿在公司这个江湖里应该收敛点儿，不能随着性子来这个道理是绝对正确的，但这绝不意味着我们有必要彻底“杀死”自己的个性，完全“扮演”另外一个人。

道理很简单。

一般情况下，完全没个性的人其实在职场里的发挥和发展都会受到很大的限制，并不能保证你在公司江湖里的顺风顺水。无法想象，当一个人努力压制自身个性的时候，他的所有潜能会得到最大限度的发挥。

而且，从现实的角度来说，我们任何一个人也无法彻底“杀死”自己的个性。因为个性这玩意儿就像是嵌入人身体里的 DNA，远不是你压抑一下，“装”一下或“演”一下就能够彻底抹杀掉的。

所以，完全“扮演”另外一个人其实只不过是我们一厢情愿的事儿，是地地道道的奢望、蠢念头，根本就不可能持久。

这就是为什么我们总是勒不住冲动这匹烈马的缰绳的原因。

所以，正确面对和处理我们自身的个性，才是根治“冲动病”最本质的做法。

一言以蔽之，对于我们的个性，我们需要采取这样的态度——善待，但不纵容。

就是说，我们一定要正确认识并善待我们的个性。然后在现实世界中，通过“顺势而为”的方法正确地使用、疏导我们的个性，力争做到趋利除弊。

打个比方。如果你是一个十分敏感、容易计较的人，那么你就不必假装大度、慷慨，因为你装也装不像。你可以让你的个性适当地显露出来，让大家了解并能接受（或至少不会过分抵制）它们。

然后，你要想方设法将个性中闪光的一面发掘出来，比如说你个性中还有守信誉、重情义的一面（相信我，任何一个人的个性当中都会有这样那样的闪光点），并竭尽全力将它们发扬光大。

只要你能做到这点，你一样有大把在公司里顺风顺水的机会。

就拿我的一位同事来说，他是一个恪守“有一分钱花一分钱”原则的人，从来不刻意讲究排场，也从不干那种借钱也要请客的事儿。

久而久之，在其他同事中就有了所谓“吝啬”“小气”的评价。

他不为所动，依然坚持自己的行事原则，同时，在可能的情况下，他总是力所能及地帮助有困难的同事，借了同事的钱，哪怕只有一块钱，也总会及时奉还，非常珍惜自己的信誉。

时间长了，他的个性不但得到了同事们的理解和接受，甚至受到了许多人的欣赏与模仿。

试想，如果当初他为了和同事们搞好关系，假装大方，结果会是什么样？

如果某天扛不住压抑，冲动一把的话，相信他辛辛苦苦积累起来的好人气、好名誉，都会顷刻间毁于一旦，那才是“赔了夫人又折兵”，花了钱都讨不着好啊！

当然，一个人一定要正确地认识自己，深刻地解剖自己。他必须认识到自己个性中哪些应该善待，哪些则必须收敛或杜绝。

如果对于性格中那些绝对的黑暗面也要善待的话，最后吃亏的一定是你。

比如说爱占小便宜，比如说喜欢传个小话、搬弄是非等，所有这些东西都不应该在善待的范畴内。这些东西是必须“杀掉”的，否则最后殃及自己，引火上身，也只能自认倒霉。

另外，对于个性中的其他一些东西，如我前边提到的敏感与好计较等，虽说在可善待的范畴里，但一定切忌纵容，过犹不及，一样会把自己送上绝路。

其次，我们一定要学会适当地宣泄“情绪毒素”，切记不要积累，尤其是过分积累。

我们一般人往往会过大估计自身的包容力，遇到郁闷的事儿总觉得自己能扛得住。

其实，只要中国人的“面子文化”一天不消失，我们中国人就是世界上最扛不住事儿的民族。明摆着呢，同样挨一句狠话，美国人顶多郁闷一小时，中国人则很有可能郁闷一个星期！

既然如此，我们就不必死抱着“大度”的马甲不放，老老实实地承认自己的承受力有限，通过有效的沟通或其他方法，将我们的“情绪毒素”迅速地释放出去才是正经。

比如说，在调解公司员工之间的矛盾的时候，我最烦的就是听到有人说“我这个人其实特大度，要不是他把我逼到一定份儿上了，我绝不会找您告状”这样的话。

我总是对他们说：“你可以更诚实一点儿。干脆老实承认自己其实一点都不大度，才是一个正确的态度。因为如果你真像自己说的那么大度的话，你今天决不至于找我。”

其实，承认自己不大度，一点都不丢人。因为大家都一样，并不是只有你一个人会这样。

所以，你现在需要做的事情是，承认对方的言行你其实很在意，令你很郁闷。然后不要忽略任何一句令你郁闷的话，任何一件让你郁闷的事儿。你可以通过轻松的玩笑口气让对方知道你的郁闷，或者通过诚恳的沟通将你的郁闷心情如实地传递给对方，说得再严重点儿，你还可以通过第三方帮你及时调解一下。总之，不要积累这种郁闷的情绪，一定要及时地予以排放，否则迟早有一天，一个小火星也会引爆一颗心情原子弹的，那时候你就后悔莫及了。

中国人好面子，但也普遍口才不错。人长着嘴就是要沟通的，只要你不过分针锋相对、出口伤人，其实你完全有机会将你的“情绪毒素”随时释放出去。

最后，一定要通过自己的努力和智慧，为自己在公司里打造出良好的人际关系环境和上升通道。

“做人”与“做事”是公司江湖里的永恒主题。

无论你想出多少招儿来，只要你人在江湖，最后都得落到这四个字儿上。

你想想，一方面你身怀绝世武功，深受领导欣赏；一方面你为人低调，颇得同事信赖，你在公司的发展怎么会不顺风顺水、气势如虹？

而一旦你进入顺利通道，就会一顺百顺，心中的“情绪毒素”自然会消散殆尽，你就不用再怕冲动这个魔鬼的惊扰了。

冲动是魔鬼。

职场中人一定不要小看它。

正因为这家伙属于“寻常看不见，偶尔露峥嵘”的主儿，才更为可怕，隐蔽性和杀伤性也更强。

所以，甭管你现在有多么顺风顺水，对这个魔鬼一定要处处提防，在日常工作中就建好你的“防火墙”。

学会“抽离”

其实，与“投入”相比，“抽离”往往更难，也更重要。
所以，我们一定要拿出极大的精力学会“抽离”。

作为一个现代职场人，尤其是作为一个管理者，迫于严酷的生存和竞争环境，每个人都会承受着来自方方面面的巨大压力。

正所谓“人在江湖，身不由己”。

我们往往会在不知不觉当中过分投入，使自己的身心始终处在一种超负荷的、过度紧绷的状态之中。

这种过度投入的状态，对人的身心健康带来的危害也是极大的。

俗话说，“一张一弛才是文武之道”“留得青山在，不怕没柴烧”。

所以，只有学会“抽离”，才能更好地投入。

正所谓“投入诚可贵，抽离价更高”。

否则，如果世界上的精英或未来的“精英坯子”们都像著名作家路遥那样，只有彻底燃尽生命之火才能完成一个奇迹的话，那岂不是太可惜了？

试想一下，如果当时的路遥能够在全身心投入的情况下学会适当的抽离，他也许就不会那么快离开我们，也许会为我们创造更多的奇迹，为这个世界留下更多不朽的作品。

从这个意义上讲，其实路遥的事迹尽管很感人，但却并不值得学习，相反，他的经验教训却值得我们很好地借鉴。

但是，抽离的重要性，虽说大家都能轻易理解，可真正做到却未必是件容易事儿。

只要我们够诚实，我们都愿意承认一个现实，那就是抽离其实比投入更难。

想让自己对一件事情着魔很容易，但是从这件事儿中抽身出来可就太难了。

这里主要有两个原因。

一个是惰性。

讽刺的是，一个人改不了过于投入、过于勤快的毛病，在很大程度上居然还是因为懒。

一个是惯性。

惯性是很可怕的，任何一种东西一旦形成了惯性，就很难被终止或改变。

所以，要想学会抽离，就一定要想出对付惰性和惯性的招儿来才成。

有人可能会说：这玩意儿归根结底还是价值观，即人生和处世哲学方面的事儿，所以要想学会抽离，就必须先要彻底改造价值观。

但是，我可以负责任地告诉你，无论你看了多牛×的书，受到了多牛×的高人的指点，哪怕那些东西让你服气得不行，整个儿一五体投地，你基本上做到那些个的概率也不会超过百分之一。

所谓一本好书或一句话就能改变一个人的人生这种话，千万别过于相信，因为这很有可能是一件守株待兔的事儿，就算曾经在某个人身上灵验过，也未必真会发生在你身上。

又或者即便能发生，周期也会很长，并且具有极大的不确定性。

所以，把宝全压在价值观的改变上，风险实在是太大，太不靠谱。

因此，有的时候还是一些土智慧来得更实在。

以我个人的经验，对付懒人，就得用懒招儿，得有点小聪明才行。

以下，就从我个人的小小经验出发，为列位支上俩招儿，仅供参考。

第一招儿——制造“小契机”，得寸进尺，逐步放大。

比如说，坐在电脑前写文件或上网，时间一长屁股就懒得动。

没关系，人再懒或再忙，也总抽得出吃饭的时间，至少总抽得出上厕所的时间吧？

所以，甭管是上厕所还是去食堂，只要你能起身，屁股能离开凳子，你就不妨在窗前驻足一下，远眺一下窗外的风光；既然已经看到了窗外的美景，就

画地为牢

不妨走出去亲自体验一下，待上半小时；既然已经走进了大自然的怀抱，你就不妨活动活动身子骨，做做深呼吸……

总之，你完全没有必要给自己定下一个一百八十度大转弯儿的“大计划”，因为这种计划会吓到你自己，最后不是三分钟热度，就是根本有上文没下文，让你自个儿都没脾气。

所以，你只需稍微留点心，为自己随时随地地创造一些“小契机”就成。

然后你需要做的是，不断地得寸进尺，将这些“小契机”不停地放大，就可以了。

第二招儿——即便明知用处不大，也要频繁地制订“小计划”。

在一张纸上写出你这一个星期必须要做的和“抽离”有关的计划，比如说“星期四晚上和家人出去吃顿饭”“星期六上午和老婆一起看场电影”，等等。

记住一个细节：一定要把这份计划贴到墙上，甚至于贴到你电脑屏幕的一角，好让自己每天都能看得到。

当然，计划不如变化快，很有可能最后的结局依然是你没有兑现，或兑现得不够彻底。不过没关系，相信我，有计划永远比没计划强，只要你订出了计划，即便你不能完全做到按计划行事，你的生活依然会比没计划的状态要有条理得多。

只要你尝到了一两次这种条理的好处，相信你会逐渐增强享受这种好处的动机的。

只要持之以恒，你就必然能慢慢地养成习惯，形成新的惯性。

总之，无论是为自己寻找“小契机”，还是强迫自己写一些多少带点儿自我欺骗性质的“小计划”，它们都有一个共通的特点：降低“做”的门槛。

记住，凡事只要做了，就永远比不做强。

只要你做了，就会自然而然地享受到一些做的好处。

而我们人类，永远是“记吃不记打”的。

只要尝到了甜头，这种甜头本身就可以成为我们继续做下去的一种动力。

总而言之一句话，承认自己是懒人并不消极，恰恰相反，这才是一种真正积极、客观的态度。只有这样，你才能做到不自怨自艾、自暴自弃；也只有这样，你才会迈出“做”的第一步，为打开局面垫上至关重要的第一块砖。

最后，还有一点需要特别强调一下。

我们绝大多数人其实都能轻易地明白过分投入的弊端以及适当抽离的必要性，但他们总是习惯于对自己说这样的话：没关系，等忙完这一阵儿，事情告一段落后，我就来他个彻头彻尾的大休息。

就是说，看到某种结果、告一段落是我们为自己画的一条线，只要越过了这条线，我们就可以心安理得地休息了。

没错儿，你的想法是好的。

但现实很有可能会是：还没等到你看到结果、告一段落的时候，你就已经猝死在了路上，再也见不到明天的太阳了。

又或者，你依然能看见明天的太阳，但却为了这个告一段落付出了过大的代价，而这些代价的补偿，也许需要耗费掉你过多的成本，是件绝对得不偿失的事儿。

所以，这个告一段落的念头是毒药，而且还是剧毒，整个儿一害死人不偿命，一定要尽快丢掉。

正确的做法是，从今天起，就彻底改掉“大干之后大休息”的变态心理，学会“大干之中小休息”的绝招儿，掌握好干与休息的节奏，做到让自己可以分分钟抽离。

总之，就像我们在前面说过的那样，其实抽离无论从难度上还是价值上都要远远大于投入。

而我们的问题恰恰就在于，我们往往在投入方面不惜血本，却又常常在抽离上面显得过于吝啬。

所以，从现在开始，我们所有人都有必要重新认真地考虑一下抽离的问题了。

人走茶该凉

在职场中，人走茶凉未必是坏事，所以你一定要想开点儿。

冯仑在他的《伟大是熬出来的》一书中说了这样一句话——人走茶该凉。

这句话激起了我的强烈共鸣，也勾起了我的许多感触。

说实话，我不是那种喜欢跳槽的主儿，相反，在职场中，我非常推崇“从一而终”的理念，欣赏能够坚持到底“修成正果”的人。

所以，每次选择离职，不是由于发生了某种不可抗力，就是因为虽历尽千辛万苦，付出努力无数，却依然看不到隧道尽头的曙光。

总之，不把自己逼到一定的极限，彻底榨干之前，我是不会轻易离开自己当初亲自选择的公司的。

这就带来了一个问题，就是每一次的离开都非常艰难，非常纠结。

尤为纠结的，是人际关系。

我这个人极为重情，甚至可以说有着极其严重的“妇人之仁”。

身边的同事们相处得久了，就会依依不舍，牵肠挂肚。

但令我巨郁闷的是，我发现自己往往是“剃头担子一头热”，虽说自己极为牵挂、想念从前的同事与朋友，但自己离开后，却很少能得到那些曾经同甘共苦、相濡以沫的同事的问候，有的时候，就连电话与手机短信都难接到一个。

逢年过节，我总不忘发个祝福短信给那些曾经的同事，但接到的回复却很少，而且是越来越少，最后自己也变得兴趣寥寥，慢慢不再做这种自作多情的无聊之事了。

扪心自问，我觉得在“为人”二字上边，自己还算是过关的，就算达不到上乘，起码中游有余。所以，有时难免会有一种失落感，感叹“人走茶就凉”“世风日下，人心不古”。

但慢慢地，随着自身人生阅历的增加，我的世界观开始有了显著的转变——我发现自己变成了“进化论”的铁杆粉丝，看问题的视野变得更开阔了。

我终于醒悟到，其实“人走茶就凉”是符合“进化论”原理的，未必是一种“人情薄如纸”的表现。

作为“70后”，我们这代人还是经历过一段时期的“人情贵如油”的日子的，正因如此，我们才会对现今这种“人情薄如纸”的世道极不适应，颇多微词。

但是，平心而论，我们是否真正拿出过诚意，思考过这种现象形成的起因呢？

恐怕很少。

相反，我们把绝大部分精力都用到“抱怨”二字上了，很少当成事儿地认真思考过抱怨背后的东西。

那么，就让我们在这里简单地思考一下。

到底什么样的条件下，人才能够有足够的富余去关照到“人情”二字呢？

答曰：心灵上有安全感的时候。

无论富足或贫穷，忙碌或无所事事，只要人的心灵上有安全感，就有足够的心理富余想到“人情”二字。

相反，只要人的心灵上欠缺安全感，“人情”二字就往往会被淡忘。

我们“70后”曾经享受过的那段好时光，恰恰是心中对未来充满期望、极度充实的日子，因此，我们可能缺钱，缺时间，但唯独不缺心中的安全感，所以，那段日子的“人情味”，总是格外的浓。

但是现在，我们几乎什么都缺，我们既缺钱也缺时间，尤为重要的是，每一个人的心中都严重地缺乏安全感。因此，在这种大家都极度缺乏安全感的时候，你还想奢望每个人都周身洋溢着人情味，确实有些不合时宜。

就是说，并不是现在的人们都变得自私了，而是现在的人们不得不变得自私，因为他们不得不使出浑身解数，用尽吃奶的力气去撑起自己的生活，贪婪地寻找、捕捉哪怕是稍纵即逝的安全感，就像一个快窒息的人疯狂地寻找着任意的一个氧分子。

所以，现在的人和从前的人的一个最大区别就是现实。说得再直接一点儿，就是功利。

打个比方。

二十年前有个同事请你下班后吃饭——他真把你当成朋友了，就是单纯地想请客。

现如今有个同事请你下班后吃饭——他其实很不愿意花这些冤枉钱，甚至极为讨厌应酬；尤为要命的是，他有可能根本没把你当朋友，甚至可能特烦你。他之所以请客，完全是为了搞好人际关系，或者有求于你。

二十年前有个同事向你借钱——你肯定会借给他。因为那时大家的收入都差不多，都是一个月几十块，撑死一两百块，就算不还，你也饿不死，再说这点儿钱也没人会赖着不还。

现如今有个同事向你借钱——你肯定会找个借口不借给他，或只借一个他要求数额的零头，心里做好“就当这些钱丢了，不还也无所谓”的准备。

…………

表面上看，现如今的人们和当初的人们在人际交往的方式上没什么根本区别，照样是该撮饭撮饭，该借钱借钱，但是，当人们交际结束、各奔东西后的感情交流，哪个会浓，哪个会淡，可想而知。

这里面的区别，全在“安全感”仨字儿上。

当人觉得安全的时候，就可以心无旁骛地将感情释放出来。反之，当人觉得不安全的时候，都会本能地给自己的感情戴上面具、穿上马甲。

所以，如果你现在还在为“那哥们儿一直对我不错呀！有段时间几乎天天请我撮饭，对我好得不行，当我是他亲哥似的。怎么居然就会人走茶凉了呢？”这种事儿犯晕的话，那简直就是落伍，有被时代淘汰的危险了。

可那位说了：你说自己是“进化论者”，但这种情况属于“进化论”吗？

人走茶就凉，人情薄如纸，这不是典型的社会退化又是什么？

但我要说，非也。

就好像婴儿诞生前母亲的阵痛，这种人走茶凉现象其实正是社会进步的一个必经阶段，我们必须学会理解它、善用它。

首先，它教会了我们理解与宽容。

换位思考。

如果你自己也处在一种极度缺乏安全感的环境之中，正在为撑起自己的那片大空殚精竭虑、耗尽了心力，根本无暇顾及那些生命中与你擦肩而过的人的话，你又有什么资格去强求别人呢？

其实，理解与宽容本身就是极为珍贵的人性与人情。

如果我们这个世界能够多一些理解与宽容，就能够成为一个比从前人情（性）味更浓、更持久的世界。

其次，它就像一根皮鞭，督促我们万事靠自己。

如果我们够诚实，我们就不得不承认，我们对人情味的奢求，很大程度上是出于一种依赖心理，是一种惰性的表现。

说得极端点儿，我们之所以会执着于人情味，是因为从骨子里，我们总在希望由别人来赐予我们安全感，而不是我们自己伸手去拿。

其实，这个世界很现实也很残酷，从来都是如此。

只有那些将自身潜力激发到极限的人，才能获得真正永久的安全感。

就是说，安全感这种东西，归根结底还是要靠我们自己去争取的。

自己不争取，即便偶尔能从别人那里得到，也不会持久，总是稍纵即逝。

最后，它能帮助我们找到人生和事业中真正有价值的朋友与伙伴。

二十多年前有个流行的说法叫“万能胶（交）”。

说的是，在那个“人情火热”的年代，社会上有许多人都属于那种见面熟的主儿，哪怕坐一趟火车，都能结交十个八个新朋友，下了车就能大家伙一起找个馆子喝酒。

无独有偶，在现如今这个大家公认的“人情薄如纸”的年代，也有个说法叫“闺密”。

尤其有意思的是，这个名词居然还会被许多男士所引用。

意思是说，虽然现在的人很难交心，朋友难寻，但一旦找到了，就一准儿是知音，属于那种真正有价值的朋友，值得托付终身的人生与事业的伙伴。

冯仑在他的书中说了一个“60、30、10”的理论。

大意是说，你身边的朋友圈子，60 人之内属于“人走茶该凉”的范围，30 人之内属于“不冷不热即可”的范围，而 10 人之内则属于“人走茶也热”的范围。

这实在是个精辟的见解。

其实，我一直固执地认为，人这一辈子，真的未必是“朋友越多越好”。

所谓“多个朋友多条路”，说得也太偏激了。

朋友过多，有时倒会让你的前进道路上挤满了人，反而会让自己“无路可走”。

人的精力总是有限的。

用这些有限的精力打造一个对自己的人生真正有用的朋友圈子，堪称明智。

你可以说这是一种功利，但只要你不虚伪，你一定会承认，其实我们每个人都需要这份功利。

除非有人不想过一个真正有效率的人生，愿意白白浪费宝贵的生命。

所以，还是冯仑说得对——人走茶该凉。

A B C D E F G H
8 7 6 5 4 3 2 1

后记

反着来

时间过得真快，一转眼，又到了撰写后记，为《给你一个公司，看你怎么管 2》收官的时候了。

如果你有耐心，一路跟着书中的文脉看到这里，相信你已经发现了本书的一个特点，那就是凡事儿不按常理出牌，喜欢“反着来”。

这事儿说得再专业点儿，就是我们十分熟悉的所谓“逆向思维”。

我一向认为，任何“反着来”的东西都是智慧。

“反着来”，是所有新事物诞生的源泉。

因为只有逆向思维说的才是别人没说过的事儿，而顺向思维充其量只是拾人家的牙慧，捡别人的剩饭吃。

所以，也只有逆向思维才是真正有价值的东西，值得尝试的东西。

哪怕失败，也起码会给你不一样的启示、不一样的灵感，而这些东西，都将成为帮助你走向未来成功的重要垫脚石。

管理的世界也一样。

任何既存书籍里现有的东西，我都喜欢叫叫板儿，找找事儿，看看有没有“反着来”的机会。

一般来说，都能够有所斩获，很少铩羽而归。

因为归根结底，世上万物总有着多重面孔，绝不会千篇一律。

所以，只要你是个有心人，你就永远可以从那些腐朽却又看似不可侵犯的古老事物中生生地打开一个豁口，推开一扇未知世界的大门。

但是，“反着来”如果处理得不好，也会有巨大的误区在。

世界上有这样一种人，无论你说什么他们都要反对，都要叫板，都要摽着你死磕，同时，却又完全没有自己的主张，拿不出任何有建设性的操作方法来。

这种人的做法，是典型的“为反而反”，甭管三七二十一，先反了你再说，其他的事儿与我无关。

这就超出了“找事儿”的范畴，直接迈进“找死”的境界了。

这样的“反着来”，实在和逆向思维贴不上边儿，充其量是一种“下三烂”的“二百五”行为。

真正的逆向思维，绝不是凡事儿瞎反一气，而是一种具有强大建设性与生产性的思维方式。

它总能从自身的逻辑关系中找到一些新思路、新办法、新“幺蛾子”，而且还能引导你付诸实践，并在实践中将它们逐步完善，逐渐升华。

所以我们说，逆向思维这东西，即使失败了，也有巨大的价值，而且失败越多，价值越大。

因此，看了我的书，即便你什么都没记住，只要你能对贯穿本书始终的“反着来”的这根筋有点儿概念、有些理解，就算我这数月笔耕之劳没有白费。

愿天下所有管理者，从此不再拾别人的牙慧，都能成为“反着来”的高手，在管理这个世界中嘚瑟出更多、更新的“幺蛾子”来。

但愿这本小书能为这个伟大事－业垫上一块微不足道的砖。

长达数月的笔耕之旅，到这里终于要告一段落。

在此书即将付梓之际，谨此向我的岳父岳母致以最诚挚的感谢。

如果没有他们在我最困顿、最窘迫之时伸出坚定而慈爱的援手，用他们宽大而温柔的翅膀为我遮挡出一片自由天地的话，本书的完成将是不可想象的。

同时，我还要感谢我的妻子和幼小的女儿，正是因了她们的牺牲和无私奉献，我才得以心无旁骛地走到今天。

希望此书的付梓，能够在一定程度上弥补我欠她们的幸福。

最后，衷心感谢中南博集天卷文化传媒有限公司以及该公司的资深编辑于向勇先生，没有他们的慧眼识珠，作为管理类书籍中的绝对“另类”，也许本系列书永远都不会有问世的机会。

南勇

2011-5-2

于河北石家庄